Erna M. Dahms

Zeit und Zeiterlebnis in den Werken Max Frischs

Quellen und Forschungen
zur Sprach- und Kulturgeschichte
der germanischen Völker

Begründet von

Bernhard Ten Brink und
Wilhelm Scherer

Neue Folge

Herausgegeben von

Stefan Sonderegger
67 (191)

Walter de Gruyter · Berlin · New York
1976

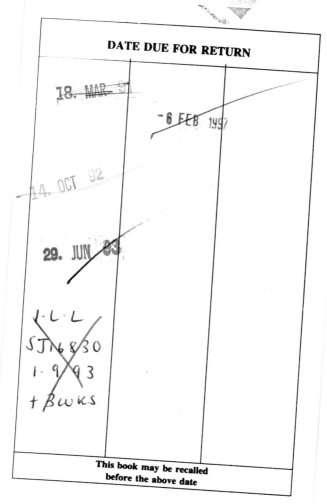

Zeit und Zeiterlebnis
in den Werken Max Frischs

Bedeutung und technische Darstellung

von

Erna M. Dahms

Walter de Gruyter · Berlin · New York
1976

CIP-Kurztitelaufnahme der Deutschen Bibliothek

Dahms, Erna M.
Zeit und Zeiterlebnis in den Werken Max Frischs:
Bedeutung u. techn. Darst. — Berlin, New York:
de Gruyter, 1976.
(Quellen und Forschungen zur Sprach- und Kultur-
geschichte der germanischen Völker: N. F.; 67 = 191)
ISBN 3-11-006679-3

Satz und Druck: Walter Pieper, Würzburg
Buchbinderarbeiten: Lüderitz & Bauer, Berlin
Printed in Germany

Ich möchte an dieser Stelle Herrn Prof. Dr. H. Boeschenstein danken, der mir in meiner Arbeit mit kritischem und ermutigendem Rat beistand. Außerdem danke ich Herrn Prof. Dr. J. W. Dyck für sein Interesse und seine Anregungen und Herrn Prof. Dr. M. Kuxdorf für seine eingehende Kritik im Abschlußstadium dieser Abhandlung.

Meinem strengsten Kritiker und bestem Verteidiger, meinem Mann, bin ich dankbar dafür, daß er mich in meinem Vorhaben bestärkte und dadurch den Abschluß der Arbeit ermöglichte.

University of Guelph, im Dezember 1975   E. M. Dahms

INHALT

Abkürzungen

Die Seitenzahlen der Frisch-Zitate werden unmittelbar im Text angegeben und beziehen sich auf die Ausgaben, die in der Bibliographie angeführt sind. Bei Zitaten aus *Stücke I* und *Stücke II* steht vor der Abkürzung die römische Nummer des Bandes. Innerhalb dieser Arbeit werden die Titel wie folgt abgekürzt:

JR	*Jürg Reinhart. Eine sommerliche Schicksalsfahrt.*
Ant.	*Antwort aus der Stille.*
BB	*Blätter aus dem Brotsack.*
Schw.	*Die Swierigen oder J'adore ce qui me brûle.*
Bin	*Bin oder Die Reise nach Peking.*
SC	*Santa Cruz. Eine Romanze.*
Nun	*Nun singen sie wieder. Versuch eines Requiems.*
CM	*Die Chinesische Mauer. Eine Farce.*
Krieg	*Als der Krieg zu Ende war.*
GÖ	*Graf Öderland. Eine Moritat in zwölf Bildern.*
DJ	*Don Juan oder Die Liebe zur Geometrie.*
B	*Biedermann und die Brandstifter.*
BN	*Nachspiel zu Biedermann und die Brandstifter.*
St.	*Stiller. Roman.*
Hf	*Homo faber. Ein Bericht.*
Hotz	*Die große Wut des Philip Hotz.*
And.	*Andorra. Stück in zwölf Bildern.*
Gant.	*Mein Name sei Gantenbein. Roman.*
Bio.	*Biografie. Ein Spiel.*
Dram.	*Dramaturgisches. Ein Briefwechsel.*
Tell	*Wilhelm Tell für die Schule.*
T 1	*Tagebuch 1946–1949.*
T 2	*Tagebuch 1946–1971.*
Dienst.	*Dienstbüchlein.*

Kapitel I

EINLEITUNG

Wenn wir nicht wissen, wie die Dinge des Lebens zusammenhängen, so sagen wir immer: zuerst, dann, später. Der Ort im Kalender! Ein anderes wäre natürlich der Ort in unserem Herzen, und dort können Dinge, die Jahrtausende auseinanderliegen, zusammengehören, sich gar am nächsten sein, während vielleicht ein Gestern und Heute, ja sogar die Ereignisse eines gleichen Atemzuges einander nie begegnen. Jeder erfährt das. Ein ganzes Weltall von Leere ist zwischen ihnen. Man müßte erzählen können, so wie man wirklich erlebt.

Max Frisch, *Bin oder die Reise nach Peking* [1]

Während in der Natur aufeinanderfolgende Geschehnisse in der Regel einen zeitlich-kausalen Zusammenhang erkennen lassen, trifft, wie Max Frisch in seinen Werken zeigt, diese Tatsache nicht auf das menschliche Erlebnis zu, denn im subjektiven Erlebnis verwirren Erinnerungen, Ahnungen und Assoziationen jenes chronologische Nacheinander, von dem die Naturwissenschaften ausgehen.

Nichts verdeutlicht die Auffassungen von der linearen Zeit anschaulicher als die Uhr und der Kalender. Unvorstellbar wäre nach dieser linearen Zeitauffassung, daß beispielsweise längst vergangene Ereignisse uns näher liegen als der gegenwärtige Augenblick. Doch eben dies geschieht im menschlichen Leben, und dieser Tatbestand gehört zum Phänomen »Zeiterlebnis«, bei dem Vergangenes und Zukünftiges im »Jetzt« vergegenwärtigt und verschmolzen werden, ohne daß man sich dieser Gleichzeitigkeit verschiedener Zeitbereiche ständig bewußt wird.

Die meisten Menschen bewegen sich mühelos zwischen diesen beiden Zeitbereichen – der Zeit, »wie sie die Uhren zeigen« [2] und der »erlebten Zeit«, – solange sie die Zeit ihrer Gefühlswelt nicht auf die Welt der Dinge, oder umgekehrt, die lineare Zeit auf ihre Erlebnisweise übertragen. Tritt nämlich diese Verkehrung der Zeitbereiche ein, so wird ihnen, wie den Figuren Frischs, die Zeit zum Problem. Wie

---

[1] Max Frisch, *Bin oder Die Reise nach Peking* (1945; Nachdruck Frankfurt a. M.: Suhrkamp, 1965), S. 36. Fortan in Texthinweisen als *Bin* angeführt.
[2] Max Frisch, *Die Schwierigen oder J'adore ce qui me brule*, 4. Aufl. (Zürich Atlantis, 1962), S. 296. Fortan in Texthinweisen als *Schw.* angeführt.

auch Frisch eingangs andeutet, ist »Zeit« hiermit ein persönlicher und variabler Maßstab.

Das Thema Zeit und Zeitlichkeit hat seit jeher als Existenzfrage und naturwissenschaftliches Problem eine Faszination auf die Menschheit ausgeübt. Naturwissenschaft und Philosophie befaßten sich damit, und so fand dieses Problem auch Eingang in die Literatur. Um den Stellenwert der Zeit in Literatur und Literaturwissenschaft richtig einzuschätzen, und den gedanklichen Hintergrund zur Frisch'schen Zeitauffassung in seinen Werken kursorisch vorzuführen, ist es angebracht, kurz die überlieferten Zeitbegriffe und ihre Analyse in Naturwissenschaft und Philosophie zu betrachten. Wie aus der folgenden Übersicht hervorgeht, sind viele der wissenschaftlich-philosophischen Auffassungen auch in die literarischen und literaturgeschichtlichen Auseinandersetzungen mit dem Zeitbegriff übernommen worden.

Aus diesem Grunde und als Einführung zum Thema wird im Folgenden eine Darstellung der Zeitkomplexität gegeben, wie sie im Laufe der Geschichte von Naturwissenschaft, Philosophie und Literatur entwickelt wurde. Darauffolgend wird im besonderen auseinandergesetzt, in welcher Funktion die heutige Literaturwissenschaft den Zeitbegriff gebraucht, und schließlich, wie, im Unterschied zu anderen angeführten Möglichkeiten, diese vorliegende Abhandlung den Zeitbegriff versteht und auf die Werke Max Frischs anwendet.

A. Der Zeitbegriff in der Naturwissenschaft und Philosophie

Der platonischen Anschauung, daß Zeit »das vergängliche Abbild der Ewigkeit« wäre [3], entspricht Aristoteles' Definition der Zeit als »Maß der Bewegung« [4]. Zeit wird in der Antike als Element, das Bewegung und Veränderung verursache, betrachtet: einerseits als Unruhe stiftend (im Symbol des Sturmes), andererseits als gesetzmäßige zyklische Bewegung (im Sinnbild der Sterne) [5]. Heraklit und Euripides wird der

---

[3] John Henry Raleigh, *Time, Place, and Idea* (Carbondale: Southern Illinois University Press, 1968), S. 44.

[4] *Philosophie*, hrsg. v. Alwin Diemer und Ivo Frenzel (Frankfurt a. M.: Fischer, 1962), S. 250.

[5] Jaqueline de Romilly, *Time in Greek Tragedy* (Ithaca: Cornell University Press, 1968), S. 90.

Vergleich des Zeitablaufes mit laufendem Wasser und einem ewig dahinströmenden Fluß zugeschrieben [6].

Der Übergang von der Antike zur christlichen Zeitauffassung bringt eine allmähliche Subjektivierung der kosmischen Zeit, bis sie in der Formulierung Augustinus' ihren Höhepunkt erreicht: »In dir, meine Seele, messe ich meine Zeit!«[7] Augustinus wandte sich gegen das zyklische Zeitmodell als das Maß der Ewigkeit. Für ihn ist die Zeit eine Gerade, die einen Anfang und ein Ende hat. Der »fließende Strom der Zeit« wird zur »reißenden Zeit«; der Mensch schwimmt entweder im Strom an der Landschaft des Lebens vorbei, oder er steht am Ufer, während seine Lebensjahre unwiederbringlich vom Strom der Zeit hinweggerissen werden. Augustinus' subjektive Darlegungen nehmen bereits die Erklärungen Descartes' und Kants vorweg [8].

Auf der christlichen und antiken Tradition bauen die zwei weiteren Entwicklungen auf: in der naturwissenschaftlichen Auffassung wird die Zeit zur eindimensionalen Linie vereinfacht, auf der es nur Zeitpunkte, aber kein Vergangenes, Jetziges und Zukünftiges gibt (Newton). Später fügt sich Zeit mit der Raumdimension zum Raum-Zeit Kontinuum zusammen (Minkowski) [9]. Daneben entwickelten sich Theorien in der Suche nach einer Formulierung des Zeitkontinuums, der Zeitdauer für Dinge und Ereignisse. Diese Theorien sowie die naturwissenschaftlichen Theorien auf das menschliche Zeiterlebnis zu übertragen, erwies sich als unmöglich.

Der subjektive Zeitbegriff unseres Jahrhunderts wurde von der Psychologie und Existenzphilosophie geformt. Beide gingen vom Aspekt des »zeitlichen Menschen« aus. Die menschliche »gelebte Zeit« (Minkowski) ist nicht zerlegbar und ist von kontinuierlicher Dauer (Bergson) [10].

Während sich auf der einen Seite die Biologie bemüht, subjektives Zeitbewußtsein als abhängig vom Sauerstoffwechsel im Gehirn darzustellen (biologische Zeit) [11], zeigt die von der Ontologie bestimmte phänomenologische Zeitlehre (Husserl) die Einheit der drei »Zeit-

---

[6] Romilly, S. 38.
[7] Diemer-Frenzel, S. 250.
[8] Diemer-Frenzel, S. 250.
[9] Bertrand Russel, *History of Western Philosophy* (London: George Allen & Unwin Ltd., 1967), S. 525.
[10] Diemer-Frenzel, S. 252.
[11] J. T. Fraser, *The Voices of Time* (New York: George Braziller, 1966), S. 328.

ekstasen«, Vergangenheit, Gegenwart und Zukunft, durch den Begriff
der »Präsenzzeit« (W. Stern).

Zusammenfassend lassen sich mit Nicolai Berdjajew drei Kategorien und Symbole für die Zeitlichkeit-Geschichtlichkeit unterscheiden:
einmal die »kosmische Zeit«, in der Antike bereits als geschlossener
Kreis dargestellt, welcher sich auf den Kreislauf der Natur bezieht
wie Jahreszeiten, Geburt und Tod; weiters die »historische Zeit«,
versinnbildlicht in einer begrenzten horizontalen Geraden, die auf die
Entwicklung von Völkern und Kulturen und auf die Menschheitsgeschichte im allgemeinen verweist; schließlich die »existenzielle
Zeit«, symbolisiert in einer begrenzten Vertikalen, welche jedes individuelle Zeitbewußtsein außerhalb der kosmischen und historischen
Zeit beschreibt [12].

Existenzielle Zeit kennt keine Trennung in Abschnitte von Vergangenem, Gegenwärtigem, Zukünftigem oder ewig Wiederkehren-
dem. Der Mensch lebt gemäß seiner Polarität von Geist und Körper
in zwei verschiedenen Zeitstrukturen. Im Rahmen der biologischen
Zeit spielen sich die Vorgänge der Natur ab, die existenzielle Zeit
betrifft seine freien Denkensakte und Handlungen. Die Gegensätze
zwischen diesen beiden Strukturen sind unvereinbar, und dieser Konflikt bestimmt das existenzielle Problem des einzelnen Menschen in
der Gesellschaft.

B. Das Zeiterlebnis in der Literatur

In Gegenüberstellung zum Zeiterleben, wie es in den Werken Frischs
erscheint, sollen hier an einigen Beispielen aus der deutschen Literatur
verschiedene Formen des Zeiterlebnisses beschrieben werden. Die in
der Literatur gezeigten Erlebnisformen der Zeit können analog zur
wandelnden Konzeption der Zeit in der Philosophie als Wiederspie-
gelung des zeitgenössischen Denkens gedeutet werden. Obwohl das
Zeitelement eine gleich wichtige, wenn auch andersartige Rolle in
Lyrik und Drama spielt, seien hier vergleichshalber nur epische Werke
angeführt.

[12] Raleigh, S. 45.

Die Romane von der zweiten Hälfte des achtzehnten Jahrhunderts bis zur Moderne spiegeln den Wandel in der Zeitauffassung. Sie zeigen die Entwicklung von der Harmonie zwischen existenziellem und biologischem Zeitbewußtsein bis zum Konflikt der gegenwärtigen Romanfiguren zwischen innerer und äußerer Zeit.

Ein Beispiel für die harmonische Anpassung des subjektiven Zeitbewußtseins an den Rhythmus biologischer Zeit ist in Goethes *Wilhelm Meisters Lehrjahre* gegeben: Wilhelms geistiger Bildungsweg verläuft in Übereinstimmung mit seiner organischen Entwicklung. Er reift nicht an historischen oder wissenschaftlichen Erfahrungen, denn sein inneres Wachstum wird anscheinend weniger von äußeren Ereignissen als von zunehmender Erkenntnisfähigkeit bestimmt[13]. Das Zeitgefühl der Hauptfiguren in diesem Roman scheint so weder vom Geschichtsbewußtsein (wie bei Hebbel), noch der Uhrzeit (wie bei Walter Faber), sondern von dem entsprechenden Lebensalter beeinflußt. Die Harmonie von Körper und Geist, eine Doktrin der klassischen Ideologie, wird hier an den Figuren demonstriert. Der Goethesche Mensch scheint im Bewußtsein der biologischen Zeit die Gegenwart als Übergang von der Vergangenheit in die Zukunft zu empfinden. Sein Lebenslauf ist als eine einsträngige, gleichmäßig fließende Entwicklungsgeschichte erkennbar.

Im Erlebnis der Gegenwart scheint der Zeitfluß für Wilhelm Meister als eine momentane »Dauer im Wechsel« stillzustehen. Emil Staiger spricht mit Bezug auf dieses intensive Erlebnis der scheinbar stillstehenden Gegenwart von dem »Augenblick« in der Goetheschen Darstellung des Zeiterlebens[14].

Den stillstehenden »Augenblick« kontrastiert Emil Staiger an Hand von Gedichten Brentanos mit dem »reißenden Jetzt und Da« des romantischen Zeiterlebnisses der Gegenwart. In den Werken der Romantiker ist der Protest gegen die biologische Zeit spürbar[15]. Sie scheinen auf Kosten des Gegenwartserlebnisses dem Erlebnis der Vergangenheit oder der Zukunft in Form von Erinnerungen und Ahnungen den Vorzug zu geben[16]. Das Erleben des Jetzt ist in der romanti-

---

[13] Roy Pascal, *The German Novel* (Toronto: Toronto University Press, 1968), S. 23.

[14] Emil Staiger, *Die Zeit als Einbildungskraft des Dichters. Untersuchungen zu Gedichten von Brentano, Goethe und Keller* (Zürich: Atlantis, 1963).

[15] Manfred Frank, *Das Problem »Zeit« in der deutschen Romantik* (München Winkler, 1972).

[16] »Die Landschaft des romantischen Romans ist von Scharen unseliger Menschen

schen Dichtung vom Bewußtsein der Vergänglichkeit getrübt. Der
deprimierenden Erkenntnis der Zeitlichkeit des Menschenlebens entspricht die Verklärung der Vergangenheit und das Streben nach »Ver-
ewigung« im Kunstwerk.

Ähnlich wie in Goethes *Wilhelm Meisters Lehrjahren* finden wir
auch in Stifters *Nachsommer* jene Harmonie zwischen kosmischem
Zeitgeschehen und menschlichem Zeitbewußtsein, welche die Figuren
so nahe mit der Natur verbindet. Das Zeiterlebnis ist hier weniger
nach dem organischen Wachstum des Menschen ausgerichtet als vom
Kreislauf der Jahreszeiten bestimmt. Steht bei Goethe das menschliche
Zeitbewußtsein im Mittelpunkt, so erscheint bei Stifter durch die enge
Verflechtung der Handlung mit den Jahreszeiten die menschliche
Lebenszeit dem Ablauf der kosmischen Zeit eingeordnet. Da im Kreis-
lauf der Natur jedes Vergehen ein Beginnen bedeutet, erscheint die
Gegenwart bei Stifter als Produkt der Vergangenheit und als Ansatz
zu etwas Besserem [17].

Während bei Stifter das Leben der Menschen im zyklischen Rhythmus der Jahreszeiten verläuft, man also von einem kosmischen Zeiterlebnis sprechen kann, sind viele der Figuren in den Werken Jeremias
Gotthelfs als Beispiel für das Zeitbewußtsein der Geschichte deutbar.
Sie werden von äußeren Ereignissen gelenkt, die unabhängig von kos-
mischer Zeit sind und scheinbar zufällig eintreten. Sie reifen nicht an
ihren eigenen, durch den Altersprozeß bestimmten Erfahrungen oder
in der Anpassung an den Kreislauf der Natur, obwohl dieser das
ländliche Leben beeinflußt, sondern werden von einer Reihe von
Schicksalsschlägen in eine bestimmte Lebensbahn gedrängt [18]. Typische Figuren, wie beispielsweise Anne Bäbi und Hansli Jowäger,
erscheinen als fixiert in übernommenen Vorstellungen und Prinzipien.
Sie tragen das Bewußtsein des Herkömmlichen und Vergangenen in
die Gegenwart. Die Gegenwart selbst kann ihnen anscheinend nichts
Neues bieten, da die Welt für sie in scheinbar unveränderlichen Bahnen kreist. Ihr traditionsgebundenes Denken spiegelt sich in den wiederkehrenden Sprüchen und Maximen. Obwohl viele Ereignisse einer

---

bevölkert, die sich aus einer irgendwie beschädigten Gegenwart in die Einsamkeit einer Klosterzelle zurückziehen.« Peter Küpper, *Die Zeit als Erlebnis des
Novalis* (Köln: Böhlau Verlag, 1959), S. 62.
17 Adalbert Stifter, *Der Nachsommer. Eine Erzählung* (München: Paul List, 1950).
18 »They are led by circumstances, they develop through precise outer stimuli.«
Pascal, S. 126.

gewissen Regelmäßigkeit nicht entbehren – wie die den Jahreszeiten angepaßten Arbeiten und Feste –, so scheint sie bei Gotthelf eher eine Repetition und Bestätigung der Vergangenheit zu sein als ein Wachstum in Übereinstimmung mit der biologischen oder kosmischen Zeit wie bei Goethe und Stifter.

Wie bei Jeremias Gotthelf dürfte auch bei Wilhelm Raabe geschichtliches Zeiterleben vorliegen, wenn geschichtliches Geschehen mit menschlicher Zeitlichkeit kontrastiert wird. Seine Anti-Helden werden ohne eigenes Zutun vom Sog geschichtlicher Umstände ergriffen. Sie schwimmen gezwungenermaßen für kurze Zeit mit, um schließlich wieder ans ruhige Ufer geschwemmt, aus dem Aufruhr in ihre kleine Existenz zurückzukehren. Die äußere geschichtliche Zeitbewegung wird dem langsamer fließenden individuellen Zeitmaß als feindlich gegenübergestellt. Die Menschen können sich im raschen Getriebe nicht zurechtfinden, denn ihr Zeitsinn und ihre Moral gründet auf der Verbundenheit mit einer langsameren Vergangenheit. Vergangenheit und Gegenwart, äußerer und innerer Zeitrhythmus werden aneinander gemessen [19].

Dem Wandel der Naturwissenschaft und Philosophie vom neunzehnten zum zwanzigsten Jahrhundert entspricht auch das neue Bild des Zeiterlebnisses in der Literatur. Die Harmonie mit dem Zeitablauf in der Natur und dem biologischen Lebensrhythmus ist geschwunden, damit auch der Glaube an eine innere Gesetzmäßigkeit der geschichtlichen Ereignisse. Uneingestandene Angst vor der Wirklichkeit und der Zukunft zeichnet die fiktiven Romanfiguren aus, die selbst ohne Verhältnis zu sich selbst zu leben scheinen. Am besten kommt diese Stimmung in den Werken Franz Kafkas zum Ausdruck. In Übereinstimmung mit der fortschreitenden Relativierung der Werte in seinem Werk wirkt auch das Zeitbewußtsein bei ihm seltsam bezugslos und ohne äußeren Maßstab. Wie alle übrige Wirklichkeit in seinen Erzählungen, wirkt auch die Zeitdauer unwirklich-traumhaft. Es fehlt der äußere Maßstab (Natur, Kosmos, Geschichte und Technik) in seinen Werken, an dem der äußere Zeitablauf ablesbar wäre.

Kosmische Zeit ist irrelevant in seinen Beschreibungen von Mietswohnungen, Dachkammern und labyrinthischen Gängen. Subjektive Zeit scheint stillzustehen im verzweifelten Warten auf ein Geschehen,

---

[19] H. Spiero, *Geschichte des deutschen Romans* (Berlin: W. de Gruyter, 1950), S. 309.

das nicht eintritt[20]. Wo räumliche Entfernungen vorhanden sind,
werden diese einmal in Tagen, das nächste Mal in Minuten durchmes-
sen, ohne daß sich die Figuren darüber zu wundern scheinen. Kafkas
Wirklichkeit ist zeitlos-traumhaft und gleichzeitig von bestechender
Logik in den Handlungen von Figuren. Seine Erzählungen übermitteln das Gefühl der Zeitleere wie in manchen Alpträumen.

Alfred Döblins *Berlin Alexanderplatz* zeigt wie kaum ein anderes
Werk unseres Jahrhunderts das Erlebnis der Vieldimensionalität der
Zeit, vorausgesetzt, daß man die verschiedenen Formen von Zeitbewußtsein als Zeitdimensionen interpretiert. Döblins dynamische
Zeit stürzt sich über den gehetzten Franz Biberkopf, der – in keinem
der Zeitgefüge richtig zu Hause – herumirrt. Historisches Zeitempf-
finden türmt sich parodisiert in Leuchtschriftzeilen als »laufend«
berichtetes Zeitgeschehen vor ihm auf, kosmische Zeit wird im Buch in
Form von Wetterberichten eingeschaltet. Biberkopfs Zeit fließt ruhig
und gleichmäßig im Gefängnis, hektisch in Begegnungen mit Mitmenschen und immer kontrastiert mit dem Zeitfluß der Stadt Berlin im
engeren und dem internationalen Weltgeschehen im weiteren Rahmen.

Das Ergebnis ist ein verwirrendes Überkreuzen von unterschiedlich rasch vorbeifließenden Eindrücken. Solange Franz Biberkopf sich
vom Strom der Geschehnisse treiben läßt, ist sein Raum-Zeit-Gefühl
so verschwommen wie sein Selbstgefühl. Symbolischerweise kommt er
endlich zur Ruhe, da er als Portier seinen festen Punkt im Raum hat
und durch die Uniform eine ausgeprägte Identität erhält, die ihm
durch die geregelte Zeit dazu verhilft zu sich selbst zu finden.

Bei Thomas Mann, einem Zeitgenossen Döblins, ist die Gestaltung
des Zeiterlebnisses ein bestimmendes Element in seinen Werken. Er
gebraucht eine Vielzahl von erzählerischen Mitteln, um den beschleu-
nigten oder verzögerten Ablauf der Zeit darzustellen, wie er subjektiv
von den Figuren empfunden wird. Durch ein Aneinanderreihen der
Jahre mit kalenderhaft datierten Familienereignissen übermittelt er in
den *Buddenbrooks* einen objektiv-geschichtlichen Zeitablauf. Während
zu Beginn der vier Generationen der Buddenbrooks in der Person des
alten Johann Buddenbrook der Mensch, seiner Stellung in der Gegenwart sicher, mitten im Leben steht – somit das Gegenwartserlebnis

---

20 Pascal verweist in diesem Zusammenhang auf Anders' *gelähmte Zeit*«, Günter Anders, *Kafka, Pro und Kontra* (München: C. H. Beck, 1951) und Mendilows
   »temporal vacuum«, A. A. Mendilow, *Time and the Novel* (New York: Humanities Press, 1952). Pascal, S. 252.

überwiegt – tritt in den späteren Generationen an die Stelle spontaner Handlung in der Gegenwart eine Verklärung der Vergangenheit. Das Gegenwartserlebnis wird durch Traditionsbewußtsein ersetzt.

Dagegen ist der Roman *Zauberberg* ein Beispiel für die erzählerische Darstellung des Erlebnisses beschleunigter oder verzögerter Zeit. Die Zeit scheint dem Helden Hans Castorp in der Sanatoriumsmonotonie spurlos zu verrinnen. Unerwartete Geschehnisse verzögern hingegen den Zeitfluß und lassen gelegentlich Minuten wie Jahre erscheinen. Die Allgegenwart des Todes trägt dazu bei, individuelle Zeit zu relativieren. Die Ungültigkeit der meßbaren Zeit ist durch die Tatsache angedeutet, daß Hans Castorp keine Anstalten trifft, seine Uhr reparieren zu lassen. Was Thomas Mann hier übermittelt, ist nicht Zeitablauf, sondern das Erlebnis kondensierter oder verdünnter Zeitdauer. Monotonie schwächt den Zeitsinn und läßt einen Tag wie den andern erscheinen, daher wirken im Rückblick Monate wie Tage. Durch Ereignisse und Veränderungen wird hingegen der Zeitsinn geschärft und das Erlebnis der Zeit intensiviert. Dementsprechend zeigt sich der Zeitablauf verzögert [21].

Neben der Darstellung der Dauer dürfte Thomas Mann das individuelle Zeitbewußtsein vornehmlich im Verhältnis des Gegenwartserlebnisses zur Erinnerung hochspielen. In den *Buddenbrooks* scheint die spätere Generation ihre Identität aus der Tradition, d. h. aus der Erinnerung, zu beziehen. Im *Zauberberg* wird Erinnertes so gegenwärtig, daß die Gegenwart als »ewige Wiederkehr« der Vergangenheit empfunden wird. Das Ergebnis ist eine Entfremdung von der Präsenzzeit.

In den Josephsromanen Manns wird die Erinnerung zur mythischen Gegenwart. Im mythischen Zeitbewußtsein empfindet sich die Figur als integraler Bestandteil eines mythischen Kollektivs von Ahnen und wird eins mit den Vorfahren bis zur Verwechslung der eigenen Identität. Der einzelne sieht sich als Glied in einer Kette, die Vergangenes und Zukünftiges in der Gegenwart vereinigt. Man kann hier auch – in Anlehnung an Thomas Manns Ausführungen zum Mythos – von »primitivem Zeitgefühl« sprechen [22].

Mythologisches findet sich gleichfalls im *Dr. Faustus* verarbeitet, wo die Faustlegende aus dem sechzehnten Jahrhundert in der Person

21 Thomas Mann, *Zauberberg* (Stockholm: Bermann, 1950), S. 143.
22 Thomas Mann, »Freud and the Future«, in *Essays of three Deacades* (New York: A. A. Knopf, 1941), S. 422.

Adrian Leverkühns wiederholt wird. Doch dies ist nur eine der vielen
Zeitebenen in dem Werk, denn wie Zeitblom, der fiktive Erzähler,
unterstreicht, gibt es in dem Roman die Zeit der Erzählung (der
beschriebenen Handlung), die Zeit des Erzählers und die Zeit des
Lesers. Neben dem deutlichen Bezug von Adrians Leben auf die
Faustbiographie kann der Leser eine ähnliche Analogie zwischen dem
Zusammenbruch des mittelalterlichen Weltbildes und der allgemeinen
Katastrophe Deutschlands (Fausts Heimat) in den Jahren von 1938
bis 1945 herstellen.

Aus den erwähnten Beispielen des Zeiterlebnisses in der Literatur
läßt sich erkennen, daß Literatur in der Darstellung fiktiver Erlebnisse anscheinend vor allem erlebte Zeit zur Darstellung bringt. Aber
nur bei wenigen Autoren scheint das Zeitelement wie bei Thomas
Mann so sehr zu dominieren, daß es nicht nur an den Figuren gezeigt
wird, sondern in der Form von Reflexionen des Erzählers zum Thema
des literarischen Werkes selbst wird.

C. Zeit in der Literaturwissenschaft

Die Literaturwissenschaft differenziert oft zwischen den verschiedenen
Funktionen der Zeit in den drei Dichtungsgattungen. Weiterhin ist es
üblich, einerseits zwischen »erlebter« Zeit in der Handlung (Zeiterlebnis), andererseits zwischen dem Zeitelement in der Struktur zu
unterscheiden. Es soll hier zuerst die Funktion der Zeit in der Epik
und anschließend ihre Rolle im Drama gezeigt werden.

1. Zeit im Roman

Oskar Holl definiert in seiner Untersuchung die Funktion der Zeit im
Roman folgendermaßen:

Die Zeitstruktur übt auf die Gestaltung des erzählenden Kunstwerkes wesentlichen
Einfluß aus. Die Dimension der aufzuwendenden Zeit ist einerseits die Dimension
des Erzählens, andererseits konkretisiert sich im Inhalt der Erzählung dargestellte
Zeit als Handlung; die Zeit selbst kann zum Gegenstand der Reflexion des erzählenden Kunstwerkes werden. Als drittes Glied dieser Überlegung wurde bisher
angeführt, daß jeder Leser das sprachliche Deuten mit eigenem Erfahrungsmaterial
auffüllen müsse. Daraus folgt, daß die verschiedenen Gestaltungen ein und desselben Werkes im Bewußtsein verschiedener Leser (aber auch für die Wiederholung

der Lektüre gilt dies wohl) nicht miteinander identisch sein können. Auch dies bedeutet eine Überwindung der (vom Werke angegebenen und dort dargestellten) »Zeit«, weil jede »Jetzt-Bestimmung« noch der »ich«-Bestimmung des Lesers bedürfe, um eindeutig zu werden [23].

»Zeiterlebnis« scheint sowohl das Erlebnis der Zeit durch eine fiktive Person im literarischen Werk zu bezeichnen, als auch jenes Erlebnis der Zeit auf Seite des Lesers zu beschreiben, das sich aus dem durch das Werk vermittelten Eindruck und dem eigenen »Erfahrungsmaterial« zusammensetzt. Folgende Dimensionen sind zu unterscheiden: jene Zeit, die den Ablauf der Erzählung bedingt, die im Inhalt der Erzählung dargestellte Zeit als Handlung; sodann Zeit als Erlebnis, im Werk beschrieben in Reflexionen des Autors oder in Gestalt einer Figur, und endlich als Erlebnis des Lesers.

Günter Müller hat erstmals versucht, die Zeitstruktur der Erzählung in einer Gegenüberstellung von »Erzählzeit« – »erzählte Zeit« darzustellen. Seiner Theorie nach sei die epische Zeit in dem Erzählwerk als »unentbehrliches und unvermeidliches Element der Gestaltbildung anzutreffen«. Er unterscheidet hierbei Zeit »im Vorgang des Erzählens, grob gesprochen in der Abfolge der Worte, zum anderen in den erzählten Vorgängen, die offenbar untereinander in zeitlichen Verhältnissen stehen«[24]. Nach der »Auswahl und Erstreckung der wirklich dargestellten Zeitspanne« ließe sich nach Günter Müller die epische Zeit der einzelnen Werke bestimmen und so zwischen verschiedenen Arten des Erzählens unterscheiden[25]. Im Vorgang des Erzählens braucht der Autor »Erzählzeit« auf; die »erzählten Vorgänge« in den »wirklich dargestellten Zeitspannen« illustrieren den Ablauf der »erzählten Zeit«. Obwohl Günter Müller Raffungen und Dehnungen als Bestand der erzählten Zeit zugibt, besteht er doch auf einem Durchschnitt, dem sogenannten »mittleren Erzähltempo«[26]. So sei das »theoretische mittlere Erzähltempo« »aus dem Verhältnis der erzählten zur Erzählzeit« berechenbar, wobei die erzählte Zeit in Jahren oder Stunden, die Erzählzeit zahlenmäßig in Druckseiten gemessen werde. Weiter vermerkt er: »Das Tempo läßt sich graphisch feststellen als Diagonale des Rechtecks, das von der Länge der beiden Zeiten gebildet wird[27].«

---

[23] Oskar Holl, *Der Roman als Funktion und Überwindung der Zeit* (Bonn: H. Bouvier & Co., 1968), S. 143.
[24] Günter Müller, »Über das Zeitgerüst des Erzählens«, *DtVjs*, 24 (1950), 5.
[25] Müller, »Zeitgerüst«, S. 8.
[26] Müller, »Zeitgerüst«, S. 23.   [27] Müller, »Zeitgerüst«, S. 23.

Günter Müller behandelt demnach die »Erzählzeit« als physikalische Zeit, während die »erzählte Zeit« im Roman eine fiktive Zeit ist, so daß also die beiden Begriffe nicht vergleichbar sind. Vor allem aber übersieht Günter Müller, daß die fiktive Zeit von Erinnerungen und Gegenwartsbeschreibungen unterbrochen wird. Ihre Darstellung kann im Roman nur ein Nacheinander sein, was als scheinbare Kontinuität wirkt.

In seiner Untersuchung zu den Aufbauformen des Erzählens nimmt F. Lämmert auch zum »Verhältnis zwischen erzählter und Erzählzeit« Stellung [28]. Während es bei der reinen Wiedergabe der direkten Rede zur Angleichung von diesen beiden Zeiten komme, stünden dagegen gleichzeitig verlaufende Begebenheiten zum Nacheinander des Erzählens in einer besonderen Spannung:

> Sowohl beim Nachholen von ganzen Handlungsfäden als auch bei der Verknüpfung von Einzelsätzen bedient sich der Erzähler besonderer Techniken, um solche Gleichzeitigkeit wiederherzustellen. Der ausdrückliche Rückschritt des Erzählers ist das eine, Teichoskopie der handelnden Personen im weitesten Sinne das andere Hauptmittel ... Teichoskopien treten stets dann ein, wenn die Vordergrundhandlung in eine gleichförmige Ruhelage übergegangen ist, so daß sie erst nach der Ausschau zeitgerecht wieder aufgenommen werden braucht. Natürlich ist der Teichoskopie auf Gleichläufigkeit von Szenen beschränkt, während der »parallele Rückschritt« beliebige Zeitspannen in beliebiger Raffungsart durchmessen kann [29].

Im Anschluß an seine Ausführungen warnt E. Lämmert vor einseitigen Kausalschlüssen, »die gerade bei der Überbewertung eines Charakteristikums so häufig sind«, da er – im Gegensatz zu Günter Müller – das »Zusammenwirken aller Einzelglieder der Dichtung und ihrer Ganzheit selbst grundsätzlich« nur für umschreibbar hält [30].

Wenn Lämmert vor Vereinfachungen warnt, so empfiehlt H. R. Jauß im Anschluß an seine Stellungnahme zu Günter Müllers Theorie eine Ergänzung, die er als Kategorienpaar »das funktionale Verhältnis zwischen der Dauer der Erscheinung und Erscheinung der Dauer« charakterisiert [31].

Während Günter Müller die fiktive Zeit in der Erzählung auf die gleiche Stufe wie die physikalische Zeit stellen will, unterscheidet Roman Ingarden beim Begriff der Zeit – analog zu Berdjajews drei

---

[28] E. Lämmert, *Bauformen des Erzählens* (Stuttgart: Metzlersche Verlagsanstalt, 1955).

[29] Lämmert, S. 85.

[30] Lämmert, S. 246.

[31] Hans Robert Jauß, *Zeit und Erinnerung in Marcel Prousts* »A la recherche du temps perdu« (Heidelberg: C. Winter, 1955), S. 37.

Zeitkategorien – drei getrennte Dimensionen: 1. die »leere« physi-kalisch-mathematisch »objektive« Weltzeit, 2. die intersubjektive Zeit, in der wir alle gemeinsam leben, und 3. die streng subjektive Zeit. »Es ist selbstverständlich«, stellt er fest, »daß in literarischen Werken nur ein Analogon der konkreten intersubjektiven bzw. sub-jektiven Zeit zur Darstellung gebracht wird und nicht die leere physi-kalische Zeit«[32].

Das heißt nicht, daß der Autor die objektive Zeit vermeide; doch kann demnach die objektive Zeit nur in der Diskrepanz zwischen sub-jektiver und objektiver Zeit am spezifischen Zeiterlebnis einer Figur demonstriert werden. Während Handlungen objektiv meßbar sind, kann Erleben nur in der subjektiven Zeitdimension stattfinden.

Mit Erlebnissen erfüllte Zeit ist im Roman verhältnismäßig leicht darstellbar. Monotone, ungelebte Zeit kann durch Einschübe von Er-innerungen lebhaft gemacht werden. Die Einschaltung von Erinnerun-gen ist eines der Mittel in Drama und Roman, das Zeiterleben mittels einer fiktiven Figur zu charakterisieren.

Nur selten deckt sich im modernen Roman Handlungschronologi-sches mit erzählchronologischer Inhaltsangabe. In einer Zeit, da die Umwelt nicht länger als Staffage in der Literatur akzeptiert wird, scheint vielen Autoren auch in der fiktiven Biographie einer Figur die Darstellung eines kausal-chronologischen Weltbildes überholt. Wohl sind in vielen modernen Romanen noch verschiedene lineare Hand-lungsstränge vorhanden, doch überschneiden sie sich, oder sie laufen nebeneinander her (was in der Erzählung notwendigerweise als ein Nacheinander erscheint), um sich in einem endgültigen Brennpunkt zu treffen. Dies erscheint beispielsweise als Zeitstruktur, wie sie in einigen Werken Heimito von Doderers nachweisbar ist. Wenn äußere Zeit-angaben in Form von Daten oder geschichtlichen Ereignissen fehlen, so können temporale Adverbien den Eindruck verschiedener Zeitphasen vermitteln. Oskar Holl spricht hierbei – in Anlehnung an Franz Stanzel – von sogenannten »auktorialen Partikeln«[33]. Nach der Mei-

32 Roman Ingarden, *Das literarische Kunstwerk* (Tübingen: Max Niemeyer Verlag, 1965), S. 69.
33 »Ein hervorstechendes Merkmal auktorialer Erzählung ist die Raffung des Handlungsablaufes im Erzählbericht. Der Autor ist in der Lage, das Zeitgefälle der Erzählung jederzeit nach Belieben entweder zu steigern oder zu mäßigen, indem er das Erzählte in verschieden starken Graden rafft.« Franz Stanzel, »Die typischen Erzählsituationen im Roman, dargestellt an *Tom Jones, Moby Dick,*

nung Holls wird dadurch der Eindruck einer Chronologie hervor-
gerufen, der eher Bewußtseinszustände der Zeit als Datierungen übermittelt.

2. Zeit im Drama

»Häufig«, meint H. R. Jauß, »wurde der Versuch unternommen, die
drei Dichtungsgattungen durch eine Zuordnung zur Vergangenheit,
Gegenwart bzw. Zukunft zu bestimmen«[34]. Er hat dabei auch an
Emil Staigers Untersuchung zum Stil der Dichtungsgattungen gedacht, der in seiner *Poetik* feststellt:

Das lyrische Dasein erinnert, das epische vergegenwärtigt, das dramatische entwirft. ... Der lyrische Dichter, so wurde gesagt, kann Gegenwärtiges und Vergangenes, ja sogar Künftiges erinnern. ... Was der lyrische Dichter erinnert, vergegenwärtigt der epische. Das heißt, er hält sich das Leben, wie immer es auch datiert sei,
gegenüber. ... Was der epische Dichter vergegenwärtigt, entwirft der dramatische.
Er lebt so wenig »im« Künftigen, wie der Epiker »in« der Gegenwart. Aber
sein Dasein ist gerichtet, gespannt auf das, worauf es hinaus will [35].

Unter Bezugnahme auf Martin Heideggers *Sein und Zeit* setzt Staiger
das »Verfallen« dem epischen Stil gleich, die »Befindlichkeit oder
Stimmung« findet er im lyrischen Stil ausgeprägt, während das Verstehen im Sinne eines »fundamentalen Existentials« im dramatischen
Stil verkörpert erscheine. Emil Staiger findet in dieser Bezugsetzung
die Bestätigung dafür, daß »die Poetik die Ontologie, die Ontologie
aber die Poetik bewähre«[36].

Diese klare Unterscheidung der Stile und dadurch der Zeitbegriffe
kann jedoch – wie Jauß ausführt – nicht mehr gültig sein, wenn sich
wie im modernen Roman, womöglich alle Dichtungsgattungen in
einem Werk vereint finden. Hingegen kommt Adelheid Weise mit
Hinblick auf die Zeitstruktur im modernen Drama zu dem Ergebnis,
daß oft in Stücken auf eine chronologische Zeitstruktur verzichtet
wird, und durch Zeitmontage von Vergangenheit, Gegenwart und
Zukunft der Eindruck eines »zeitlichen Ineinander« der einzelnen
Zeitphasen erreicht wird [37].

The Ambassadors, Ulysses u. a.«, *Wiener Beiträge zur englischen Philologie*, 63
(1955), 104.
[34] Jauß, S. 70.
[35] Emil Staiger, *Grundformen der Poetik* (Zürich: Atlantis, 1961), S. 218–219.
[36] Staiger, *Grundformen*, S. 219.
[37] Adelheid Weise, *Untersuchungen zur Thematik und Struktur der Dramen von
Max Frisch* (Göppingen: Kümmerle, 1970), S. 119.

Diese Beobachtung entspricht auch der Schlußfolgerung von A. Wildbolz, daß im modernen Theaterstück der reale Zeitraum durch zeitliches Überblenden überwunden und überspielt werde[38]. Wie im modernen Roman wird auch im Drama des zwanzigsten Jahrhunderts statt der konventionellen linearen Chronologie des Geschehens der Eindruck der Gleichzeitigkeit der drei Zeitphasen angestrebt. Zum Unterschied von der Epik, die in ihrer Erzählweise ausschließlich die Phantasie des Lesers anspricht, appelliert das Drama auch an die Sinne des Publikums. Bei der audio-visuellen Darstellung der »erlebten Zeit« stößt daher das Drama in der Dehnung und Raffung der dargestellten Zeit auf zahlreiche Schwierigkeiten. Die lineare Szenenfolge allein täuscht äußerlich eine chronologische Kausalität vor, auch wenn sie der Autor zu vermeiden sucht. Nur eine dramaturgische Auflösung der Szenenfolge (durch eingeschobene Rückblenden, zeitliches Vorgreifen in die Zukunft und zeitüberbrückende Motive) kann den Eindruck der chronologischen Kausalität auf der Bühne beseitigen.

D. Die Bedeutung der Zeit bei Frisch

Zu den Werken Max Frischs liegt eine umfangreiche Literatur vor, wobei das Zeitelement mitunter auch Erwähnung findet. Wenn sich jedoch Abhandlungen auf das Zeitelement beziehen, so erwähnen sie dieses hauptsächlich im Hinblick auf den Identitätskomplex (ein Klischee der Frisch-Literatur) sowie als sprachsymbolisches Motiv oder aber als erzählchronologisches Element ohne Bezug zu den Erlebnisformen der Figuren.

Monika Wintsch-Spieß kommt im Rahmen ihres Vergleiches zwischen Proust und Frisch an Hand sprachsymbolischer Motive zu dem Ergebnis, daß bei Proust wie auch bei Frisch das Gegenwartserlebnis in den Hintergrund tritt[39]. Die Orientierung ihrer Arbeit läßt sie hingegen jene Aspekte der Werke Frischs übersehen, die sich weniger für ihre Erarbeitung der existenziellen Problematik eignen, darunter

---

[38] Andreas Wildbolz, »Analyse und Interpretation der Zeitstruktur im modernen Theaterstück«, Diss. Wien 1965.
[39] Monika Wintsch-Spieß, *Zum Problem der Identität im Werk Max Frischs* (Zürich: Juris, 1965).

die Rolle der Erwartung und des mechanistischen Weltbildes in der Entfremdung der Frisch-Figuren von der Gegenwart.

Ein Beitrag von Manfred Jurgensen belegt eine Anzahl sprach-symbolischer Motive als wiederkehrende »typisch Frisch'sche« Chiff-ren in den Dramen Max Frischs [40], während eine weitere Abhandlung Jurgensens zum Werk Max Frischs sich mit dessen Romanen befaßt [41]. Diese Auslegungen unterscheiden sich von den früheren Werkmono-graphien – wie die Monographien von Hans Bänzinger und Eduard Stäuble [42] – vor allem durch ihr Bemühen, werkimmanent zu bleiben und biographische Details zu vermeiden. Hierbei verzichtet Jurgen-sen aber auch auf eine werkgeschichtliche Übersicht oder eine Grup-pierung der Motive in Bedeutungskategorien. Wir greifen in unserer Arbeit auf jene Beiträge Jurgensens zurück, die uns wegen ihrer Bezüge auf Zeit und Sprachsymbolik für unser Thema bedeutsam erscheinen.

Für unsere Arbeit ist Max Gassmanns Studie ebenfalls erwähnens-wert, denn sie fügt zu den Sprachsymbolen Jurgensens eine Reihe sogenannter »Leitmotive der Jugend« aus den Frühwerken Frischs hinzu [43]. Wünschenswert wäre im Fall Gassmanns eine systematische Übersicht über jene Motive gewesen.

Die Arbeiten von Wintsch-Spieß, Jurgensen und Gassmann ergän-zen einander in einem gewissen Grade und liefern einige Beispiele zur Funktion der Zeit in sprachsymbolischer Hinsicht, obwohl in keinem der Werke die Rolle des Zeiterlebnisses in den Werken Max Frischs umfassend behandelt wird.

Zur zeitlichen Struktur in den Werken Frischs liegt zu den Dramen bis jetzt nur die Arbeit von A. Weise vor, die im Zusammenhang mit einigen Dramen Frischs auf den Begriff der »Zeitmontage« hin-weist [44]. Heinrich Geissers Studie zum Begriff der »Dramaturgie der Permutation« ergänzt A. Weises Ausführungen mit einer Analyse des letzten Frisch-Stückes, *Biografie* [45]. Wir beziehen uns auf Geissers Beitrag im Kapitel 6 unserer Arbeit, in dem sich unsere Bezüge von

[40] Manfred Jurgensen, *Max Frisch. Die Dramen* (Bern: Lukianos Verlag, 1968).

[41] Manfred Jurgensen, *Max Frisch. Die Romane* (Bern: Francke, 1972).

[42] Hans Bänzinger, *Frisch und Dürrenmatt* (Bern: Francke, 1967), Eduard Stäuble, *Max Frisch. Ein Schweitzer Dichter der Gegenwart* (Amriswil, Bodenseeverlag, 1960), *Max Frisch, Gedankliche Grundzüge* (Basel: F. Reinhardt, 1967), *Max Frisch, Gesamtdarstellung* (St. Gallen: Erker, 1967).

[43] Max Gassmann, »Max Frisch. Leitmotiv der Jugend«, Diss. Zürich 1960.

[44] Weise, *Untersuchungen*.

[45] Heinrich Geisser, *Die Entstehung von Max Frischs Dramaturgie der Permuta-tion* (Bern: Paul Haupt, 1973), S. 7.

»Zufall« und »Schicksal« mit der »Dramaturgie der Permutation« überschneiden.

Wir sind der Auffassung, daß die Untersuchung der Dramen Frischs nach den Methoden der Strukturanalyse bis jetzt noch hinter jener der Romane zurücksteht. Heinrich Geissers Abhandlung zum Frisch'schen Begriff des Permutationstheaters läßt hingegen auf weitere kritische Beiträge dieser Art hoffen.

Mit der Struktur im *Homo faber* beschäftigen sich Hans Geulen [46], der sich bei der Besprechung des Zeitelementes in der Struktur auf die kurze Darstellung der chronologischen Erzählstruktur des Romans beschränkt und nicht auf das Zeiterlebnis *per se* eingeht, und Hubert Fritsching [47], der auf die Auflösung der Raum-Zeit-Kausalität in diesem Roman hinweist. Karl-Heinz Braun untersucht in seiner Dissertation über *Stiller* die »Rückwendungen« in der »erzählten Zeit« und macht dadurch geschickt das Verhältnis von »erzählter Zeit« und »Erzählzeit« deutlich [48]. »Erlebte Zeit« kommt hierbei nicht zur Sprache, wie auch sonst seine Arbeit mehr auf die zeitliche Rekonstruktion des ursprünglichen Handlungsvorgangs im Roman als auf eine Interpretation des Geschehens eingeht.

Ein anderer Beitrag ist Oskar Holls Abhandlung [49], der im Rahmen seiner allgemeinen Studie zur »Zeit im Roman« auch den Zusammenhang von Struktur und Identitätskrise im *Stiller* konstatiert. Dabei werden allerdings die Rolle des Zeitelements in der Struktur und das individuelle Zeiterlebnis nur am Rande berührt.

Während die oben genannten Untersuchungen zum Werke Max Frischs sich in einigen Aspekten zum Zeitelement äußern, lassen sie doch vieles unberücksichtigt, weil es außerhalb ihrer Themenstellung liegt. Im Falle von Interpretationen vermißt man unter anderem Bezüge zwischen der Charakterisierung der Figuren und ihrer Einstellung zur Zeit. Beispielsweise wird auch versäumt – was in dieser Arbeit nachgeholt wird – auf die Rolle der Erinnerung in der Einstellung der Figuren zur eigenen Vergangenheit hinzuweisen. Wie vor

---

[46] Hans Geulen, *Max Frischs »Homo faber«: Studien und Interpretationen* (Berlin: W. de Gruyter, 1965).
[47] Hubert Fritsching, »Das Weltverständnis des Gegenwartsromanes im Spiegel seiner Erzählhaltung«, Diss. Würzburg 1966, S. 140–155.
[48] Karl-Heinz Braun, »Die epische Technik in Max Frischs Roman *Stiller* als Beitrag zur Formfrage des modernen Romans«, Diss. Frankfurt a. M. 1959.
[49] Oskar Holl, *Der Roman als Funktion und Überwindung der Zeit.*

allem der Roman *Gantenbein* verdeutlicht[50], ist bei Frisch die Erinnerung oft ein »Entwurf in die Vergangenheit«, der dem jeweiligen
Selbstbildnis entspricht. Im Laufe dieser Arbeit werden die Zusammenhänge zwischen dieser Art sich zu erinnern und der Erzählerposition in den Ich-Romanen untersucht.

Was im individuellen Bereich der Erinnerung möglich ist, nämlich
sich ein Bildnis von der Vergangenheit zu machen, tritt bei Frisch
auch auf überpersönlicher Ebene auf. Werden beispielsweise im Roman *Gantenbein* Vergangenheit und Erinnerung, Wirklichkeit und
Fiktion kontrastiert, so zeigt sich im *Wilhelm Tell für die Schule* faktische Geschichte mit dem umdeutenden Geschichtsbewußtsein verglichen[51].

Ähnlich wie im *Wilhelm Tell* wurde bereits im *Don Juan* von
Frisch verfahren[52], wo der Held gegen eine Pension seine eigene
»Höllenfahrt« zu inszenieren verspricht, um damit der Kirche Spa-
niens eine neue Legende zu liefern. Wie im *Wilhelm Tell* wird auch
hier Wirklichkeit dem bewußt fabrizierten Mythos gegenübergestellt.

Zu wenig erkannt wurde in den bisherigen Arbeiten dieser Konflikt zwischen »faktischer« Wirklichkeit und umdeutendem Bewußtsein im Zeiterlebnis der Frisch-Figuren. Darum soll in unserer Arbeit
das Leben gegen die »äußere Zeit«, wie es sich bei vielen Frisch-
Figuren findet, eingehend behandelt werden. Zu wenig hervorgeho-
ben wurden bisher in der Frisch-Literatur jene Versuche auf Seiten
der Figuren, außerhalb der Zeitlichkeit zu leben, indem sie die »erlebte Zeit«, die Bedeutung der Vergänglichkeit und des Todes in
ihrem Leben negieren wollen.

Einige der Problemstellungen, auf welche diese Arbeit eingeht, stehen in engem Zusammenhang mit diesem Gegensatz von »objektiver« und »erlebter Zeit«, der sich nicht nur in der Handlung, sondern auch in der Auswirkung auf die Form der Werke nachweisen
läßt. Mit Hinblick auf das Handlungsgeschehen in den Werken stellen
wir uns unter anderem die folgenden Fragen: Welche Rolle spielt das
Zeiterlebnis im Konflikt von Wirklichkeit und Bewußtsein? Welche

---

50 Max Frisch, *Mein Name sei Gantenbein. Roman* (Frankfurt a. M.: Suhrkamp,
   1964). Fortan in Texthinweisen als *Gant.* angeführt.
51 Max Frisch, *Wilhelm Tell für die Schule* (Frankfurt a. M.: Suhrkamp, 1971).
   Fortan in Texthinweisen als *Tell* angeführt.
52 Max Frisch, *Don Juan oder Die Liebe zur Geometrie* in *Stücke II* (Frankfurt a. M.: Suhrkamp, 1964). Fortan in Texthinweisen als *DJ* angeführt.

Arten von Zeiterlebnis charakterisieren Spannen von »leerer« und »erfüllter« Zeit? Wie versuchen die Figuren, die Zeit zu »überwinden«? Gibt es bei Frisch ein konfliktfreies Zeiterlebnis?

Dagegen regt die Darstellung des Zeiterlebnisses in den Werken beispielsweise zu weiteren Fragen an: Wie wird im Drama und im Roman inhaltlich beschleunigter oder verzögerter Zeitablauf dargestellt? Wie wird das Gefühl der Gleichzeitigkeit in den Werken übermittelt? Was ist die Funktion des Traums im Roman und im Drama? Was ist die zeitliche Funktion der Tagebuchform im Roman? Wie wird im Drama Vergangenheit und Gegenwart strukturell gegenübegestellt? Wie ist das Zeiterlebnis bei Frischs Figuren in der Naturbeschreibung versinnbildlicht?

Während diese Arbeit zur Zeitproblematik in den Werken Max Frischs, wie oben gezeigt, an einige Vorläufer anknüpft, die »Zeit« nur in vereinzelten Motiven und Strukturelementen beschrieben, geht unsere Abhandlung vom Zeiterlebnis als einem Zentralthema bei Max Frisch aus. Hier werden am spezifischen Fall des Zeiterlebnisses im Gesamtwerk die Methoden der Darstellung von Zeit und Zeiterlebnis untersucht und das Verhältnis der Figuren zur Zeit und Wirklichkeit dargelegt.

Erklärend darf bemerkt werden, daß wir den Begriff »Zeiterlebnis« mit Bezug auf die Erfahrungen der Figuren im Zusammenhang mit Zeit gebrauchen. Mit »Zeitbewußtsein« weisen wir auf das Gewahrsein von Zeitablauf und zeitbezogener Geschehnisse hin. Mit dem Begriff »innere« oder »subjektive Zeit« grenzen wir den Zeitbegriff auf die individuell erlebte Zeit ein. Diese weicht oft erheblich von der »äußeren« oder »objektiven Zeit« ab, welche mathematisch bestimmbar ist. Diese Begriffe stammen aus den Werken Frischs und stimmen deshalb nicht unbedingt mit der gängigen philosophischen Terminologie überein.

E. Zum Untersuchungsverfahren in dieser Arbeit

Wie aus vorgehendem Überblick zu ersehen ist, kann die Zeitproblematik im Roman und im Drama einerseits vom Inhalt, andererseits von der Form her betrachtet werden, da sie einander gegenseitig

bestimmen. Das Ziel dieser Arbeit ist es, die Zeitproblematik in den
Werken Max Frischs inhaltlich als psychologisches Zeiterlebnis, erzähl-
technisch als strukturbestimmendes Element zu deuten. Während der
ersten Auffassung gemäß Zeit als hermeneutische Kategorie verstanden wird, verwenden wir den Begriff Zeit im zweiten Fall als de-
skriptiv-analytische Kategorie.

Unter dem Blickwinkel, »Das Zeiterlebnis: Formen des Zeitein-
bruchs«, zeigt das zweite Kapitel das Zeitbewußtsein der Figuren in
Prosawerken und Dramen. Darauf untersucht das dritte Kapitel jene
Konflikte, die sich jeweils aus einem derartigen subjektiven Zeit-
bewußtsein ergeben. Die verschiedenen Reaktionen der Figuren in den
Werken Max Frischs auf diese Konflikte und ihre darauffolgenden
Lösungsversuche analysiert das vierte Kapitel unter dem Sammel-
begriff: »Versuche der Zeitüberwindung.«

Das fünfte Kapitel, »Die Figuren als ›Typen‹ in der Darstellung
des Zeiterlebnisses und des Zeitproblems«, faßt die Ergebnisse dieser
Analyse zusammen und betrachtet die Mittel in der Veranschaulichung
der Figuren, welche ihr charakteristisches Zeiterlebnis und ihre zeit-
bezogenen Konflikte beschreiben.

Das sechste Kapitel, »Strukturelle und formale Aspekte in der
Darstellung des Zeiterlebnisses und der Zeit«, folgt einem ähnlichen
Grundriß in der Zusammenstellung der verschiedenen thematischen
und strukturellen Elemente, die zur Darstellung von Zeit und Zeiterlebnis in der Prosa und Dramatik Max Frischs beitragen.

In Ergänzung zur Zeitinterpretation der Werke trägt das siebente
Kapitel, »Stellungnahmen Frischs zum Thema ›Zeit‹«, jene Kom-
mentare Max Frischs aus den Tagebüchern 1946–1949 und 1966 bis
1971, aus Reden, Essays, Interviews und Briefwechseln zusammen,
aus denen sich sein Verhältnis zur Zeitproblematik ablesen läßt und
vergleicht sie mit der Darstellung der Zeit in seinen Romanen und
Dramen[53].

Das achte Kapitel gibt einen Überblick über die Einzelergebnisse
dieser Untersuchung und faßt sie abschließend zusammen.

---

[53] Ausgenommen davon wurden *Blätter*, da dieses Werk mehr einer Ich-Erzählung
als einem chronologisch angeordneten persönlichen Tagebuch entspricht.

Kapitel II

DAS ZEITERLEBNIS: FORMEN DES ZEITEINBRUCHES

Wir gehen von der Voraussetzung aus, daß das Denken und Handeln
der Figuren Frischs ständig von ihrem Bewußtsein der Zeit und des
Zeitablaufes beeinflußt wird. Den Gestalten wird die Zeit erstmals
durch den »Zeiteinbruch« zum Erlebnis. Das kann in der Form
geschehen, daß ein bestimmtes Ereignis in ihre gewohnte Lebensweise
einbricht und einen fühlbaren »Zeitsprung« bewirkt, oder daß die
Figuren den Zeitablauf in der Folge und Wiederkehr der Jahreszeiten, im Verrinnen ihrer Jugendjahre sowie in der Erfahrung des eigenen Alterns und des herannahenden Todes erkennen.

Eine ähnliche Konfrontation mit der Zeit ergibt sich für die Figuren in den Werken Max Frischs unmittelbar in ihren Erinnerungen
und Traumerlebnissen und allgemeiner auch in geschichtlichen und
mythischen Vorstellungen. Die Einstellung zur eigenen sowie zur
überpersönlichen Vergangenheit bestimmt bei Frisch wesentlich das
Charakterbild seiner Gestalten.

A. Zeitsprung und Gefährdung

Als Beispiel für die Erfahrung des Einbruchs der Zeit werden im folgenden Situationen aus den Werken Frischs herangezogen, welche die
verschiedenen Reaktionen der Figuren veranschaulichen. Viele Figuren Frischs erfahren den sichtbaren Einbruch der Zeit in ihr bisheriges
Dasein oft als einen Schock. Ein Geschehnis wird ihnen zum Schrecknis, das plötzlich ihre bisherige Existenz als fragwürdig erscheinen
läßt. »Es ist als habe die Zeit einen Sprung bekommen«, der das
Jetzt und Hier vom Gestern trennt, so daß man nicht mehr weiß,
»wie die beiden Teile jeweils zusammengehören« (*BB*, S. 12). Durch
das In-Frage-Stellen übernommener und gewohnter Werte wird ihnen
das Leben zur Gefährdung, an der sie sich neu bewähren müssen.

Im ersten Prosawerk Max Frischs, *Jürg Reinhart* [54], veranschaulicht der Titelheld des Romans das Zeiterlebnis in der Jugend. Als Gast in einer kleinen Pension verbringt Jürg einen Sommer an der dalmatinischen Küste. Er befährt das Meer und träumt den großen Traum der Jugend vom Abenteuer der Liebe. Daß er mehr in sein Traum-Idol als in das Mädchen selbst, dem er täglich begegnet, verliebt ist, beweist das erste gemeinsame Beisammensein mit dem Gegenstand seiner Träume. Sein Traum zerbricht, als »ein Mensch, ein ersehnter Mensch, schließlich dasaß in aller Wirklichkeit und Greifbarkeit« (*JR*, S. 85). Jürg flieht, da an die Stelle seines Traumes plötzlich die Realität treten soll. Sobald die konkrete Gegenwart in seine Phantasiewelt einbricht, flüchtet er vor der Gegenwart und spinnt sich in neue Wunschträume ein. Immer wieder zerbrechen aber seine Vorstellungen von den Mitmenschen an der Begegnung mit der Wirklichkeit.

Auch in Max Frischs zweitem Werk, der »Erzählung aus den Bergen« – *Antwort aus der Stille* – bricht die zeitliche Realität, hier als Torschlußpanik vor dem Altern, in das Leben Balz Leutholds ein und treibt ihn damit in die Gefahr des Abenteuers [55]. Er flüchtet vor seinem bisherigen Leben, dessen Mittelmäßigkeit seinen Jugendträumen widerspricht. Eine Mutprobe – eine schwierige Bergbesteigung – soll ihn als Ausnahmemenschen bestätigen. Statt zur Selbstbesinnung führt ihn demnach der Einbruch der Zeit in Gestalt seines herannahenden Alters von der Enttäuschung über einen zerbrochenen Jugendtraum in eine andere, genau so unrealistische Idee.

In den darauf folgenden *Blättern aus dem Brotsack* [56], einem literarischen Skizzenbuch aus dem Militärdienst im Jahre 1939, berichtet der Erzähler Max Frisch, wie der Einberufungsbefehl das Volk aus dem scheinbar gesicherten Alltag aufschreckt. Er beschreibt den Aufbruch in eine neue Phase seines Lebens: »Morgens noch am Zei-

---

54 Max Frisch, *Jürg Reinhart. Eine sommerliche Schicksalsfahrt. Roman aus Dalmatien* (Stuttgart: Deutsche Verlangsanstalt, 1934). Fortan in Texthinweisen als *Jürg* angeführt.

55 Max Frisch, *Antwort aus der Stille. Erzählung aus den Bergen* (Stuttgart: Deutsche Verlagsanstalt, 1937). Fortan in Texthinweisen als *Ant.* angeführt.

56 Max Frisch, *Blätter aus dem Brotsack. Tagebuch eines Kanoniers. Geschrieben im Grenzdienst 1939* (Zürich: Atlantis, 1940). Fortan in Texthinweisen als *BB* angeführt.

chentisch, und jetzt hockt man da, nicht nur am andern Zipfel unseres Landes, in einer anderen Welt überhaupt« *(BB, S.* 11–12) [57].

In einer anderen Welt finden sich auch die Figuren im Roman *Die Schwierigen oder J'adore ce qui me brûle,* wenn ihre künstliche Sicherheit gegenüber der Gegenwart versagt. Das Dasein der Gestalten scheint in diesem ersten großen Roman Frischs nach den vorher erwähnten kürzeren Prosawerken von unvorhersehbaren Ereignissen und wechselhaften Stimmungen gelenkt. Hinkelmann, der Gelehrte und Gatte Yvonnes, geht so sehr in seiner wissenschaftlichen Arbeit auf, daß er den Kontakt zur lebendigen Gegenwart verliert und sich in einem infantilen Verhältnis mit seiner Frau genügt. Auch Reinhart, der hier aus dem Erstlingswerk als Maler wiederkehrt, bleibt trotz romantisch übersteigertem Augenblicksgenuß kontakt- und bindungslos. Als er von seiner dunklen Geburt erfährt, sieht er es in seinem Glauben an verworrene Erbmythen als Pflicht an, sich »auszulöschen«. Einzig den Frauengestalten des Werkes gelinkt der Übergang von den Jugendträumen in ein konkretes Leben in der Gegenwart.

Hinkelmann findet sich durch den Einbruch der Zeit in sein scheinbar so erfolgreiches Leben – Yvonne verläßt ihn, da, wie sie sagt, sie von einem Sohn kein Kind haben kann – »in eine andere Welt« versetzt: »Zum erstenmal in seinem Leben, das ein Leben aus Arbeit und Erfolg war, dämmerte ihm ein Abgrund, Grauen eines anderen und traumdunklen Daseins« *(Schw., S.* 36). Er wählt den Selbstmord, »da es für ihn ja auch keine Zeit mehr gab, keine zeitlichen Ziele« *(Schw., S.* 39).

Auch Reinhart endet in Selbstmord. Nach dem Einbruch der Vergangenheit in sein Leben durch die Entdeckung seiner wahren Eltern scheint ihm der Halt in einem bürgerlichen Leben entzogen. Sein Selbstmord berührt den Leser als Mißverständnis; nicht sein wahres Selbst zu verleugnen, sondern sich selbst zu wählen, wäre die Antwort auf den Verlust der bürgerlichen Herkunft gewesen.

Balz, Hinkelmann und Reinhart reagieren auf den Schrecken über den Zusammenbruch ihres bisherigen Weltbildes mit Panikhandlungen, statt – wie es der Erzähler in den *Blättern* ausspricht – sich mit diesem Schrecken auseinanderzusetzen: »Es kommt nur darauf an, ob man ihm ausweicht, ob man ihn innerlich annimmt« *(BB, S.* 12).

---

[57] Eine kritische Stellungnahme zu jener Zeit findet sich in Max Frischs *Dienstbüchlein.*

Sobald die Gegenwart den Figuren zur existenziellen Bewährung wird, erweist sich ihr wirklichkeitsfremdes Weltbild den neuen Anforderungen der Gegenwart nicht gewachsen.

In der Traumerzählung *Bin oder Die Reise nach Peking* fehlt scheinbar der äußere Einbruch der Zeit in ein unauthentisches Dasein, weil ein Großteil der Erzählhandlung in der Traumzeit spielt. Hingegen kann die ganze Traumreise nach dem Ziel der Seele, dem imaginären Land »Peking am Meer« als Aufbruch zum »wirklichen Leben« verstanden werden. In dieser Erzählung findet sich die Spannung zwischen konkreter Gegenwart und dem »All-Möglichen« des pluralistischen Ichs zum Traumerlebnis verschmolzen. Kilian erreicht zwar das »wirkliche Leben« ebenso wenig wie Reinhart und Hinkelmann, doch ist er dem Einbruch der Traumzeit in sein Alltagsleben aufgeschlossen und scheint zumindest auf dem richtigen Weg zu sein.

Wie in den *Blättern* führt auch im Drama *Nun singen sie wieder* der Krieg zum jähen Bruch zwischen dem Bewußtsein der friedlichen Vergangenheit und der kriegerischen Gegenwart[58]. Nicht die Handlung scheint hier das wichtigste Element, sondern die lyrischen Monologe der Toten und die Darstellung der Unbelehrbarkeit der Überlebenden. Trotz ihrer Erfahrungen finden sie immer wieder Ursache zu neuen Kriegen. Jene aber, die am Kriege zu sich selbst erwacht sind (Der Kriegsausbruch erscheint auch in den *Blättern* als »Zeiteinbruch«), hindert ein früher Tod an der Verwirklichung ihrer Erkenntnisse.

Die Erfahrung des »Zeitsprunges« durch den Einbruch des Krieges in den Alltag kommt im Traum eines Fliegers zum Ausdruck. Er träume oft – sagt er –, daß er aus dem brennenden Flugzeug abspringe und in seiner Vaterstadt lande: »Fremd, ungefähr so, als käme man nach Jahrtausenden zurück, die Straßen, die man gekannt hat, die Plätze, plötzlich ist es eine Wiese, aber das Kaffeehaus steht offen wie eine Ruine, deine Freunde sitzen darin, sie lesen die Zeitung. ... Keiner weiß, wer du bist, keine gemeinsame Erinnerung, keine gemeinsame Sprache und so weiter« (I, *Nun*, 103). Der Zeitsprung erweist sich im Traum wie im Wachsein als unüberwindlich. So heißt es auch schon in den *Blättern*: »Es gibt ja im Grunde niemals eine Rückkehr« (*BB*, S. 34).

---

[58] Max Frisch, *Nun singen sie wieder* in *Stücke I* (Frankfurt a. M.: Suhrkamp, 1964). Fortan in Texthinweisen als *Nun* angeführt.

Die Toten des Krieges finden sich in diesem Stück in einem Zwischenreich, wo sie anscheinend noch das versäumte Leben nachholen müssen. Die meisten von ihnen erkennen nicht, daß sie tot sind; »sie sind nicht gefaßt darauf; sie haben ja noch nicht gelebt« (I, *Nun*, 134). »Ich glaube, wir alle sind da«, sagt einer der Flieger, »bis wir das Leben kennenlernen, das wir zusammen hätten führen können. Solange sind wir da. Das ist die Reue, unsere Verdammnis, unsere Erlösung« (I, *Nun*, 134). In diesem frühen Stück findet sich der Gedanke ausgesprochen, der auch in Max Frischs späteren Werken wiederkehrt, daß ein richtiger Tod erst nach einem erfüllten Leben möglich sei [59].

Im zweiten Drama Frischs, *Santa Cruz* [60], bricht die Zeit in der Gestalt Pelegrins, des Vaganten, in das geordnete Leben des Rittmeisters und seiner Frau Elvira ein. Gegenwart vermischt sich in diesem Traumspiel mit Erinnerung und sehnsüchtiger Erwartung. Die siebzehn Jahre zurückliegende Entführung Elviras durch Pelegrin bleibt in ihren Erinnerungsträumen Gegenwart. So bleibt auch jene Sehnsucht nach Hawaii in den Gedanken des Rittmeisters wach, die er vor siebzehn Jahren in Santa Cruz scheinbar aufgab, als er die »Ordnung« und die Ehre mit Elvira gewählt hatte. Doch nun, siebzehn Jahre später, aufgestört durch die Begegnung mit Pelegrin, bricht der Rittmeister wieder auf wie damals, um nach der »Weite alles Möglichen« (I, *SC*, 48) zu suchen. »Ich möchte noch einmal fühlen«, schreibt er im Abschiedsbrief an Elvira, »welche Gnade es ist, daß ich lebe, bevor es uns einschneit für immer« (I, *SC*, 49).

Wie Balz Leuthold reagiert auch der Rittmeister auf den Einbruch der Zeit in Gestalt des Alterns mit Torschlußpanik. Pelegrin erinnert ihn, wie kurz das Leben sei, und wieviel Zeit »ungelebt« verstreiche, während er seinen täglichen Pflichten nachkomme. Im Grunde sucht der Rittmeister nicht so sehr das Erlebnis der erfüllten Gegenwart *per se*, sondern vielmehr die Verwirklichung seines Jugendtraumes. Damals hielt er die Verwirklichung der verschiedenen Ich-Möglichkeiten eines Menschen noch für möglich, während er sich nun durch viele Jahre der Pflichterfüllung auf ein einziges Ich festgelegt findet. Er sucht darum verspätet sein »anderes Leben«, das in seinen Augen

---

59 Vergleiche hierzu die Beschreibung der toten Soldaten in Hermann Kasack, *Die Stadt hinter dem Strom* (Frankfurt a. M.: Suhrkamp, 1964).
60 Max Frisch, *Santa Cruz* in *Stücke I* (Frankfurt a. M.: Suhrkamp, 1964). Fortan in Texthinweisen als *SC* angeführt.

Pelegrin zu verkörpern scheint. Doch er findet nur die Repetition von
Erinnerungen. Er kann – in den Worten Pedros, des Dichters – nie
die Verwandlung, sondern immer nur sich selbst wählen. Das heißt
auf das Gesamtwerk Max Frischs angewendet: der Mensch könne sein
Ich nur verwirklichen, nachdem er sich als den »angenommen« habe,
zu dem ihn die Jahre gemacht hätten. Dies schließt die Flucht vor der
eigenen Vergangenheit in eine neue Ich-Möglichkeit aus. Der Rittmeister kehrt aber doch in gewissem Sinne als Verwandelter in sein Schloß
zurück, da er nun sein Leben mit Elvira wahrhaftiger und nicht länger
hinter einer Fassade der Ordnung führen will.

Einen einzelnen Vorfall, der als »Zeitsprung« anzusprechen wäre,
scheint es in der Geschichtsfarce *Die Chinesische Mauer* nicht zu geben [61]. Hingegen veranschaulicht das ganze Stück den Einbruch der
geschichtlichen Vergangenheit in das Bewußtsein der Gegenwart. Dem
Publikum wird im Vorspiel verkündet, daß der Ort der Handlung
unser aller Bewußtsein sei, in dem überholte geschichtliche Vorstellungen in unserem modernen Denken immer wieder Unordnung stiften.
Mit anderen Worten: unser Bewußtsein ist von der Vergangenheit
besetzt.

Die Bühne wird von Gestalten aus unserer Kulturgeschichte bevölkert, daneben erscheinen der »Heutige« (ein »aufgeklärter« Intellektueller), Hwang Ti, Kaiser von China vor zweitausend Jahren,
sein Hofstaat, Mee Lan, seine Tochter, und ein Stummer mit seiner
Mutter. Das Stück feiert die Wiederkehr der geschichtlichen Macht-
idee, wie sie in Figuren wie Napoleon und Philipp von Spanien verkörpert ist – mit dem Unterschied, daß im Zeitalter der Atombombe
Machtträume nicht mehr erlaubt seien. Das ist zumindest die Ansicht
des »Heutigen«, während ihn das Stück, damit auch sein eigenes
Bewußtsein, »spielend« widerlegt. Ein Aufbruch in ein authentisches
Leben scheint bei der verhängnisvollen Wiederholung geschichtlicher
Irrtümer ausgeschlossen. Wie im »Requiem« *Nun singen sie wieder*
schließt auch hier das Stück mit der Einsicht, daß angesichts der ewigen Wiederkehr gleicher Fehler nur die Liebe noch trösten kann.

Im Schauspiel *Als der Krieg zu Ende war* wird zwar durch die
Liebe zwischen einer Deutschen und einem russischen Offizier kurz
nach dem Zweiten Weltkrieg mit einem nationalen Vorurteil gebro-

---

[61] Max Frisch, *Die Chinesische Mauer* in *Stücke I* (Frankfurt a. M.: Suhrkamp,
1964). Fortan als *CM* angeführt.

chen, aber es bleibt ein Fragment[62]: Wenn die Protagonisten auch eine Wiederholung von Vorurteilen vermeiden (die neue Gegenwart ihrer Liebe ist wie beim Erlebnis des »Zeitsprungs« von der Vergangenheit der Vorurteile getrennt), so ist ihnen doch kein Aufbruch in ein verändertes Leben in der Gegenwart erlaubt. Agnes bleibt auch während ihrer Beziehung zu Stepan zwischen Gegenwart und Vergangenheit gefangen. Frisch verbindet symbolisch die Gegenwart der vorurteilsfreien Liebe (im ersten Stock) und die Vergangenheit der Vorurteile (im Kellergeschoß) durch vierzehn Stufen. »Die vierzehn Stufen, die Agnes hinaufging, und die vierzehn Stufen, die sie hinunterging, Abend um Abend« (I, *Krieg*, 285), messen die Bewußtseinsspanne zwischen Stepan, Agnes' Geliebtem, und Horst, ihrem Mann, aus[63].

Der Staatsanwalt in der Moritat vom Grafen Öderland erfährt den Einbruch der Zeit, als er durch den scheinbar sinnlosen Mord eines Bankbeamten an einem Hausmeister aus seinem geregelten Alltagsleben aufschreckt[64]. Der Aufbruch des Staatsanwaltes aus seiner »Welt der schwarzen Aktenordner« in ein scheinbar freies Dasein scheitert. Die Axt wird in diesem Stück zum Symbol des Ausbruchs aus dem »Irrenhaus der Ordnung«. Allerdings führt jeder derartige Ausbruchsversuch in ein Irrenhaus der sinnlosen Gewalt. Am Ende sieht sich der Staatsanwalt als unfreiwilliger Machthaber gezwungen, wieder die alte Tagesordnung herzustellen. Der Traum von der Flucht in die Freiheit führt sich selbst *ad absurdum*. In diesem Stück erweist sich das Leben in der Gefährdung als ebenso einseitig und unerfüllt wie das Leben in einem sicheren Ordnungssystem.

Im Gegensatz hierzu sucht Don Juan im Stück *Don Juan oder Die Liebe zur Geometrie* gerade jene erlebnislose Ordnung, aus welcher der Staatsanwalt in der persona des legendenhaften Grafen Öderland flieht. Frischs Don Juan zieht die Geometrie dem wirklichen Leben vor, weil er in ihr das Berechenbare findet, das er an den menschlichen Beziehungen vermißt. Er erträgt die Liebe nur als Episode, muß aber erkennen, daß er über dieser Episode sein Leben versäumt. Mit dem

---

62 Max Frisch, *Als der Krieg zu Ende war* in *Stücke I*. Fortan in Texthinweisen als *Krieg* angeführt.

63 In einer späteren Fassung, die vom Autor wieder zurückgenommen wurde, begeht Agnes Selbstmord, als Horst ihr Verhältnis zum russischen Offizier auf die gleiche Stufe stellt wie seine eigene Ermordung der Juden in Warschau.

64 Max Frisch, *Graf Öderland* in *Stücke I*. Fortan als GÖ angeführt.

Zeiteinbruch in der Form des drohenden Alters ergreift ihn die Panik. Seine dramatisch inszenierte »Höllenfahrt« entspricht einem versuchten »Sprung aus der Zeit«, wobei er jedoch in der »Hölle der Ehe und des Alterns« landet.

Der Zeiteinbruch in Anatol Stillers Leben setzt dort ein, wo bis jetzt die Entfaltung des Selbst bei den anderen Figuren endete – bei der Erfahrung des Todes[65]. Stiller war Bildhauer, verheiratet mit einer Balletteuse und galt seit seinem Verschwinden im Jahre 1946 für die Behörden in der Schweiz als verschollen. Sechs Jahre später wird an der schweizerischen Grenze ein Mann namens Jim White während der Durchfahrt verhaftet, weil er dem verschollenen Bildhauer gleicht. Trotz seiner Beteuerungen, nicht mit dem früheren Stiller identisch zu sein, wird der Verhaftete schließlich dazu verurteilt, zumindest vor dem Gesetz wieder die Identität und die Rolle des Verschollenen anzunehmen. Jene Erfahrung, die Stiller so sehr verwandelte, daß sein Leben wie durch einen Sprung durch die Zeit von der früheren Vergangenheit getrennt ist, war die Begegnung mit dem Tode. In den Tagen, da er nach seinem Selbstmordversuch in Amerika zwischen Leben und Tod schwebte, erkannte er, daß er bisher der Umwelt und sich selbst nur eine Rolle vorgespielt hatte. Es wird hier wieder – wie im Stück *Nun singen sie wieder* – das Motiv des wahren Todes nach einem erfüllten Dasein angeschlagen, wenn Stiller-White berichtet: »Alles hing von mir ab, ich durfte mich entscheiden, ob ich noch einmal leben wollte, jetzt aber so, daß ein wirklicher Tod zustande kommt. ... Ich hatte die bestimmte Empfindung, jetzt erst geboren worden zu sein« (*St.*, S. 451). Verglichen mit Stiller mißglückt seinem Freund Axel der Sprung aus einem rollenhaften Dasein in die Selbsterkenntnis. Auch der im Roman erwähnten Märchenfigur Rip van Winkle glückt nach seinem langen todesähnlichen Schlaf nicht mehr die Rückkehr in eine neue Wirklichkeit.

Wie Stiller wandelt sich auch Walter Faber erst, als er seine Begegnung mit dem Tode hat[66]. Sein zeitloses mechanistisches Weltbild bekommt einen »Sprung«, als ihm im Laufe von zahlreichen Erfahrungen – darunter eine gefährliche Notlandung in der Wüste, der Tod eines Freundes und der tödliche Unfall seiner Tochter – sein

---

[65] Max Frisch, *Stiller. Roman* (Frankfurt a. M.: Suhrkamp, 1965). Fortan als *St.* angeführt.

[66] Max Frisch, *Homo faber. Ein Bericht* 2. Aufl. (Frankfurt a.M.: Suhrkamp, 1965). Fortan als *Hf* angeführt.

Versäumnis des Lebens und seine Vergänglichkeit bewußt werden. Am Ende muß er sich eingestehen, daß er nicht nur indirekt am Tod seiner Tochter Schuld trägt, sondern durch seine mechanistische Einstellung gegen das Leben selbst verstoßen hatte. Bemerkenswert ist in diesem Zusammenhang, daß Faber bei der Begegnung mit Hanna, Sabeths Mutter, in ihrer Athener Wohnung eine antike Wanduhr mit zersprungenem Zifferblatt bemerkt. Auch Hannas Leben hat durch ihre einseitige Einstellung zum Leben – sie verweigerte dem Vater ihres Kindes jedes Mitspracherecht, nachdem er sie verlassen hatte – genau so einen Sprung bekommen wie das Dasein Walter Fabers.

Als Techniker im Dienste der Unesco ist Walter Faber gewohnt, die Welt als technisch lenkbar und erklärbar zu sehen. Der Roman schildert, wie die Vergangenheit Fabers in sein mechanistisches Weltbild einbricht, und sich die Technik selbst in einer Reihe von anscheinend schicksalshaften Zufällen gegen Faber wendet. Einundzwanzig Jahre nachdem er Hanna, eine Halbjüdin, die von ihm ein Kind erwartete, in der Schweiz zurückgelassen hatte, trifft er seine Tochter, ohne sie zu erkennen. Sein inzestuöses Verhältnis mit ihr dürfte sich aus einem zeitlichen Mißverständnis seiner Vatergefühle und aus der Mißachtung des großen Altersunterschiedes erklären. Er wird an ihrem Tode schuldig und stirbt nicht lange darauf im selben Krankenhaus wie zuvor seine Tochter Sabeth. Faber erkennt seine Schuld erst bei der Niederschrift seines Berichtes, d. h. aus der Erinnerung heraus, und angesichts des drohenden Todes an Magenkrebs.

In den späteren Werken Max Frischs erscheint die Möglichkeit eines Gesinnungswandels aufgrund eines »Zeitsprunges« immer fraglicher. Zu sicher dünken sich die Figuren hinter ihrem Weltbild verschanzt, um für das Erlebnis des Zeiteinbruches noch empfänglich zu sein. Biedermann im Stück *Biedermann und die Brandstifter* hat dagegen keine eigene Anschauung, sondern bezieht sie täglich aus den Zeitungen [67]. Da er seine Ansichten den Zeitungsansichten gemäß täglich wechselt, bleibt er sich im Grunde immer gleich. Als ewiger Kompromißler mit der Macht wird er so im Stück zur meinungslosen Marionette, die nur Schlagworte und fromme Sprüche im Munde führt. Der Zeiteinbruch in Form des Belagerungszustandes (zwei Brandstifter haben sich in seinem Hause eingenistet) und der Todesangst sind zwar

---

[67] Max Frisch, *Biedermann und die Brandstifter* in *Stücke II*. Fortan als *B* angeführt.

vorhanden, doch Biedermann weicht der Entscheidung aus bis es zu
spät ist. Das *Nachspiel zu Biedermann und die Brandstifter* zeigt ihn
unverändert und auch in der Hölle noch von seiner Rechtschaffenheit
überzeugt[68]. Mit der eigenen Meinung über das Weltgeschehen hat
Biedermann auch für immer das schlechte Gewissen an die Machthaber
abgegeben.

Andorra bildet ebenfalls ein Beispiel für die Beobachtung, daß die
Menschen aller Zeiten sich immer wieder ihre Vorurteile schaffen, um
ihr eigenes Versagen zu bemänteln[69]. Der Einfall der »Schwarzen«
in das Gebiet der Andorraner sowie der gewaltsame Tod Andris durch
ihren Henker schafft wohl den Tatbestand eines Zeiteinbruches, doch
wird er den Bürgern nicht zum einschneidenden Erlebnis. Ihr Bewußtsein unterscheidet nicht zwischen der Zeit vor der Mordtat und der
Zeit danach, weil sich für sie innerlich nichts geändert hat. Erst aus
einer Schulderkenntnis, wie sie nur beim Pater auftritt, würde das
Geschehen als Widerlegung ihres bisherigen Daseins empfunden werden. Wie bei Stiller muß bei den anderen Figuren Frischs jedem Wandel eine Schulderkenntnis vorausgehen. Die Stücke *Biedermann und
die Brandstifter, Die Chinesische Mauer* und *Andorra* sind Modell-
fälle für die Wiederholung derselben Irrtümer aus der inneren Befan-
genheit der Menschen und nicht aufgrund schicksalshafter oder gesetz-
mäßiger Fügung.

Im Roman *Mein Name sei Gantenbein* führt bei den fiktiven Figuren selbst die Erfahrung der Todesangst kaum zum Bruch mit einer
leeren Vergangenheit. Die Gewohnheiten ihres Denkens und Handelns erweisen sich als stärker. Nur in der »Geschichte für Camilla«
scheint es dem Mann, der irrtümlich für tot erklärt wurde, zu gelingen, seine eigene Vergangenheit hinter sich zu lassen. Der Leser erfährt
hingegen nicht, was jener mit der Chance seines neuen Lebens beginnt.
Immerhin ist hier hypothetisch der Bruch mit einer unerfüllten Vergangenheit wenigstens äußerlich vollzogen. Das alte Ich scheint bei
Frisch zuerst eines gewaltsamen Todes sterben zu müssen, um die
Existenzmöglichkeit für ein neues Leben zu bieten. Dieser Auslegung
dürfte auch Stillers Geschichte vom Zweikampf in der Tropfsteinhöhle entsprechen: Auch Stiller muß erst sein anderes Ich töten, um
zu einer Neubewertung seines Lebens imstande zu sein. Das Höhlen-

---

[68] Max Frisch, *Nachspiel zu Biedermann und die Brandstifter* in *Stücke II.* Fortan
als *BN* angeführt.
[69] Max Frisch, *Andorra* in *Stücke II.* Fortan als *And.* angeführt.

gleichnis entspricht der tatsächlichen Erfahrung des Todes während
jener Krisenstunden, da er zwischen Leben und Tod schwebte.

Das Stück *Biografie* erscheint in seiner Durchspielung verschiedener
Verhaltensformen im Leben des Verhaltensforschers Kürmann als eine
Widerlegung jeder Hoffnung auf Ausbruch aus dem Gefängnis der
eigenen Gewohnheiten[70]. Mit Recht spricht ein Kritiker bei diesem
Stück von »vergleichender Verhaltensforschung«[71]. Kürmann vergleicht verschiedene Verhaltensvarianten in ihrer Auswirkung auf
seine Biographie. Ohne sein Selbstbildnis ändern zu wollen, werden
alle Versuche, seine Biographie zu ändern, dagegen hinfällig. Heinrich
Geisser führt zu diesem Stück an: »Kürmanns Suche nach einer neuen
Biografie ist ein Suchen nach seinen offen gebliebenen, nicht zur Wirklichkeit geronnenen Möglichkeiten. Nur in dieser Offenheit glaubt er
sich frei fühlen zu können vom tötenden Bildnis[72].« Die Ähnlichkeit
Kürmanns mit den Figuren in anderen Frisch-Stücken wird aus dieser
Beschreibung klar. Auch der Rittmeister in *Santa Cruz* sucht seine
nicht verwirklichte andere Ich-Möglichkeit in der Flucht nach Hawaii.
Der Staatsanwalt (*Graf Öderland*) hofft ein »offenes« und unbe-
schwertes Leben auf der Insel Santorin zu finden. Während der Rittmeister und der Staatsanwalt noch tatsächlich aus ihrer beengenden
Existenz ausbrechen, kommt es bei Kürmann nur mehr zur hypotheti-
schen Durchspielung von Varianten. In dem späteren Werk ist an die
Stelle des Aufbegehrens gegen die eigene Rolle die Resignation und
Anpassung im Alter getreten.

Dem Erlebnis des Zeiteinbruches und der »Gefährdung« des
Lebens außerhalb der Gewohnheiten entspricht in der Darstellung der
Figuren die Intensität des Zeiterlebnisses. Die Figuren scheinen der
bewußten Todesnähe zu bedürfen, um die Gegenwart schätzen zu
können. »Ohne das Grauen vor dem Tode«, heißt es bereits in den
Blättern, »wie begriffen wir jemals das Dasein? Alles Leben wächst
aus der Gefährdung!« (*BB*, S. 12). Die unterschiedliche Erfahrungs-
fähigkeit des Zeiteinbruches und der Gefährdung des Lebens angesichts des Todes charakterisiert den Wandel in der Darstellung des

---

70 Max Frisch, *Biografie. Ein Spiel* (Frankfurt a. M.: Suhrkamp, 1968). Fortan als
   Bio. angeführt.
71 Hellmuth Karasek, »Vergleichende Verhaltensforschung. Aufführung der *Biografie* in Zürich, München, Frankfurt und Düsseldorf«, *Theater heute*, 9 (1968),
   10—13.
72 Geisser, S. 65.

Zeiterlebnisses in den Werken Frischs. Während die Figuren in den
früheren Werken ihr Dasein noch in Frage stellten und so dem Erlebnis des Zeiteinbruches empfänglicher schienen, wirken die Figuren in
den späteren Werken gefestigter und erstarrter in ihrem Weltbild.
Dementsprechend scheint sich die Erlebnisfähigkeit für den Zeiteinbruch in ihrem Leben zu verringern. Die seinserhöhende Wirkung der
Todesnähe auf ihr Leben wird von der Furcht vor dem Altern abgelöst. Der Zeiteinbruch und die Todesgefahr scheinen die Figuren nicht
länger vor eine Grenzsituation zu stellen, an der sie sich bewähren
müssen [73].

B. Das Erlebnis des Zeitablaufes

Den Gestalten in den Werken Frischs wird die Zeit vor allem in der
Wahrnehmung des Zeitablaufes erstmals bewußt, wie sie ihn äußerlich
im Kreislauf der Jahreszeiten und innerlich im Abschied von der
Kindheit erfahren. Noch einprägsamer ist ihnen das Erlebnis des Zeitablaufes in der niederdrückenden Erfahrung des eigenen Alterns. Die
letzte Konfrontation mit dem Zeitablauf bringt ihnen der Tod.

1. Jahreszeiten

»Der Frühling ist Werden«, »der Sommer ist Zustand« und der
Herbst »ist Reifen und Welken« – mit diesen Klischees beschreibt
der Erzähler in den *Blättern* das Zeiterlebnis der Jahreszeiten. Mit
diesen Vorstellungen von Frühling, Sommer und Herbst verbindet
sich bei Frisch auch das Erlebnis der Jugend, der Mitte des Lebens
und des Alters. Das Bild von den Jahreszeiten geht über das Klischee-
hafte hinaus, wo die Figuren aus dem Erlebnis der Jahreszeiten ihr

---

[73] »In diesem Sinne sind also Grenzsituationen solche Situationen, in denen der
Mensch an die Grenze seines Daseins geführt wird. Sie werden überall in der
Erfahrung erlebt, daß sich die Wirklichkeit nicht zum harmonischen und sinn-
erfüllten Ganzen zusammenschließt, sondern daß Widersprüche in ihr auftreten,
die sich nicht durch das Denken schließen lassen oder auch nur als grundsätzlich
behebbar erscheinen.« Otto Friedrich Bollnow, *Existenzphilosophie* (Stuttgart:
W. Kohlhammer, 1964), S. 63.

Dasein erfahren. Nach Jürg Reinharts Meinung lohnten die Jahreszeiten allein schon unser Dasein (*Schw.*, S. 49).

Der Frühling dünkt Frisch wie die Jugend auch ausschließlich auf die Zukunft hin ausgerichtet: ein Bild der Sehnsucht und Erwartung und eine Zeit, die noch unbeschwert von vergangener und bedauerter Versäumnis ist. Nach ihrer Lösung von Hinkelmann mischt sich beispielsweise bei Yvonne das Gefühl eines neuen Anfangs mit Erinnerungen an die Kindheit und den Frühling: »Ein Morgen im März: Alles ist möglich, nichts ist geschehen« (*Schw.*, S. 34). Auch Kilian in *Bin* fühlt jenes »märzliche Heimweh« nach einem neuen Anfang. Er nimmt diese Sehnsucht nicht allzu ernst, »die weiter nicht nennenswert ist«, nur »eine Sache der Jahreszeit« (*Bin*, S. 10) sei. Im Lande der Träume herrscht bereits Frühling, während in Kilians Welt des Alltags noch »ein letzter Schattenschnee« (*Bin*, S. 11) lag. Die Sehnsucht ist der Wirklichkeit immer schon um eine Jahreszeit voraus.

Während Sommer und Herbst an den gegenwärtigen Augenblick, an die Vergängnis und die Zeitlichkeit des menschlichen Lebens denken lassen, ist der Frühling als Zeiterlebnis frei von »jenem gelinden Entsetzen« (*Schw.*, S. 68) der anderen Jahreszeiten. Eine der ausführlichsten Frühlingsbeschreibungen findet sich in den *Schwierigen*, und sie wird fast wortwörtlich im *Stiller* wiederholt (*Schw.*, S. 67 bis 70; *St.*, S. 414–416). Trotzdem ist die Wirkung der beiden Frühlingsbeschreibungen ganz unterschiedlich. In den *Schwierigen* tritt der beschriebene Frühlingsspaziergang nur als eine Episode unter vielen aus dem Leben Yvonnes mit Reinhart auf. Im Stiller wird hingegen dasselbe Frühlingsbild durch Umstellung vom Imperfekt ins Präsens allgemeingültiger und archetypisch für das menschliche Leben. Der Frühling präsentiert sich in seiner Darstellung im späteren Werk als ein Erlebnis, wie es sich in jeder Generation im Frühling wiederholt, immer wiederkehrend im Kreislauf der Jahreszeiten, doch für den einzelnen in seinem Erlebniswert unwiederbringlich. Wie Reinhart mit Yvonne über die Frühlingsfelder ging, und später Stiller erst mit Julika, dann mit Sibylle die Umgebung des Pfannenstiels durchwanderte, so sitzt endlich Stiller-White mit seinem Freund, dem Staatsanwalt, in einer Gastwirtschaft und malt sich den Kreislauf der Jahreszeiten angesichts der vertrauten Umgebung aus. Der Ablauf des Menschenlebens erscheint dabei in seiner Beschreibung im Ablauf der Jahreszeiten typisiert.

Die Sehnsucht nach neuem Anfang im Frühling ist vor allem im Kriegsstück *Nun singen sie wieder* spürbar. Im Frühling soll Karl Urlaub bekommen, und Maria schreibt, daß sie bereits die Schwalben höre (I, *Nun*, 88). Sie hofft so sehnsüchtig auf den Frühling, als bringe er das Paradies der Kindheit zurück[74]. Für Karl ist der Frühling hingegen ein Bild für jene Zeit, da der Schnee schmelzen wird, und die darunter verborgenen Untaten offenbar werden.

Das Fresko von der »Kreuzigung und Auferstehung« im evakuierten Kloster versinnbildlicht in diesem Stück das Verhältnis zwischen Winter und Frühling. Mit jedem Frühling kommt die Erwartung, daß aus den im Winter erstarrten Hoffnungen mirakelhaft eine bessere Zukunft sprießen werde. So sagt auch Herbert, als der Mönch die Toten einschaufelt: »Er schaufelt, als habe er eine Zwiebel gesteckt, im Frühling, wenn es gut geht, da kommt eine Tulpe heraus!« (I, *Nun*, 89). Die Auferstehung in der Natur läßt sich aber nicht im gleichen Ausmaß auf die Menschen übertragen. Für die Toten des Krieges kommt der Frühling zu spät, der nur mehr Gras über die Gräber wachsen lassen kann. Der Kreislauf der Jahreszeiten stellt in diesem Stück den Anschein der alten Ordnung her, womit hingegen die nie wieder gutzumachenden Greueltaten des Krieges kontrastiert werden.

Wie für die Toten in diesem Kriegsstück, gibt es für jene Figuren Frischs, die keine Hoffnung mehr in sich tragen, gleichfalls kein Frühlingserlebnis mehr. Ihre Zukunftserwartung ist abgestorben, und an deren Stelle die Erinnerung getreten. Auf dem Gut des Rittmeisters in *Santa Cruz* ist nicht nur der Brunnen, sondern auch das Gefühlsleben eingeschneit. Des Rittmeisters eigenes Leben ist unter der Last »von Pflichten wie Schnee« erstickt. Lebendig ist in ihm nur noch die Erinnerung an einen Sommer vor siebzehn Jahren – »als man noch jung war« – geblieben.

In der *Chinesischen Mauer* wird ebenfalls der Eindruck erweckt, als wäre jede Hoffnung auf neuen Anfang sinnlos, denn die Geschichte der Menschheit kennt nur die Wiederholung. Das »Öderland des Alltags« im Stück *Graf Öderland* kennt auch keinen Frühling, keine Hoffnung und keinen Neubeginn, stattdessen gibt es lange Winter

---

[74] »Ihr [der Jugend] Wesen verdichtet sich bei Max Frisch in vier Bildern: in Frühe, Frühling, Morgen und März. Allen eignet das eine: sie sind erwartungsfroher Anfang einer geheimnisvollen Zukunft, in der alles als Möglichkeit geborgen liegt.« Wintsch-Spieß, S. 25.

und kurze Sommer. Für Agnes (*Als der Krieg zu Ende war*) bringt der Frühling nach der Erfüllung einer vorurteilsfreien Liebe auch deren Ende. Nach einem solchen Frühling kann ihr Leben nur noch eine Folge von langen Wintern sein.

Auch Don Juan erlebt nur einen Frühling, wovon ihm – nach seinen Worten – nur die Erinnerung daran blieb, »daß wir liebten, zum ersten und letzten Mal«. Auf der Suche nach diesem Erlebnis findet er immer nur die Repetition in Episoden. Seither fühlt er sich alt, unfähig, die Liebe, den Frühling und seine Jugend zu genießen. Für ihn, wie für Jürg Reinhart und andere Frisch-Gestalten, vollendet sich die Erwartung des Frühlings nie zur Erfüllung in der sommerlichen Reife ihres Lebens. Mit Don Juan könnten sie sagen: »Ich habe ausgeliebt. Es war eine kurze Jugend« (II, *DJ*, 48).

Für Stiller dagegen scheint der Frühling im Zeichen des Todes und der Auferstehung zu stehen. Er lernt Julika im Frühling kennen und hat die Hochzeit im Frühling darauf. Sein Selbstmordversuch und das Erlebnis der Wiedergeburt danach fällt ebenso in ein Frühjahr, wie auch Julikas Tod (am Ostertag) und seine Resignation, die ihn zum »wirklichen Leben« führt, Verlust und Gewinn gegenüberstellend.

Walter Fabers letzter Frühling, der auch seine zweite Jugend darstellt, steht unter dem Einfluß des Winters. Bei seinem Abflug von New York im April während eines heftigen Schneesturms wird er erstmals – wahrscheinlich wegen seiner Magenschmerzen – von Todesahnung erfaßt. Er kommt später zu dem ihn selbst überraschenden Entschluß, seinen Freund im Dschungel von Guatemala zu besuchen –, er findet ihn tot. Der Frühling bringt für ihn die Begegnung mit seiner Tochter, von deren Existenz er nicht wußte. Den verhängnisvollen Entschluß, seine Tochter Sabeth auf einem Teil ihrer Reise nach Griechenland zu begleiten, faßt er bei der Wiederbegegnung mit ihr während eines unerwarteten Schneegestöbers. Professor O., der »personifizierte Tod«, steht bei dieser Begegnung als Beobachter im Hintergrund. Die frühlingshafte »Hochzeitsreise« durch Italien endet im Sommer in Griechenland mit Sabeths Tod.

Tod und Wiedergeburt stehen auch im Falle Walter Fabers nahe beieinander, denn sein Aufbruch in ein neues Leben im Frühling führt wohl in den Tod, aber auch zur späten Selbsterkenntnis. Wie seine Reise statt in eine neue Zukunft in die eigene Vergangenheit zurückführt, so endet auch sein Aufbruch im Frühling nicht in der sommerlichen Erfüllung, sondern im winterlichen Tod. Die Ironie des Schick-

sals will es, daß er sein Leben verlassen muß, da er es eben zu schätzen begonnen hat.

Auch das Stück *Biedermann und die Brandstifter* steht im Zeichen
des Frühlings. Das Glockengeläute am Vorabend des Pfingstfestes
erklingt Biedermann und seinesgleichen zur Warnung. Kurze Zeit
darauf läuten die Glocken wieder, diesmal aber als Feueralarm. Mahnung und Alarm kommen beide zu spät, um die Brandkatastrophe zu
verhindern, die für die Stadt Biedermanns einen Frühling der Toten
bedeutet.

Im Stück *Andorra* setzt die Handlung an einem schwülen Vortag
des St.-Georgs-Festes ein (23. April). Während in den anderen Werken Frischs die Farbe weiß gelegentlich dem frühlingshaften Empfinden der Jugend und Schuldlosigkeit entspricht, erweist sich das Weiß
in diesem Stück als Tünche, die keinem Platzregen standhalten könnte
und das Rot der Ziegel darunter durchleuchten läßt. So kurzlebig und
trügerisch wie dieses Weiß sind auch die Glücksmomente im Leben
Andris und die äußere Redlichkeit der Andorraner. Sehr rasch verdrängt daher das Schwarz der feindlichen Nachbarn das Weiß der
Jugend und Tugend in Andorra. Weiß, rot und schwarz symbolisie-
ren hier die trügerische Schuldlosigkeit, die Mordlust und die Schuld
in diesem Stück. Diese Farben finden sich auch im letzten Bild vereint:
Bärblin übertüncht die Blutflecken auf dem Marktpflaster, während
der Pfarrer in seiner schwarzen Soutäne als einziger das untilgbare
Schuldbewußtsein verkörpert, von dem sich die anderen Bürger leicht-
herzig selbst »freigesprochen« haben.

Obzwar die Handlung in *Andorra* in die Jahreszeit des Frühlings
verlegt ist, dient sie eher als kontrastierender zeitlicher Hintergrund
zum durchaus nicht frühlingshaften Geschehen.

Auffällig ist das Fehlen jeder Frühlingsbeschreibung im Roman
Gantenbein, als könnten sich die verschiedenen Figuren des Erzähler-
Ichs eine Jugend oder Zukunftserwartung im Frühling nicht mehr
vorstellen. Stattdessen ist häufig vom Sommer und Frühherbst die
Rede.

Frühling ist es hingegen, als Kürmann seine erste Frau trifft, wie er
denn auch Antoinette, die später seine zweite Frau werden soll, während seiner Party an einem Aprilabend kennenlernt. Über den Früh-
lingsausflug mit Antoinette versäumt er jene Senatssitzung, in der
über den neuen Rektor abgestimmt werden soll. Der Impulsivität
wird durch dieses Beispiel die Pflichterfüllung gegenübergestellt.

Zur Reihe der verhängnisvollen Frühjahrsentscheidungen in den Werken Max Frischs gehören auch Philip Hotz' alljährlich zu Pfingsten wiederkehrenden Frühjahrseskapaden, die ebenso regelmäßig in einem Ausbruchsversuch aus der Ehe enden; dies alles nur zu dem Zweck, seiner Frau Dorli zu imponieren. Hotz sieht die Sinnlosigkeit seines Tuns selbst ein und sagt sich auf der Fahrt zur Fremdenlegion: »Ich kann von Dorli nicht erwarten, daß sie jedes Frühjahr an den Hauptbahnhof rennt, um mich vom Trittbrett zu reißen, bloß damit ich glaube, daß sie mich ernstnehme« (II, *Hotz*, 194). In seinem Fall zeigt sich die »märzliche Sehnsucht« zur Farce entartet.

Wie bei Frisch der Frühling ein Sinnbild der Jugend, der Erwartung und des neuen Anfangs ist[75], so erscheint der Sommer als gleichbedeutend mit Dauer und Zustand ohne sichtbares »Zeitgefälle«. »Man liegt unter einem grünen Baum«, beschreibt der Erzähler in den *Blättern* sein Sommererlebnis, »zieht einen Halm durch den Mund und hört das Zirpen in den Gräsern, sieht das Zittern in der heißen Bläue und die stillen Wolken, die weiß und prall über dem Land hängen, wie aus Gips, und man fragt nicht, was war, und nicht, was sein wird. Der Sommer hat keine Zeit« (*BB*, S. 121). Der Sommer regt in den Werken Frischs nicht zu Gedanken an, die die menschliche Existenz in Frage ziehen, wie es bei Frühlings- und Herbststimmungen der Fall ist. In den frühen Werken Max Frischs ist meistens vom Hochsommer die Rede, entweder »als Höhe des steigenden Jahres, oder als Stillstand in grünen Erwartungen« (*Schw.*, S. 84). Auch in *Bin* tritt der Sommer als Höhepunkt des Jahres auf; es ist »Mittag« im »Sommer«, als Kilian an einem Fluß liegt. Außer dem Wasser bewegt sich nichts: es ist »schwül und still, als schlafe die Luft« (*Bin*, S. 21). Der Sommer erscheint hier als »reiner Zustand«, und doch verrinnt das Leben bei scheinbar allgemeinem Stillstand der Zeit, wie es Kilian beim Anblick des fließenden Wassers bewußt wird. Auch im Stillstand »treibt es die Menschen ab« im Fluß der Zeit.

Im Zeitablauf vom Früh- zum Spätsommer in den *Schwierigen* entspricht der Verschiebung des Zeiterlebnisses in der Natur die

---

[75] »In vier Bildern – Frühe, Frühling, Morgen und März – verdichtet sich Max Frisch das Wesen der Jugend. Sie ist erwartungsvoller Anfang einer geheimnisvollen Zukunft, in der noch alles Mögliche geborgen liegt.« Eduard Stäuble, *Max Frisch. Gedankliche Grundzüge in seinen Werken* (Basel: Friedrich Reinhardt Verlag, 1967), S. 148. Beachtenswert ist die Ähnlichkeit zwischen dieser und der obig zitierten Passage.

Romanhandlung. Das Verhältnis zwischen Yvonne und Reinhart entfaltet sich im Fortgang dieser Jahreszeit. Nach dem Frühling, der die
Begegnung brachte, tritt ihre Freundschaft in den Zustand des Früh-
sommers ein: »Der Sommer war gekommen, Höhe des steigenden
Jahres, Mitte, Stillstand in grünenden Erfüllungen« (*Schw.*, S. 84).
Der Frühsommer verspricht Erfüllung, der Hochsommer scheint zeit-
los-ewig: »Seit Wochen war es, als stünde der Sommer sozusagen still
wie das weiße Gewölk über dem See. Alles stand. Überall hatte die
Zeit ihr Gefälle verloren« (*Schw.*, S. 84). Die Beschreibung der Jahreszeit gibt deutlicher die Stimmung zwischen Reinhart und Yvonne
wieder als eine eingehende psychologische Darstellung vermöchte.

Das »Sommer-Meer« bedeutet für Jürg Reinhart die Erinnerung
an die Jugend und die »eigentliche Heimatlichkeit der Ferne«. Mit
dem Fortschreiten des Sommers wird das Motiv des stillstehenden
Augenblicks vom Motiv der Reife abgelöst. »Der Sommer hatte seine
Höhe überschritten«, vermerkt der Erzähler. »Alles drängte seiner
Reife zu. Gewitter schoben sich herauf« (*Schw.*, S. 102). Die gespannte
Stimmung, die sich allmählich zwischen Yvonne und Reinhart aus-
gebreitet hat, ballt sich allmählich zu einer Entscheidung zusammen.
Der Herbst bringt schließlich die Trennung für sie.

In keinem der anderen Werke Frischs wird dem Sommer soviel
Aufmerksamkeit gewidmet wie in diesem. Der Sommer steht den
Gestalten in den anderen Werken in seiner Stimmung von Stillstand
und scheinbarer Unveränderlichkeit fern. Die Figuren scheinen sich
mit dem Sommer nicht im gleichen Maße identifizieren zu können,
wie es beim Frühling und beim Herbst der Fall ist: er wird ihnen selten zum »Zeiterlebnis«. E. Stäuble erklärt die Tatsache, daß der
Sommer als Jahreszeit des unwandelbaren Zustandes bei Frisch so
wenig Bedeutung erlangt, damit, daß Dauer und ewiger Zustand von
den Figuren nur dann gewünscht werden könnten, wenn es ihnen
glückte, Peking, Hawaii oder Santorin, das »wirkliche Leben«, zu
erreichen. Solange sie nicht an diesem Ziel seien, sind Werden und
Vergehen, Sehnsucht und Resignation ihre bestimmenden Gefühle[76].
Nur in wenigen Werken spielt demnach der Sommer eine bedeuten-
dere Rolle. So wird in *Santa Cruz* dem winterlichen Schloß des Rittmeisters der ewige Sommer in der Südsee entgegengestellt. Daneben
erscheint dem Staatsanwalt in *Graf Öderland* Santorin als »Insel des

---

[76] Stäuble, *Grundzüge*, S. 149.

Lichts« verglichen mit den langen und dunklen Wintern des heimat-
lichen Oderlandes. Stiller erfährt den Sommer Mexikos mit seiner
blühenden Verwesung wie eine bunte Kulisse vor der Erfahrung des
Todes. Auch Walter Faber begegnet diesem blühenden Dschungel und
ekelt sich vor dem Nebeneinander von Werden und Verwesung. Während Faber aber meint, daß ihm das Bild der Verwesung als Zeichen
des Todes widerwärtig sei, fühlt er sich – nach der Meinung von
Manfred Jurgensen – tatsächlich vom üppigen Leben abgestoßen.
»Wo man hinspuckt, keimt es«, vermerkt Faber mehrmals. Jurgensen erklärt hierzu, wie Faber seinen Ekel selbst mißdeutet: «Seine
Lebens- und Todesangst gehen Hand in Hand: wann immer er merkt,
Angst vor dem Tode zu haben, fürchtet er sich in Wahrheit vor dem
Leben; wann immer ihn das Leben ekelt, hat er tatsächlich Furcht
vor dem Tode [77].« Erst durch die Todesfurcht aber lernt Faber das
Leben und damit den Sommer schätzen und gesteht sich in Kuba angesichts der allseitigen sonnigen Lebensfreude: »Meine Lust, jetzt und
hier zu sein« (*Hf*, S. 218). In den späteren Werken wird zwar gelegentlich der Sommer im Zusammenhang mit der sommerlichen Hitze
erwähnt, d. h. nur mehr als Hintergrund des Geschehens, doch nicht
als jahreszeitliches Erlebnis gewertet.

Da das erfüllte Dasein in der Dauer der Gegenwart für die Figuren Frischs kaum erreichbar scheint, berauschen sie sich am romantisch-
schmerzlich gefärbten Erlebnis der Vergänglichkeit, wie es der Herbst
bietet. Vor allem die Tatsache, daß der Herbst einen Abschied vorstellt – von Sonne, Licht, Jugend und Fülle des Lebens –, erhöht für
die Figuren Frischs die Intensität ihres Zeiterlebnisses. Das Abschieds-
motiv kommt im folgenden Zitat aus den *Blättern* durch den oftmali-
gen Gebrauch der Worte »noch« und »nicht mehr« zum Ausdruck:
»Wir sitzen noch einmal da, und es scheint die Wärme, die noch voller
sommerlicher Erinnerung ist. Nur, daß die Strahlen nicht mehr ste-
chen, und es ist nur noch eine goldene Milde. Und überall sieht man
das, was die Gegenwart ins Berauschende steigert, den Zauber des
letzten Males« (*BB*, S. 26). Wie der Frühling voll Erwartung ist und
das Abenteuer des »ersten Males« verspricht, so verdichtet sich im
Bild des Herbstes das Erlebnis des vergänglichen »letzten Males«.

Mehr als der Frühling läßt der Herbst auch »Bewegung und Zeit«
(*BB*, S. 28) spüren. Während der Sommer Sinnbild für den stillstehen-

---

77 Jurgensen, *Romane*, S. 125.

den Augenblick in der Gegenwart ist, so wird der Herbst zum Erlebnis des »Zeitgefälles« schlechthin. Zum Gegensatz von Frühlings- und Herbsterlebnis bei Max Frisch bemerkt Monika Wintsch-Spieß: »Von Anfang an läuft parallel zu der Sehnsucht nach dem verlorenen Paradies der Jugend die Angst vor der vergehenden Zeit, vor Alter und Tod. Wie Frühe, Frühling, Morgen, März dem Dichter Bilder für das Wesentliche der Jugend werden, so verdichtet sich ihm das Erlebnis der Zeit und der Vergängnis im Bild des Herbstes [78].« Der Frühling versinnbildlicht in den Werken Frischs durch das Gefühl des »ersten Males« die Sehnsucht nach einem Leben voll unbeschränkter Möglichkeiten, dem Herbst hingegen entspricht durch seine Nachbarschaft zur Winterstarre das »Leben in der Gefährdung«. Die Gestalten Frischs berauschen sich am Erlebnis des Herbstes, weil es ihnen erlaubt, noch einmal in Erinnerungen an die Jugend zu schwelgen. Das Wissen um das »letzte Mal« dieser sonnigen Tage im Jahr beugt der gefürchteten Monotonie der Wiederholung im Erlebnis vor.

Jürg Reinhart erlebt sein Dasein wie einen Herbsttag: in jedem Eindruck bereits die Vergängnis, den Abschied und die Erinnerung spüren. Aus seiner Einstellung, das Leben als Wandel in der Zeit zu betrachten, fehlt ihm auch der Wunsch nach Seßhaftigkeit und Bindung. Sein Erleben schwankt zwischen der frühlingshaften Sehnsucht und der herbstlichen Abschiedsstimmung. Nie ist er der »Dauer im Augenblick«, wie sie bei Frisch im Sommer zutage tritt, ferner als im September, der »sich in unsäglich heiteren Tagen der Vergängnis verbrannte« (*Schw.*, S. 105). »Er trank die Tage wie sonnigen Wein«, und »trunken von Welt sang er vor sich hin« (*Schw.*, S. 105–106). Nie liegt ihm auch der Gedanke an eine Bindung an Yvonne ferner als im Ich-bezogenen Herbsterlebnis. Yvonnes Sorgen um eine gemeinsame Zukunft ignorierend, flüchtet er in das melancholische Herbstglück: »Ein lichterlohes Bewußtsein von der Stunde, die man büßen wird« (*Schw.*, S. 110) auskostend.

In den Werken Frischs versinnbildlicht der Herbst das menschliche Lebensgefühl *per se*. »Ich liebe den Herbst«, heißt es in den *Blättern*, »weil er den Grundklang unseres Daseins dichtet wie keine andere Zeit. Er ist das Leben, und das ist genug« (*BB*, S. 29). Dieser Grundklang ist aus der Erinnerung an die Jugend und der Melancholie des Abschieds gebildet. So sagt auch Kilian angesichts der Herbstland-

---

[78] Wintsch-Spieß, S. 27.

schaft: »Unser Leben ist kurz« (*Bin*, S. 63). Reinhart stellt das Herbsterlebnis der Ahnung des kommenden Alters gleich: »Das ist die Wehmut. Ein Grauen vor jedem fallenden Blatt, jedem Reifen und Welken. ... Grauen vor aller Vergängnis« (*Schw.*, S. 158). Am Ende der *Schwierigen* wird in der Beschreibung eines Herbsttages eine Apotheose des Menschenlebens geboten, die ihren Ausklang im Tod Reinharts und im spätherbstlichen Winzerfest findet.

Als Jahreszeit des Übergangs vom Sommer zum Winter steht in den Werken Frischs der Frühherbst dem Gefühl der Lebensfülle näher, während der Spätherbst der letzten Oktobertage von Todesahnungen und Resignation überschattet ist. Auf die Polarität von Erfüllung und Vergängnis im Erlebnis des Herbstes bei Frisch weist auch Eduard Stäuble hin, wenn er ausführt:

Wie ihm der Frühling ein Bild ist für die Sehnsucht nach dem verlorenen Paradies der Jugend, so verdichtet sich ihm das Erlebnis aller Vergänglichkeit im Bild des Herbstes.
Aber im Ahnen um den nahen Abschied verbringt der Dichter auch immer wieder kurze Augenblicke wirklichen Lebens. Im Herbst erzittert er vor der kommenden Starre des Wintertodes, im Herbst erfährt er aber auch immer wieder die Einlösung so manchen frühlingshaften Versprechens, im Herbst vollendet sich, was im Frühling keimhaft angelegt wurde, gleichzeitig greift aber auch schon die Vergängnis nach der Erfüllung. So reich facettiert stellt sich das Erlebnis des Herbstes bei Max Frisch vor, und es sind immer die großen und entscheidenden, aber auch oft die letzten Augenblicke in seinem Werk, wenn es Herbst wird [79].

Ein Herbstbild beschließt mit Vorliebe die Werke Frischs. Am Ende der Erzählung *Bin* verbindet der Herbst symbolisch Vergehen und Werden, Reife und drohende Winterstarre. »Draußen standen die braunen Astern«, beschreibt Kilian den Blick durchs Fenster der Wohnstube auf die Landschaft, »die Saaten, die man nicht sah, warteten auf den kommenden Schnee, aber an den Bäumen hing noch das Obst« (*Bin*, S. 119). Bezeichnenderweise ist es ein Herbstmorgen, der in der angeführten Stelle den Eindruck von Zukunft und Erinnerung verbindet, denn Kilian stellt diese Beobachtungen an, während er neben der Wiege seines Kindes steht. Dieser Herbstmorgen steht im Zeichen des Kindes und der »Zeitablöse«, denn dieses Kind wird einmal mit Bin nach Peking wandern, wie auch Kilian es während seiner Jugendträume tat.

Auch in den *Schwierigen* klingt das Romangeschehen in einem Herbstbild aus. Der fröhliche Oktobertag am Romanschluß endet in

---

[79] Stäuble, *Grundzüge*, S. 155.

einem schrillen Mißton – dem Selbstmord Reinharts und dem Schrek-
ken vor dem Tod. Die »Aufzeichnungen« Stiller-Whites im Gefängnis bringen am Ende die Beschreibung der Landschaft um Zürich an
einem milden, sommergesättigten Herbsttag: »Milde der Sonne. Für
Augenblicke ist es, als stünde die Zeit. Alle Welt hält ihren Atem an,
bevor sie in Asche der Dämmerung fällt« (*St.*, S. 417). In einem von
Resignation überschatteten Herbstbild endet auch *Don Juan*. »Zurück
bleibt vom ganzen Komödienwirbel ein sanfter Hauch melancholi-
scher Ironie«[80].« Faber hingegen stirbt, bevor der Sommer sich völlig
neigt, symbolisch in seinem Sterben den Lobpreis des Lebens mit dessen Vergänglichkeit verbindend.

Bei den Dramen fehlt mit Ausnahme des erwähnten *Don Juans*
jener stimmungsvolle und melancholische Ausklang, wie er sich in den
Erzählwerken findet. Daraus dürfte sich zum Teil auch das Fehlen
von Herbstbildern in den anderen Stücken erklären.

Wie in den *Schwierigen* beschließt auch im Roman *Mein Name sei
Gantenbein* ein Herbstbild die Handlung. Wenn in den *Schwierigen*
die Oktoberszenerie von Vergängnis und Tod beherrscht wird, so
steht im *Gantenbein*-Septemberbild das Leben vor dem Hintergrund
der Vergängnis. »Alles ist Gegenwart« und »Leben gefällt mir« sind
die letzten Worte. »Zwar wird noch immer ein Herbst geschildert«,
meint Martin Kraft zu jenem abschließenden Bild, »aber es ist ein
Herbst, der plötzlich sehr nahe beim Sommer steht«[81].

Trotz des intensiven Zeiterlebnisses der Frisch-Gestalten angesichts
des Herbsttages – Wintsch-Spieß sieht im Herbst sogar ein »Gleichnis« für das, was Frisch später unter »wirklichem Erleben« versteht[82] – erscheint diese Zeiterfahrung bei den Figuren als gegenwartsfremd. Das Ich des Betrachters ist nicht im selben Sinne gegenwärtig wie der herbstliche Augenblick, sondern es weilt entweder bei
der verlorenen Jugend oder dem herannahenden Tod. Demnach wird
der Herbst hauptsächlich aus der Perspektive der Erinnerung oder
Zukunftserwartung gesehen.

In seiner Gegenwartsentfremdung gleicht das Herbsterlebnis der
Figuren dem Zeiterlebnis in der romantischen und impressionistischen
Literatur. Max Gassmann sieht vor allem im überschwenglichen Erleb-

80 Stäuble, *Grundzüge*, S. 157.
81 Martin Kraft, *Studien zur Thematik von Max Frischs Roman »Mein Name sei
   Gantenbein«* (Bern: Herbert Lang, 1969), S. 8.
82 Wintsch-Spieß, S. 27.

nis der Abschiedsstimmung – wie sie im Herbsterlebnis auftritt –
eine Beziehung Frischs zum »romantischen Wesen« und dem Impressionismus. Er führt in seiner Untersuchung aus:

Solche Überschwenglichkeiten drohen – selbst für den, der nicht auf Nüchternheit
schwört – ins Kitschige auszurutschen. Sie sind jedoch Ausdruck einer Befindlichkeit, die dem romantischen Wesen entspricht, dessen tränenselige Ergüsse dem
»gesunden Empfinden« suspekt sind. ... Sie sind Höhepunkte romantischer Stimmung.

Jetzt wird auch eine Beziehung zwischen Abschied und Impressionismus deutlich: Der Impressionist nimmt die Welt in ihrer Augenblicklichkeit wahr, weil er
»im Augenblick« von ihr Abschied nimmt [83].

Romantiker wie Impressionisten feiern das Erlebnis der Vergänglichkeit im Augenblick. Die Zeit zu erleben wie einen Herbsttag, entspricht ihrer Zeiteinstellung wie es auch dem Leben der Frisch-Gestalten angepaßt erscheint, wenn der Erzähler in den *Blättern* erklärt:
»Wer denkt nicht manchmal: so müßte man sein ganzes Dasein erleben können, wie diesen Tag, als ein großes, ein einziges, ein dauerndes Abschiednehmen. ... Wandern und Verweilen, ... ganz und gar
die Gegenwart empfinden als ein immer Vergängliches« (*BB*, S. 27).
In seinen Worten scheint der Wechsel zur Dauer erhoben, und das
Streben nach Abwechslung läßt Flucht vor der Bindung und vor der
Selbstbesinnung vermuten. Nicht die »Spannkraft der Seele« versagt
angesichts des rauschhaften Erlebnisses derartiger Herbsttage. Es ist
das Gefühl der Langeweile, das sich nach einiger Zeit einstellt, wenn
die Abwechslung und das »dauernde Abschiednehmen« am Ende die
Figuren unbefriedigt lassen muß. Das Neue wird zum »Üblichen«;
nach dem Herbstrausch kommt die Erstarrung des Winters, und auf
die Abwechslung folgt die Monotonie einer sinnentleerten Zeit.

Wie der Sommer ein »ganz in der Gegenwart sein« ausdrückt, so
bedeutet der Winter »Nicht-sein«. Mit der Reife und Fülle des Sommers kontrastiert die winterliche Starre und Eintönigkeit in den Werken Frischs. Aus dieser Erstarrung in einer Welt der zeitleeren Routine reißen sich die Figuren los, um aus dem unerträglich gewordenen
Alltag in ihr Land der Sehnsucht aufzubrechen.

Das Gefühl der Gewöhnung – veranschaulicht in der Erlebnis-
armut der Wintermonate – tötet in den *Blättern* im Laufe des Militärdienstes die anfängliche Erlebnisintensität ab. Die Soldaten beginnen nun an den »Winter zu glauben ohne zugleich an einen Frühling
zu glauben« (*BB*, S. 30). Im Zeichen des Winters steht in den *Schwie-*

---

[83] Gassmann, S. 86.

rigen Hortenses Aufenthalt im Krankenhaus und Reinharts bürger-
liche Anstellung. In beiden Fällen kann man einen Stillstand der Zeit
beobachten. Für Hortense ist die »äußere Zeit« des Alltagsgetriebes
in der Stille ihres Krankenzimmers erstarrt. Das Dasein Reinharts ist
hingegen bei scheinbar stillstehender erlebter Zeit während seines
Angestelltenlebens ausschließlich von der »äußeren Zeit« bestimmt:
Seine Handgriffe, Handlungen und Entscheidungen werden vom Uhr-
zeiger geregelt.

Winter ist es auch für die Menschen im Drama *Nun singen sie
wieder;* um so mehr richtet sich ihr Hoffen auf den Frühling. Wenn
die Gegenwartshandlung in *Santa Cruz* auch im Winter spielt, so führen Erinnerungen und Sehnsüchte zurück ins sommerliche Santa Cruz.
Dasein und Sehnsucht sind in beiden Werken in bezug auf die Jahreszeit in scharfen Gegensatz gestellt. Heide-Lore Schäfer weist in ihrer
Untersuchung auf die Wichtigkeit dieser zeitlichen Kontrastierung im
Stück *Santa Cruz* hin: Während die Akte I, III und V zeitlich eng
zusammenhängen, da sie an einem Abend, der darauffolgenden Nacht
und dem nächsten Morgen spielen, stellen die Akte II und IV vor
allem das Geschehen vor siebzehn Jahren dar. »Die Jahreszeit ist der
Sommer. Damit bilden sie zeitlich, räumlich und in bezug auf die Jahreszeit einen scharfen Gegensatz zu den Akten I, III und V.« Aus
dem Nebeneinander von winterlicher Gegenwart und sommerlicher
Vergangenheit »wird das gesamte Stück unwirklich, nicht-illusioni-
stisch [84]«.

Die Winterwelt steht bei Frisch für eine erlebnisleere Wirklichkeit
der Ordnung. »Ordnung muß sein«, ist der häufige Ausspruch des
Rittmeisters, der sein schales Dasein hinter einer geregelten Tagesordnung verbirgt. In dieses Winterschloß kehrt Pelegrin ein, um dort zu
sterben und bringt mit seinem Tod auch den andauernden Schneefall
mit sich, der in Kürze das Schloß von allem äußeren Leben abschließt.

Winter herrscht auch zu Beginn der Handlung im Stück *Graf
Öderland.* Die Parallele zwischen dem Staatsanwalt und dem Bankbeamten in der Auflehnung gegen die Welt der Ordnung zeigt sich
darin, daß beide mit den gleichen Worten über den erdrückenden
Schneefall sprechen. Beide vergleichen ihren monotonen Alltag mit
dem unaufhaltsam fallenden Schnee.

---

[84] Heide-Lore Schäfer, »Max Frisch: *Santa Cruz.* Eine Interpretation«, *GRM,*
20 (1970), 76.

Kein Zufall ist es auch – wie Eduard Stäuble feststellt –, daß das entscheidende Gespräch zwischen Stiller und Julika, bei dem die Partner aneinander vorbeireden, im Winter stattfindet [85]. Faber wird auf seiner Reise mehrmals vom Winterwetter überrascht, und jedesmal liegt die Assoziation mit dem Tode nahe: beim Abflug in New York, da die Zeitungen von einem Flugzeugabsturz berichten, und Faber über Magenschmerzen klagt; weiters in Paris, wo er auf Professor O. trifft – der sichtlich an einer unheilbaren Krankheit leidet – und bei der Wiederbegegnung mit Sabeth von einem Schneesturm überrascht wird. Auch in der Skizze *Schinz* kehrt die Titelfigur wie Faber nach dem verhängnisvollen Aufbruch im Winter nicht mehr ins gewohnte Dasein zurück [86].

Wo in den Dramen die Kausalität der Handlung und der Modellcharakter von Verhaltensweisen betont wird, scheint die Bedeutung der Jahreszeiten als Zeiterlebnis in den Hintergrund gerückt. So wird in *Andorra* nur am Rande darauf verwiesen und in der *Chinesischen Mauer* wie auch im *Biedermann* wird kaum Bezug auf die Natur genommen.

Auch im Roman *Gantenbein* und im Stück *Biografie* tritt der Winter bloß am Rande als Hintergrund zweier Episoden auf. Im *Gantenbein* findet das erzählerische Ich bei einem Glatteisunfall mit dem Auto fast den Tod, bleibt aber gefühlsmäßig von der Todesgefahr unberührt. In *Biografie* rekonstruiert Kürmann jene Szene, da er als Kind einem Schulkameraden mit einem Schneeball das Auge auswirft. Aus diesem Erlebnis leitet der Registrator das Verhaltensmuster Kürmanns in späteren kritischen Lebenssituationen ab. In beiden Fällen sind zwar die Episoden wichtig für die restliche Handlung, doch wird dem Winter selbst kein emotionaler Wert beigelegt.

Während dem Winter in den Werken Frischs, wo er als erlebnisbezogener Hintergrund fungiert, immer eine zerstörerische und lebenstötende Wirkung zugeschrieben wird, ist es vor allem der Schnee, dem eine Symbolkraft eingeräumt wird.

In *Santa Cruz* versinken in der ersten Szene Tote und Lebende unter den stetig fallenden Schneemassen. So beklagt sich der Totengräber, daß seine Leute mit der Leiche nicht mehr das Grab unter dem Schnee finden konnten, und daß es nur zufällig vom Pfarrer entdeckt wurde, als er versehentlich darin versank.

---

[85] Stäuble, *Grundzüge*, S. 147.
[86] Max Frisch, *Schinz. Skizze* (St. Gallen: Tschudy, 1959).

Manfred Jurgensen spricht vom Schnee als einem »Symbol der Sterilität, Gefangenschaft und Auflösung«, das Frischs »apokalyptische Vision erneut zur Darstellung« bringe [87]. In der Monotonie eines schalen Lebens scheinen der Rittmeister und Elvira langsam vom Schnee lebendig in ihrem eigenen Schloß begraben zu werden. »Sieben Tage und sieben Nächte schon schneit es« (I, *SC*, 21), erzählt der Diener. »Der Schneefall selbst erstreckt sich bezeichnenderweise über den genauen Zeitraum der biblischen Schöpfung«, vermerkt hierzu Jurgensen [88]. Zuerst schneit es den Brunnen im Hofe ein, »die Quelle fruchtbaren Lebens«, und – wie der Rittmeister dem Diener sagt – einmal werde es immerzu schneien, einmal werde alles, alles aufhören, sogar die Pflichten [89]. »Eine Stille wird sein, als wäre das alles nie gewesen« (I, *SC*, 22–23). Das Leben erkaltet unter dem Schnee wie auch das Dasein in »endloser Wiederholung alltäglicher Banalitäten« erstarrt, die als Pflichten angesehen werden [90].

Die einzige Lösung, dem Ersticken unter dem Schnee oder dem Alltag zu entkommen, besteht darin, sich dem Nichts zu stellen. So brechen die Gestalten Frischs meistens im Schneetreiben aus ihrem erlebnisleeren Dasein aus, um einer Sehnsucht aus der Jugendzeit nachzujagen. Der Rittmeister stürzt sich, gekleidet ins »Wams der Jugend«, in den Schneesturm auf der Suche nach seinem Hawaii, und der Staatsanwalt in *Graf Öderland* findet sich plötzlich »im Wald... ein Wald voll Schnee, weiter nichts, der alle Spuren löscht« (I, *GÖ*, 324). Stiller verschwindet nach dem fruchtlosen Gespräch mit Julika im Schneegestöber und schifft sich bald darauf nach Amerika ein. Fabers hektische Flugreisen gleichen einer immerwährenden Flucht, nur sein Aufbruch im Schneetreiben von New York führt ihn ans Ziel. Für sie alle gilt, was der Rittmeister im Abschiedsbrief an Elvira schreibt: »Unter diesen Umständen halte ich dafür... daß auch meine Sehnsucht reisen darf, bevor es uns einschneit für immer« (I, *SC*, 48–49).

Alle Gestalten Frischs, die aus ihrem freudlosen Dasein aufbrechen, zieht es in ein Land des ewigen Sommers. In *Santa Cruz* ist es Hawaii, wo die Menschen »den Schnee überhaupt nicht kennen, auch keine Angst, auch keine Pflichten, keine Zinsen, keine schlechten Zähne«

---

[87] Jurgensen, *Dramen*, S. 17.
[88] Jurgensen, *Dramen*, S. 17.
[89] Jurgensen, *Dramen*, S. 17.
[90] Jurgensen, *Dramen*, S. 17.

(I, *SC*, 22), schlechthin keine Vergänglichkeit. Stiller führt die Sehnsucht nach Mexiko, Faber in den Dschungel Guatemalas, den Staatsanwalt nach der Insel Santorin, Reinhart ans Sommermeer, Kilian nach dem »immergrünen Peking«, und Enderlin denkt an Peru. Immer liegt das Land der Sehnsucht im Süden, wo mehr Licht, Sonne und Leben ist. Bei jenen Figuren hingegen, denen die Kraft zum Aufbruch fehlt, gleicht – nach den Worten Kilians – die Seele einem Schneeschaufler: »Sie schiebt einen immer wachsenden, immer größeren und mühsameren Haufen von ungestilltem Leben vor sich her« (*Bin*, S. 28).

Zusammenfassend läßt sich sagen, daß sich in den einzelnen Jahreszeiten in den Werken Max Frischs das Erlebnis der Menschenalter spiegelt. Das frühlingshafte Hoffen in der Jugend und das Erlebnis des »ersten Males« kontrastiert mit der herbstlichen Erinnerung im Alter und dem Gefühl des »letzten Males«. Die im erstickenden Alltag eingesperrten Gestalten sowie die alternden Figuren fühlen sich wie unter stetig fallendem Schnee erdrückt, und sie sehnen sich nach den Ländern des ewigen Sommers und nach dem Zustand der Lebensfreude. Trotz ihres Fernwehs scheinen die Gestalten Frischs nie das Land ihrer Sehnsucht und die erfüllte Gegenwart des Sommers erreichen zu können. Demgemäß versinnbildlicht der Herbst am besten das Daseinsgefühl jener Gestalten, die sich in die Resignation finden und ihr Dasein aus dem herbstlichen Gefühl der Vergänglichkeit erfahren.

2. Jugend

Die Vorstellung vom Frühling stimmt bei Frisch mit dem Bild überein, das er in seinen Werken von der Jugend zeichnet. Demnach wird Jugend bei ihm seltener persönlich erlebt, Reinhart ist eine bemerkenswerte Ausnahme, sondern an anderen beobachtet. Daneben drückt sich das Erlebnis der Jugend in der Sehnsucht nach dem »verlorenen Paradies der Kindheit« und im Lebensneid der Älteren auf die Jungen ab. Ein allgemeines Charakteristikum für die Jugend ist in den Werken Frischs das »Gefühl, daß man ein unabsehbares und fast endloses Leben besitze« (*Ant.*, .S 9). Die Vergangenheit zählt in dieser Phase noch kaum, denn es ist »die Zeit, wenn man sich nicht erinnert, daß man ein Schöneres schon einmal erlebt hat, nicht einmal ein Gleiches« (*Bin*, S. 23). Die Jugend kennt bei Frisch den Fluch der Wiederholung noch nicht. Jedes Erlebnis wird als erstes empfunden, weil es noch keine Vergleichsmöglichkeiten in der Vergangenheit gibt. In der Darstellung Frischs kennt die Jugend nur die Sehnsucht und das »märzliche Erwarten alles Möglichen«.

In *Bin* verwundert sich Maja noch »über alles und jedes«, während Kilian sich neben ihr alt zu fühlen beginnt, weil er sich immer wieder an die Vergangenheit erinnert. Jürg Reinhart scheint hingegen sein ganzes Dasein in der jugendlichen Erwartung verbringen und nie das Erwachsenwerden lernen zu wollen. Für Yvonne ist Jugend »wie ein Morgen im März« (*Schw.*, S. 34), eine Zeit, da alles noch möglich ist. Im Leben mit Reinhart hofft sie ihre Jugend nachholen zu können. Die jugendfrohe Stimmung von Yvonne und Reinhart am Anfang ihrer Beziehung wird durch das gemeinsame Pläneschmieden charakterisiert: »Der deutliche Drang, daß etwas geschehen mußte, erzeugte einen ganzen Rudel von munteren Plänen, die, kaum geboren, sie gleichsam wie junge Hunde umhüpften« (*Schw.*, S. 88).

Mitten aus den Erwartungen der Jugend werden Menschen im Kriegsstück *Nun singen sie wieder* durch den Tod gerissen. Es bleibt ihnen nur die Erinnerung an die Erwartung. In *Santa Cruz* verkörpert Pelegrin jene Erwartungen der Jugend, wie sie noch in den Erinnerungen des Rittmeisters und Elviras weiterleben. Im Zeichen dieser Jugenderinnerungen macht sich der Rittmeister auf, seine nie verwirklichten Jugendträume wahr werden zu lassen. Jung ist auch Mee Lan, die Tochter des chinesischen Kaisers. Sie wartet voll »Bangnis und Hoffnung« auf die Zukunft, bis sie »eines Morgens erwacht« und an keine Prinzen mehr glaubt (I, *CM*, 207), denn jäh verrinnt den Gestalten Frischs die Jugend, wie wir auch bei Don Juan sehen können. Für Don Juan dauerte die Jugend, seinen Worten nach, nur einen Frühlingstag. Andris und Bärblis Jugend in *Andorra* wird durch eine feindliche Umwelt getrübt. In *Gantenbein* und *Biografie* tritt schließlich an die Stelle der Sehnsucht nach der Jugend die Erfahrung des »Alterns von Minute zu Minute«.

Das problemlose Erlebnis der Jugend wird in den Werken Frischs vor allem durch Mädchengestalten personifiziert. Monika Wintsch-Spieß liest aus der Charakterisierung seiner Mädchengestalten vor allem Frischs »blinde Sehnsucht zurück in die eigene Jugendzeit« heraus. Sie erklärt Frischs spezifische Auffassung von der »Sehnsucht nach der Jugend«, wie sie von Balz Leuthold (*Antwort aus der Stille*), Yvonne und Reinhart (*Die Schwierigen*), Kilian (*Bin*), dem Rittmeister (*Santa Cruz*), dem Staatsanwalt (*Graf Öderland*), Don Juan, Stiller und Walter Faber verkörpert wird, folgendermaßen:

Untersuchen wir dagegen Frischs Sehnsucht nach der Jugend, die sich seit der zweiten Erzählung des Dichters durch sein ganzes Werk zieht, so stellen wir fest, daß sie nicht nur eine mehr oder weniger unreflektierte blinde Sehnsucht zurück in die eigene Jugendzeit ist, sondern daß sie sich auf die Jugend als solche in ihrer ganz bestimmten und einzigartigen Valenz richtet und daß sie einer schmerzhaft bewußten Erfahrung des Dichters entspringt, die mit dem späteren Problem der Identität schon verwandt ist [91].

Bezeichnend ist, daß seine Mädchengestalten mit den typischen Kennzeichen der Jugend ausgestattet sind – Erwartung, Unschuld, Unbeschwertheit, Schönheit, Zukunftsträume – und so als verkörpertes Gefühl der Jugend statt als handlungsbestimmende Figuren auftreten. Hierzu zählen Maja in *Bin*, Merle und Hortense in den *Schwierigen*, Viola in *Santa Cruz*, Mee Lan in der *Chinesischen Mauer*, Hilde in *Graf Öderland*, Donna Anna in *Don Juan*, Sabeth in *Homo faber* und Kathrin in *Biografie*. Es ist das Gefühl der Jugend in den Werken Frischs, das – wie bereits bemerkt – meist bei den anderen gefunden werden kann, denn den Helden bleibt meist nur die wehmütige Erinnerung an eine verlorene Jugendzeit, wie das folgende Zitat illustriert: »Zuzeiten umflattert mich die Erinnerung an Dinge, die man erlebt haben muß«, sagt Kilian zu Bin, »eine Art von Glück, blau, nüchtern, wunschlos, ein Glück der jugendlichen Frühe, Erinnerung an ein götterhaftes oder kindliches Jungsein« (*Bin*, S. 22). Es ist bedeutsam, daß das Kind und der junge Mensch bei Frisch die Zeit der Zukunft, den Fortgang des Lebens und die Wiederholung von Erinnerungen aus der eigenen Jugend in immer neuen und sich doch archetypisch gleichbleibenden Erfahrungen verkörpert. Immer schlendert draußen, wenn es Frühling wird, auf dem Hügel ein Jüngling »hinab über die Felder, immer ein anderer, immer derselbe« (*Schw.*, S. 244). »Das Leben geht mit den Kindern«, sagt Hanna zu Walter Faber (*Hf*, S. 170), denn die Zeit ist nicht wiederholbar und mit ihr nicht die Jugend, auch wenn sich die Erfahrungen der Jugendzeit in den Generationen zu wiederholen scheinen. Auch der Traum der Jugend, die Erwartung und Sehnsucht geht mit den Kindern und verläßt die Erwachsenen. Darum gleicht auch Kilians kleiner Sohn dem Traumbegleiter Bin so sehr, denn Bin ist das erlebnisbereite Ich der Jugendzeit. Er ist es, »der uns nach Peking führt« und den Wunsch

---

[91] Wintsch-Spieß, S. 23.

nach Selbstverwirklichung wach hält. Die Erinnerung an Bin verblaßt mehr und mehr im Alltag der Erwachsenen, bis ein Kindergesicht wieder an ihn gemahnt und die Sehnsucht nach dem Gefühl der Jugend erweckt.

3. Mitte des Lebens

Wie die Jugend bei Frisch nicht eine zeitlich erfaßbare Lebensspanne, sondern ein Lebensgefühl ist, so läßt sich auch »die Mitte des Lebens« bei Frischs Figuren kaum altersmäßig erfassen. Diese Phase wird durch die Einstellung der Figur zur Zukunft charakterisiert. Das jugendliche Gefühl bejaht die Zukunft als Fülle der Möglichkeiten, erwartet man hingegen von der Zukunft nicht mehr als was die Erfahrung bereits kennt, dann ist man bei Frisch bereits in die Altersphase eingetreten. Es kommt nicht selten in den Werken vor, daß beide Einstellungen in einer Figur nebeneinander bestehen – ein weiteres Zeichen dafür, daß nicht das Alter, sondern die jeweilige Stimmung einmal die Figur der Jugend, dann dem Alter näherbringt. Diese schwankenden Stimmungen zwischen Jugend- und Altersgefühl finden sich beispielsweise bei Kilian während seiner Traumreise nach Peking. Kilian bewundert mit Bin einen eindrucksvollen Sonnenuntergang:

Auf einmal war der Abend über den violetten Bergen so schön, so lauter, so golden, so heiter, daß ich mich nicht erinnere, einen schöneren schon erlebt zu haben, nicht einmal einen gleichen.
Bin lachte.
»Das ist die Jugend!«
»Was?«
»Wenn man sich nicht erinnert, daß man ein Schöneres schon einmal erlebt hat, nicht einmal ein Gleiches«. (*Bin*, S. 23)

In der Begleitung Bins kann Kilian noch die Stimmung der Jugend einfangen. Anders verhält es sich in der Gesellschaft Majas, denn ihre Jugend bewirkt, daß er sich plötzlich älter fühlt und älter denkt als er gewohnt ist. »Was wird uns das andere Ufer schon bringen!« denkt er bei der Überquerung des Sees. »Hinter jedem Ufer, das aus dem Nebel tritt, schwebt ein nächstes. Ich glaube, ich werde älter; so jung schon fängt das an« (*Bin*, S. 102). Kilian ist um diese Zeit noch nicht dreißig Jahre alt.

Die »Mitte des Lebens« ist bei Frisch keine Ebene und kein zeitliches Plateau, auf dem die Figuren verweilen im Bewußtsein ihrer Erfolge ehe sie den Abstieg in die zweite Lebenshälfte vornehmen, sondern sie stellt sich als eine Art gefühlsmäßiger Wasserscheide heraus. Es ist ein Übergangszustand, in dem die Jugend noch greifbar nahe scheint, doch die Ahnungen von Abstieg und Alter den einzelnen bereits bedrücken. Oft wird schon wenig später im Handlungsverlauf gezeigt, wie die Figuren in jäher Torschlußpanik aus dem bisherigen Leben auszubrechen versuchen oder sich im Alltag für immer vom Ich der Jugend entfremden lassen.

Theoretisch betrachtet, wäre der »Mitte des Lebens« der Zustand der Dauer im Erlebnis des Sommers zuzusprechen. Doch wie bereits erwähnt, erscheint das Verweilen in der Gegenwart den Figuren unmöglich solange sie nicht am Ziele ihrer Wünsche angekommen sind. In der »Mitte des Lebens« steht ihnen als nächste Möglichkeit nur das herbstliche Zeiterlebnis offen, weil ihnen die Rückkehr in die Jugend für immer verschlossen bleibt.

4. Alter

Spiegelt der Frühling das Erlebnis der Jugend, so sehen die Gestalten Frischs ihr Altern im Bild des Herbstes nachgezeichnet. Wintsch-Spieß bemerkt hierzu: »Der Herbst als die Zeit des Welkens, des Vergehens, des nahenden Todes wird immer wieder das erschreckende Gleichnis für das vergängliche menschliche Schicksal[92].« Diese Beobachtung bedarf einer Einschränkung, denn sie trifft hauptsächlich auf den Spätherbst in den Werken Frischs zu, hingegen steht der Frühherbst – wie bereits erwähnt – dem erfüllten Dasein, wie es der Sommer symbolisiert, näher. Bereits in den Frühwerken kann festgestellt werden, wie der Gedanke des Alterns die jugendlichen Helden Balz, Jürg und Kilian verfolgt. Zur Monomanie steigert sich dieser Gedanke bei Walter Faber und dem erzählerischen Ich in *Gantenbein*. Obwohl die Verbindung von Altern und Herbstsymbolik bei Frisch mit Recht von den Kritikern erkannt und erwähnt wird, findet sich kein Hinweis darauf, wie früh in der Reihe der Frisch-Werke bzw. im Leben der Frisch-Figuren die Beschäftigung mit dem Altersgedanken bereits einsetzt. So scheint die Furcht vor dem Altern zuerst als Ahnung und vages Gefühl angedeutet, um in den Spätwerken als klinische Beobachtung von Alterssymptomen zu dominieren. Dementsprechend erstreckt sich das Motiv des Alterns von der vagen Furcht vor dem Altern wie sie die Helden in den Frühwerken ergreift, bis zu

---

92 Wintsch-Spieß, S. 27.

jenen typischen Alpträumen von ausfallenden Zähnen, wie es in den späteren Werken vorkommt. Dort liegt die Furcht vor dem Altern vielen scheinbar verstiegenen Ideen und Handlungen der Frisch-Figuren zugrunde. Balz fühlt sich in seiner Torschlußpanik dazu gedrängt, die Erstbesteigung eines gefährlichen Nordgrates zu wagen. Don Juan wieder zittert vor der Eröffnung, daß er Vater werde, weil dies seinen Abschub in die ältere Generation besiegeln würde, während bei den weiblichen Figuren das Bewußtsein ihrer Jahre zur Erfüllung durch Ehe und Kind drängt. Dagegen treibt es die männlichen Protagonisten dazu, das vermeintlich versäumte Erlebnis der Jugend noch in den späteren Jahren nachzuholen. Es ist das Kind, das ihren Anspruch auf die Gegenwart bedroht. Darum wird ihnen die Zeit mehr zu einem Element der Bedrohung als den Frauengestalten.

Das Alter »macht es mit Wiederholungen«, meint Kilian, die Jugend denkt hingegen nur in Erwartungen, weil ihr die Vergangenheit gegenüber der Zukunft noch gering wiegt. Als Maja von Kilian wissen will, woran man es denn merke, wenn man älter werde, antwortet er: »Die Jugend« wird immer jünger. Das ist das eine« (Bin, S. 107). Das andere ist bei Frisch, daß einen die Liebe verläßt. Ein weiteres Zeichen des Alterns ist es auch für Kilian, daß er nicht mehr daran glaubt, Peking, das Traumziel, noch zu Lebzeiten zu erreichen. Es verläßt einen somit auch die Hoffnung auf Liebe und Selbsterfüllung.

Die Mädchengestalten in Stiller-Whites geflunkerten Abenteurergeschichten attribuieren ihn als jugendlichen Helden, obwohl er selbst oft doppelt so alt ist wie sie. Da, wo seine Geschichten nicht Gleichnisse zur Wirklichkeit darstellen, kompensieren sie für seinen Mangel an Männlichkeit. Stillers entfremdetes Verhältnis zur Zeit läßt sich teilweise auf seine Unreife zurückführen, die mit seinem tatsächlichen Alter in Widerspruch steht. Erst während seiner Zeit in Glion beginnt er das Leben in seinem natürlichen Zeitablauf zu erleben und dann auch die mit dem erstmals anerkannten eigenen Alter verbundene Todesfurcht zu fühlen.

Walter Faber protokolliert zwar die Symptome des Alterns an sich, ohne jedoch ein Verhältnis zu seinem eigenen Lebensalter zu finden. An ihm wird am deutlichsten von allen Frisch-Figuren erkennbar, wie sehr die Erfahrung des Alterns in den Werken Frischs vor allem als organische Verfallserscheinung auftritt. Ein fast psychopathischer Ekel vor dem Altersprozeß spricht aus jenen Alpträumen und Reflexionen, die sich auf das Älterwerden beziehen. Mit dem Erlebnis des Herbstes auf einer Sonntagswanderung verbindet sich beispielsweise jener Traum des Erzählers aus den *Blättern,* der den körperlichen Verfall und die Todesfurcht in den Traumvorstellungen vorwegnimmt: »Man fühlte es in einem... fernen und dumpfen Entsetzen. Und man fühlte es ganz leiblich: diese Glieder, sie werden zerfallen, einfach zerfallen, tot sein und aufhören, wie Zunder zerfallen« (*BB,* S. 79). Faber träumt nach seinem Magenanfall in Houston, daß ihm »sämtliche Zähne ausgefallen sind, alle wie Kieselsteine im Mund« *(Hf, S. 18).* Obwohl sein Traum die uneingestandene Furcht vor dem Altern und der Impotenz aufdeckt, gewinnt er erst nach der Begegnung mit Hanna ein bewußtes Verhältnis zum Ablauf der Zeit sowie zum eigenen Alter. Auch Enderlin, der sich selbst als »das Altern von Minute zu Minute« bezeichnet, leidet an ähnlichen Träumen – »nur die Zähne, manchmal schon ausgefallen im Traum« (*Gant.,* S. 245). Im Stück *Biografie* konstatiert der Registrator Kürmann kühl distanziert den Tatbestand des Alterns: »Die Träume, daß alle Zähne ausfallen und daß man sie im Munde spürt wie lose Kieselsteine, diese Träume sind nichts Neues, aber sie häufen sich in letzter Zeit.« Beschwichtigend fügt er hinzu: »Noch sind Sie kein Gaga« (*Bio.,* S. 85).

Wie sich die Altersträume gleichen, so wiederholen sich auch die peinlichen Selbstbeobachtungen der Figuren in den späteren Werken. Während in den *Blättern* der körperliche Verfall noch in die Zukunft verlegt wird, begegnet Faber schon seinem alternden Spiegelbild, obschon er innerlich noch an seinem zeitlosen Selbstbildnis festzuhalten sucht – eine Art Dorian Gray in der Umkehrung. Sein Selbstbildnis bleibt unveränderlich, doch wenn er sich sieht wie ihn die anderen sehen, so kann er die Spuren der Jahre und seinen Verfall durch die schleichende Krankheit nicht mehr leugnen. In Houston macht er die Neonbeleuchtung für sein leichenähnliches Aussehen verantwortlich: »Mein Gesicht im Spiegel... weiß wie Wachs, grau und gelblich« *(Hf, S. 12).* In Paris findet er sich wieder sportlich schlank und gebräunt, muß aber zugeben: »Natürlich wird man älter – Natürlich bekommt man bald eine Glatze« *(Hf, S. 120–121).* Knapp vor seiner Operation erkennt er, wie sehr er jenem alten Indio zu gleichen beginnt, der ihn in Guatemala auf den Pyramiden herumführte, doch begründet er die schlaffe Haut mit dem Krankenhausaufenthalt. Wenn Walter Faber noch beschönigt und hinwegargumentiert, was für andere bereits offensichtlich ist, so malt sich Enderlin im Roman

Gantenbein in masochistischer Selbstquälerei bereits das typische Verhalten des »Alternden« aus:

> Es schmeichelt ihm, wenn man ihn jünger schätzt als er ist. So weit ist er schon. ... Noch kann von Alter nicht die Rede sein. Er stutzt nur, wenn er zufällig ein früheres Foto sieht, dies Gesicht, das es nicht mehr gibt. ... Die schlaffe Haut und die Taschen unter den Augen. ... Noch erscheint alles nur als ein Zeichen vorübergehender Müdigkeit. Er weigert sich darüber zu erschrecken. ... Die Haare fallen nicht aus, sie fallen nur flacher. ... Die Lippen werden schmaler, ausdrucksvoller sozusagen. (*Gant.*, S. 244–245)

Verbunden mit dem Altersprozeß stellt sich bei den Gestalten Frischs ein wachsender Lebensneid auf die Jugend ein. Es beginnt mit einem Minderwertigkeitsgefühl gegenüber jüngeren Menschen, auf das mit Autoritätsanspruch reagiert wird. Man pocht ganz plötzlich auf Erfahrungen, im Gegensatz zur Jugend, die nur Zukunftserwartungen kennt.

Für den Alternden wird bei Frisch die Jugend immer jünger und daher die Verständnismöglichkeit über die Spanne der Jahre hinweg immer schwieriger. Walter Fabers Versuch, sich mit Sabeth auf einer gemeinsamen Ebene zu verständigen, schlägt fehl. Es bleibt beim ersten Versuch, sich mit ihr im Pingpong zu messen. »Ein Gespräch war kaum möglich«, meint er, »ich habe nicht mehr gewußt, daß ein Mensch so jung sein kann« (*Hf*, S. 89). Durch die Jugend Sabeths angeregt, beginnt er Vergleiche anzustellen: »Wieder die Verblüffung, wie jung sie ist. Man fragt sich dann, ob man selber je so jung gewesen ist. Ihre Ansichten« *(Hf*, S. 89). Ganz gegen seine Gewohnheit beginnt er die Jahre zu zählen – wie alt zum Beispiel Hanna jetzt wäre, wie sie aussehen müßte.

Obwohl Walter Faber bereit ist, den Unterschied der Jahre zwischen sich und Sabeth zuzugeben, weigert er sich, sein körperliches und seelisches Altern zu erkennen. »Zwanzig Jahre sind eine Zeit«, kommt es ihm in den Sinn, aber er will sich nicht vorstellen, wie Hanna jetzt aussehen mag (er verdrängt den Gedanken bewußt), denn das würde für ihn bedeuten, sich selbst als alt einzustufen. Trotzdem oder vielleicht gerade deshalb reagiert er unangebracht gereizt auf die Anwesenheit von Sabeths jungem Freund. Eifersucht, Neid auf den jüngeren Nebenbuhler und Minderwertigkeitsgefühle verbinden sich in seinen Bemerkungen über die »Jugend« im allgemeinen: »Meinerseits kein Grund zu Minderwertigkeitsgefühlen, ich bin kein Genie, immerhin ein Mann in leitender Stellung, nur vertrage ich immer weniger diese jungen Leute, ihre Tonart, ihr Genie, dabei handelt es sich um lauter Zukunftsträume, womit sie sich so großartig vorkommen, und es interessiert sie einen Teufel, was unsereins in dieser Welt schon tatsächlich geleistet hat; wenn man es ihnen einmal aufzählt, lächeln sie höflich« (*Hf*, S. 100). Später gibt er zu, daß er sich mit Sabeth verglichen senil vorkomme, dabei steht dahinter immer der Verdacht, daß das »wirkliche Leben« bei den Jungen sei, während das eigene Leben immer leerer werde.

Wie Faber oft »geradezu das Gefühl hat, ... die Jugend nicht mehr zu verstehen« (*Hf*, S. 133), so erfährt auch Kürmann den Zeitbruch zwischen den Generationen, wie es im folgenden Wortwechsel mit seinem Sohn Thomas offenbar wird:

Thomas: Darum kann man nicht sprechen mit Ihm. Ich kann's nicht mehr hören: Als ich in deinem Alter war! Vielleicht war es so, wie er es sagt, aber es ist eben nicht mehr so. ... Er ist einfach nicht mehr im Bild. Was heißt schon Erfahrung.
Kürmann: Du bist jung, Thomas, aber das ist vorderhand auch alles, was du bist. Du mit deinem Haar. Was weißt denn du von dir? Hast du schon einmal einen Irrtum eingesehen und weitergelebt? (*Bio.*, S. 86)

Es stellt sich bei den alternden Frisch-Helden ein Konkurrenzneid auf die Jugend ein, daneben der Drang, zu beweisen, daß man noch zählt. Enderlin glaubt, es noch mit den Jüngeren aufnehmen zu können. »Aber so weit ist er schon, daß er jeden darauf ansieht, ob er jünger ist, und man widerspricht, wenn er vom Altern redet, mit Recht« (*Gant.*, S. 244). »Noch steht die Erfüllung vor«, versucht er sich einzureden, »und Frauen bieten sich an wie nie zuvor« (*Gant.*, S. 244).

Der Gegensatz zwischen jung und alt wird bei Frisch auch auf politischer Ebene ausgetragen. Während Hwang Ti, der chinesische Tyrann, den Zeitablauf zum Stillstand bringen möchte, kämpft der Prinz um die Anrechte der jungen Generation: »Es ist das alte Lied von den Vorgängern«: wendet er sich an das Publikum, »sie können alles, bloß nicht sterben. Sie trinken Milch und rauchen nicht, sie schonen sich, bis man (Sie werden meine Generation verstehen!) an Staatsstreich denkt« (I, *CM*, 203).

Die Helden Frischs wollen nicht erwachsen werden. Sie fürchten die Jugend, die nächste Generation, aus zwei Gründen: Der Anblick der »Jungen« läßt einerseits ihre eigenen Lebensansprüche und jugendlichen Träume als zeitlich überholt erscheinen, andererseits fühlen sie sich durch das Vorrücken der nachfolgenden Generation mehr und mehr in Richtung Alter und Tod abgeschoben. Deshalb will der Mann nicht das Kind (Hinkelmann, Don Juan, Faber, Pelegrin) und flüchtet sich aus der Gegenwart in Zukunftsträume oder Erinnerun-

gen. Die Gegenwart bringt ihnen nur die Bestätigung der Vergänglichkeit und ihres Alterns. Das Zeiterlebnis der alternden Frisch-
Gestalten ist somit von der Erinnerung bestimmt. Sie pochen auf
Erfahrungen, die für die Jugend nicht zählen. »Überhaupt zählte für
sie nur die Zukunft«, meint Faber beispielsweise über Sabeth, »ein
bißchen auch die Gegenwart; aber auf Erfahrungen ließ sie sich überhaupt nicht ein« (*Hf*, S. 134).

Die überschwängliche Lebensfreude der »Jungen« drängt die
Älteren in die Defensive. Für Sabeth sei alles ganz anders, sie freue
sich auf alles, was noch nicht ist. »Das macht mich eifersüchtig«,
gibt Faber zu, »aber daß ich mich meinerseits nicht freuen kann,
stimmt nicht; ich freue mich über jeden Augenblick, der sich einiger-
maßen dazu eignet« (*Hf*, S. 134). Im Rückblick zeigt sich aber, daß
Faber einen derartigen Augenblick anscheinend kaum erlebt. Er kann
sich genau so wenig freuen wie jener Roboter, von dem er so oft
spricht und dem er insgeheim gerne gleich werden möchte.

Während den jugendlichen Helden noch die Flucht in die Erwartung bleibt, ist der Prozeß des Alterns unausweichliche Gegenwart
oder – um mit Manfred Jurgensen zu sprechen – »die geschichtliche Gegenwart des Alterns wird mit der Geschichte des Individuums
identisch«[93]. Aus dem Wunsch der Helden sich nie festlegen zu müssen und ein Leben in der Erwartung vor sich zu haben, erklärt sich
ihre ausschließlich ablehnende Haltung gegenüber dem Altern. Altern
bedeutet für sie körperlicher Verfall, Fixierung in der Gegenwart,
Resignation und Anerkennung des Todes. Diese Altersproblematik
der Figuren setzt bereits in den Frühwerken ein und steigert sich bis
zum Wunsch Enderlins im letzten Roman: Eher sich erhängen als
seinem eigenen Verfall beizuwohnen.

Man kann bei Frisch wohl kaum von einer Altersphilosophie sprechen, denn die ablehnende Reaktion in den Werken wirkt eher
instinktiv – wie bei der Darstellung der Jugend – als durchdacht.
Sie ändert sich im Laufe der Werke wenig, dagegen wird sie, wenn
möglich, mit den Jahren noch ausgeprägter und in der Einstellung zur
Jugend skeptischer. Demnach wird das Problem der Vergänglichkeit
in den Werken nicht überwunden, sondern immer nur auf mehr oder
weniger gleichbleibende Weise beschrieben. Der körperliche Verfall
wird, wie hier vor allem am Beispiel Walter Fabers dargestellt, als

---

93 Jurgensen, *Dramen*, S. 20.

»Fluch« angesehen und dieser Einstellung nichts Positives gegenübergestellt.

5. Tod

Während die bisher besprochenen Erlebnisformen des Zeitablaufes in
manchen Werken Frischs mehr, in anderen weniger oder überhaupt
nicht auftreten, findet sich in allen Werken ein Bezug zum Phänomen
des Todes. Balz sucht beispielsweise die Todesgefahr in einer wahn-
witzigen Heldentat und kehrt verkrüppelt ins Leben zurück. Jürg
Reinhart (in *Jürg Reinhart. Eine sommerliche Schicksalsfahrt.*) wird
durch seine einzige Liebestat am Tode Inges mitschuldig. Hinkelmann
und Reinhart in den *Schwierigen* begehen Selbstmord, und der Erzähler in den *Blättern* findet angesichts der steten Todesnähe das Erlebnis
der Gegenwart in der Gefährdung. Kilian in *Bin* erkennt den Doppel-
aspekt des Todes, der für den einen das Ende bedeutet (sein Vater
stirbt), aber Anfang des Lebens für den anderen (zur gleichen Stunde
wird ihm ein Sohn geboren). Auch in späteren Werken wird Tod und
Wiedergeburt als ein Ereignis zusammengefaßt. Die Toten des Krieges im Stück *Nun singen sie wieder* sind hingegen umsonst gestorben,
denn die Überlebenden suchen bereits nach neuen Kriegsgründen.
Der Tod Pelegrins in *Santa Cruz* versöhnt den Rittmeister und Elvira
mit ihrem Schicksal. Gegen den politischen Mord wird in der *Chinesischen Mauer* und im Stück *Als der Krieg zu Ende war* protestiert; in
der *Chinesischen Mauer* appelliert der »Heutige« an die Machthaber
aller Zeiten, den Atomtod der Menschheit zu verhüten, und die
»Toten von Warschau«, die Horst auf dem Gewissen hat, sind indirekt am Zerbrechen von Agnes' Verhältnis mit Stepan schuldig. Der
Tod und das ständig drohende Nichts hinter der Kulisse des Lebens
wird in diesem Stück durch eine Tür veranschaulicht, die in den abge-
bombten Teil des Hauses – d. h. ins Leere – führt.

Der Staatsanwalt in *Graf Öderland* flüchtet vor dem geistigen Tod
in der Monotonie in willkürliche Mord- und Brandtaten. Don Juan
inszeniert seine eigene Todesfahrt in die Hölle, nachdem er »zahllose
Witwen gemacht hatte«. Stiller wird sein Selbstmordversuch zur Wiedergeburt für ein erfülltes Leben. Biedermann wie alle Biedermänner
dieser Welt lernt aus seinem und der anderen Tod nichts und wird
– aus der Hölle entlassen – wieder dieselben Fehler begehen. Im
Stück *Andorra* wird der Mord zur staatspolitischen Notwendigkeit,
weil das Volk immer wieder einen Sündenbock braucht.

Die Romane *Homo faber* und *Gantenbein* beginnen und enden beide mit Todesbeschreibungen. Während Faber kurz vor seinem Tode seinen Lebensirrtum erkennt, schweift das Erzähler-Ich im letzten Roman von der Todessymbolik der Etruskergräber ab, um der Lebensfreude an einem warmen italienischen Septembertag Ausdruck zu verleihen. In *Biografie* wird unter den verschiedenen Varianten für Kürmann der Tod im Gefängnis (nach dem Mord an Antoinette) oder Krankenhaustod an Krebs angedeutet. Gelegentlich äußert Kürmann wie viele Frisch-Figuren den Wunsch nach Selbstmord. Die Skizze *Schinz* zeigt den Rechtsanwalt Schinz einmal vor einem Hinrichtungskommando, ein andermal vollständig gelähmt nach einem Schlaganfall. Die Filmskizze *Zürich-Transit* (aus einer Geschichte im *Gantenbein* heraus entwickelt) behandelt die Möglichkeit eines neuen Lebens für einen Mann, der irrtümlich für tot erklärt wurde [94].

Der Tod stellt in manchen Werken Frischs eine zentrale Erfahrung dar, in anderen bildet er wieder den Hintergrund für das vordergründige Geschehen. Immer ergeben sich aus der Einstellung der Figuren zum Tode Rückschlüsse auf die Art ihres Zeiterlebens. So scheinen aus der Todesfurcht heraus die meisten Gestalten Frischs allein den Wert ihres Lebens erkennen zu können, denn der Tod bringt sie der Gegenwart näher. »Ohne das Grauen vor dem Tode, wie begriffen wir jemals das Dasein?« (*BB*, S. 12) fragt der Erzähler in den *Blättern*. Das Bewußtsein vom Tode in jedem Augenblick wird im »Hinkelmann Zwischenspiel« (*Die Schwierigen*) durch den Schatten eines großen Hundes auf einem Photo Yvonnes symbolisiert. Nur sein Schatten ist im Bild erkennbar, der Hund selbst ist nicht abgebildet. Auch der Mensch kann bei Frisch nur aus dem Schatten des Todes – der Todesfurcht – Leben und Sterben begreifen. Er kann nicht aus dem Tod der anderen lernen, und im eigenen Tod folgt auf das Lernen zu rasch das Sterben, um Erkenntnisse zu verwirklichen. Nur im Falle Stillers wird der Versuch unternommen, die Erkenntnis des Lebens am eigenen Tode durch eine Rückkehr aus der Todesbegegnung in das Leben darzustellen. Hinkelmann und Faber hingegen erkennen den Schatten des Todes in ihrem Leben, auch wenn er sich im Photo abzeichnet, erst als es zu spät ist, denn im Gegensatz zu

---

[94] Max Frisch, *Zürich, Transit. Skizze eines Films* (Frankfurt a. M.: Suhrkamp, 1966).

Yvonne fehlt den wissenschaftlich ausgerichteten Figuren Frischs das
»Organ für den Tod«[95].

Die Möglichkeit der Erkenntnis des Lebens aus der Todesangst
bleibt den Figuren in den späteren Werken verschlossen. Für Menschen vom Kaliber des Herrn Biedermann bedeutet ein Feueralarm
und ein Gedanke an Unfall nur: Gut, daß es nicht bei uns brennt!
Das Erzähler-Ich in *Gantenbein* kann die Todeserfahrung in keiner
der Geschichten darstellen, weil sie außerhalb des Bereiches seiner
Vorstellungskraft liegt. Am Anfang des Romans steht der Bericht von
einem Todesfall, um den herum der Erzähler seine Geschichten von
Enderlin gruppiert. Er vermerkt hierzu: »Es muß ein kurzer Tod
gewesen sein, und die nicht dabei gewesen sind, sagen ein leichter
Tod – ich kann es mir nicht vorstellen« (*Gant.*, S. 9). Auch nach
dem knapp vermiedenen Autounfall muß der Erzähler feststellen,
daß er sich den eigenen Tod nicht vorstellen könne; der Vorgang
dringt kaum bis zum Erlebnisstadium durch: »Schon ist es Erinnerung« (*Gant.*, S. 33).

Als Enderlins Arzt erfährt, daß sein Patient annimmt, nur noch
ein Jahr Lebensfrist zu haben, stellt er gesprächsweise an den Erzähler
die Frage, »ob denn ich ... weiterleben würde wie bisher, wenn ich
wüßte, daß ich spätestens in einem Jahr gestorben bin« (*Gant.*, S.
238). Das Erzähler-Ich kann sich nur sagen: »Ich weiß es nicht.
Ehrenwort. Ich kann's mir nicht vorstellen« (*Gant.*, S. 238). Vor-
stellbar bleibt nur die Todesfurcht, weil sie allein erlebbar ist. Stiller
gelingt es daher von allen Frisch-Gestalten allein, nach der tatsächlichen Todeserfahrung als Verwandelter ein neues Leben zu beginnen.
Enderlin wie auch die anderen Frisch-Figuren müssen feststellen, daß
sie sich an der Todesfurcht nicht wandeln können. Enderlin bleibt
daher nach seinem vermeintlich letzten Jahr nur »sein Kater darüber, daß er derselbe geblieben ist« (*Gant.*, S. 238).

Während beim Erzähler in den *Blättern* und bei Walter Faber die
Todesfurcht noch zum Erlebnis der Gegenwart führt, steht Enderlin
und auch Kürmann die Vorstellung von der Erfahrung des Todes
bereits zu fern, als daß die Todesfurcht noch zum wandelnden Erlebnis werden könnte. Ihre Unfähigkeit, sich mit der Zeitlichkeit des
Menschenlebens abzufinden, spiegelt sich in ihrer Furcht vor dem
Alter und der inneren Distanz zum Todeserlebnis wieder.

---

95 Geulen, S. 76.

C. Das Erlebnis der »Wiederholung«

Eine weitere Form des Zeiteinbruchs in den Werken Frischs wird in der Erfahrung der »ewigen Wiederholung« oder der Wiederholbarkeit verblaßter Erlebnisse dargestellt [96]. »Wiederholung« ergibt sich für die Figuren in den Werken entweder auf einer unmittelbaren persönlichen Ebene, wie es in der Erinnerung und im Traum der Fall ist, oder in einer mehr veräußerlichten Form, wie Geschichte und Mythos sie bieten und in der Einstellung der Figuren zu diesen Formen der »Wiederholung« in ihrem Leben und Verhalten. Erinnerung, Traum, Geschichte und Mythos spielen – wie im Laufe dieser Arbeit gezeigt wird – eine große Rolle bei jenen Figuren Frischs, die mehr in der Vergangenheit als in der Gegenwart leben.

1. Erinnerung

Eine leitmotivisch wiederkehrende Bemerkung spielt im Werk Frischs eine wichtige Rolle: »Alles wiederholt sich, nichts kehrt uns wieder.« Immer wieder wiederholt sich für die Figuren eine Situation zumindest in den äußeren Merkmalen, doch das Erlebnis des ersten Males bleibt unwiederholbar.

Während die meisten Figuren Frischs in der Erinnerung den »Fluch der Wiederholung« fürchten, die jeden Eindruck unter dem Gefühl der Repetition zu ersticken droht, suchen sie doch immer wieder die Erinnerung an die Jugendzeit. Flucht vor der Erinnerung und Sehnsucht nach der Vergangenheit überschneiden sich demnach in der Einstellung der Figuren zur eigenen Erinnerung.

An den Erinnerungen der Figuren wird die Integration von Vergangenheit und Gegenwart im Zeiterlebnis veranschaulicht. Kilian wird beispielsweise von seinem Begleiter Bin belehrt, daß jene Gefühle, die er für Erinnerung hält, tatsächlich Gegenwart sind. Kilians Tendenz, die Gegenwart in die Erinnerung zu transponieren, findet sich auch bei jenen Frisch-Gestalten, die das unmittelbare Gegenwartserlebnis fliehen. »Man dichtet es immer in seine Jugend zurück, was jetzt, da wir es für Erinnerung halten, Gegenwart ist« (*Bin*, S. 22), stellt Bin fest. Verkleidet, »im Gewande der Erinnerung« und »im

---

[96] Frischs Anspielung auf Nietzsches »ewige Wiederkunft des Gleichen« ist hier offenbar.

Glanze des Verlorenen«, sei die Gegenwart für die Menschen weniger erschreckend, erklärt Bin seinem staunenden Freund Kilian. Deshalb berührt die Gegenwart oft als déjà vu und scheinbares Wiedererkennen von Vergangenem.

Daneben erwecken die Figuren oft den Eindruck, daß sie bewußt eine Distanz zur Gegenwart suchen, indem sie sich ausmalen, wie ihnen in späteren Zeiten dieses gegenwärtige Erlebnis erscheinen mag. Die Gegenwart wird hierbei zur Erinnerung in der Zukunft verfremdet. In den *Blättern* sucht sich beispielsweise der Erzähler vorzustellen, wie es sein müßte, wenn die Gegenwart – »das Schlimmste« – vorüberginge: noch in der Erinnerung an die Gegenwart müßte er zu einem anderen Menschen werden und müßte sich vieles in seinem Leben und im ganzen Lande ändern. Doch sofort überfällt ihn wieder sein Pessimismus, auf alte Erfahrungen gegründet – er »kennt sich« und weiß, »wie bald das alles vergessen ist, wenn man einmal wieder aufatmet« (*BB*, S. 17). Die Gegenwart kann bei einer derartigen abwertenden Einstellung natürlich nie zum formenden Erlebnis werden. So überwiegen die Erfahrungen der Vergangenheit, wenn sich der Erzähler aufgrund seines Selbstbildnisses jede Wandlungsmöglichkeit von vornherein abspricht.

Ähnliches widerfährt auch Kilian, der in bezug auf eine verlorene Liebe konstatiert: »Seit ich eine von ihnen verloren habe, dünkt es mich, ich liebe sie alle. Ich möchte sie immer noch einmal verlieren« (*Bin*, S. 38). Auch Balz Leuthold lebt mehr in seinen Vorstellungen als in der Wirklichkeit, wenn er auf dem Berggipfel einem Mädchen erzählt wie er seine erste Liebe versäumte. Über der Erinnerung an die Vergangenheit versäumt er wieder die Liebe in der Gegenwart. Reinhart hingegen nimmt im Anblick einer Herbstnacht wie der Erzähler in den *Blättern* bereits jenes Gefühl vorweg, mit dem er glaubt, sich später daran zu erinnern: »Im Stehen... fiel es ihn sonderbar an, Glück als lichterlohes Bewußtsein von der Stunde, die man büßen wird. Einmal wird es das Gewicht der Erinnerung haben, irgendein Haus dort im Kreise des Mondlichts: einmal wirst du darum heulen, die Hände vor dem Gesicht« (*Schw.*, S. 109–110). Reinhart sammelt Erlebnismaterial in der Gegenwart, um sich später aus den konservierten Erinnerungsstücken sein eigenes gegenwartsfremdes Erlebnis zu fabrizieren und versäumt darüber das unmittelbare Erlebnis. In der Art, wie Andri in *Andorra* den »Augenblick seines höchsten Glückes« erfährt, wird gleichfalls Gegenwart in Erinnerung umge-

münzt. Es fällt hierbei auf, wie sehr sich sein »Erinnerungsbild« von
der tatsächlichen Gegenwart unterscheidet, wenn er sich sagt: »Später
werde ich immer denken, daß ich jetzt gejauchzt habe. Dabei zieh ich
bloß meine Schürze ab, ich staune, wie still. Man möchte seinen
Namen in die Luft werfen wie eine Münze, und dabei steh ich nur da
und rolle meine Schürze. So ist Glück« (II, *And.*, 211). Wie oben
gezeigt wurde, entsprechen die Erinnerungen der Figuren anscheinend
ihrem Selbstbildnis, das heißt, sie erfahren nicht die Gegenwart, sondern sie legen sich eine Geschichte für spätere Zeiten zurecht.

Als ein Mahner an eine versäumte Vergangenheit wird die Erinnerung von den Figuren Frischs oft als Last in der Gegenwart empfunden. Dies mag unter anderem dazu beitragen, daß die Helden oft aus
der Vergangenheit in neue Erwartungen aufbrechen oder zur »Flucht
in den Raum« tendieren [97]. Derartige Flüchtige sind Balz, Reinhart,
der Rittmeister, Don Juan, Staatsanwalt, Graf Öderland, Stiller,
Walter Faber sowie Kürmann und das erzählerische Ich im Roman
Gantenbein; ihnen allen ist der Wunsch nach einem neuen und von
der Erinnerung unbelasteten Leben gemeinsam.

Die Gestalten Frischs finden meistens nicht die Erfüllung ihrer
Erwartungen auf ihrer »Flucht in den Raum«. Gerd Hillen weist in
seiner Studie auf die Bedeutung der »Reisemotive« in den Romanen
Frischs hin [98], wobei er, ohne den Einfluß der Erinnerung in der
Schaffung des Selbstbildnisses zu erkennen, jene zahlreichen Reisen in
den Werken Frischs als Flucht der Figuren vor dem eigenen Lebens-
entwurf sieht. »Anstatt ihr Ziel zu erreichen«, betont er, »werden
sie zurückgeführt zu ihrem Ausgangspunkt« [99]. Bei Faber tritt der
Fall ein, daß seine Flucht vor der Erinnerung ihn mit jeder Reise-
etappe seiner Vergangenheit statt der Erwartung näher bringt.
»Durch eine Reihe von Reisen wird er« – laut Hillen – »hinge-
führt zu dem Punkt, wo ihm nur noch der Wunsch bleibt, nie gewesen
zu sein« [100]. Im Vergleich mit der Figur Stiller stellt Hillen fest:
»Damit erreicht Faber wenige Wochen vor seinem Tode ... den Ausgangspunkt Stillers« [101]. Im Roman *Gantenbein* und im Stück *Bio-*

---

[97] Hans Mayer, »Anmerkungen zu *Stiller*«, in *Über Max Frisch*, hrsg. v. Thomas
Beckermann (Frankfurt a. M.: Suhrkamp, 1972), S. 40.
[98] Gerd Hillen, »Reisemotive in den Romanen von Max Frisch«, *Wirkendes Wort*,
19 (1969), 126—133.
[99] Hillen, S. 127.
[100] Hillen, S. 130.
[101] Hillen S. 131.

grafie bleibt es beim »geistigen Aufbruch: »Die Varianten eines Lebens sind hier Einfälle – Entwürfe in die Zukunft wie die Erinnerung ein Entwurf in die Vergangenheit ist – »nicht das Ergebnis von Vorfällen«[102]. Nach außen hin ändert sich in den beiden Werken nichts mehr.

Während der Aufbruch in ein »anderes Leben« eine Flucht vor einer mißliebigen Vergangenheit darstellt, gleicht dieser Aufbruch oft auch dem Versuch einer Rückkehr in das Paradies der Jugend. Die Zeitgrenzen vermischen sich dabei im Zeiterlebnis der Figuren, da sich Gegenwart als Erinnerung ausgibt, und ihr scheinbares Gegenwartserlebnis sich daher unerwarteterweise als Jugenderinnerung herausstellt. Kilian in *Bin* kommentiert dazu: »Offenbar sind es Erinnerungen, was du erlebst, nichts weiter, ein neckischer Anfall von Erinnerungen. ... Ich erinnere mich nur, während ich nebenher ein ganz alltägliches Leben führe, und lange ist's her, und dennoch, indem wir uns... erinnern, ist der Augenblick da. Man weiß nur nicht, wo in seinem Leben man sich befindet« (*Bin*, S. 78–79). Es läßt sich aus vorgehendem schließen, daß sich die Gestalten Frischs – mit Ausnahme Stillers – anscheinend deshalb nicht wandeln, weil sie sich in der Wiederholung ihres Selbst in den Erinnerungen notwendigerweise gleich bleiben. Während Stiller sich am Ende in der Wiederholung seiner Identität selbst »annimmt«, können die anderen Gestalten hingegen von ihren Erfahrungen nicht profitieren, weil ihre Erinnerungen bereits auf ihr Selbstbildnis zugeschnitten sind, und weil sie jedwede Mißtöne bewußt »vergessen«, wie es Walter Faber so meisterlich versteht.

Die Erinnerungen der Figuren bleiben solange »Geschichten«, die sie sich zurechtlegen, bis ihre künstliche Weltanschauung einen Sprung bekommt, und ihre Kartenhauswelt zusammenfällt. Als Illustration zu diesem Verhalten der Figuren diene die »Geschichte vom Pechvogel, der das große Los gewann«, die der Erzähler mit den folgenden Worten schließt: »Es war sein Glück, daß er auf dem Weg von der Bank seine Brieftasche verlor, andernfalls hätte er sich ja ein anderes Ich erfinden müssen. ... Er müßte die ganze Geschichte seines Lebens aufgeben, alle Vorkommnisse noch einmal erleben und zwar anders, da sie nicht mehr zu seinem Ich passen« (*Gant.*, S. 77–78).

---

102 Hillen, S. 132.

2. Traum

»Wer es wüßte, wie die Träume ineinander wurzeln, auseinanderwachsen! ... Er hätte noch viel zu erzählen, denke ich, fast alles«
(*Bin*, S. 37), meint Kilian zu seinem Begleiter Bin und spricht dann
den Wunsch aus, erzählen zu können, so wie man wirklich erlebe. Die
Traumerzählung *Bin* scheint diesem Wunsche zu entsprechen, indem
der chronologische Ablauf der Zeit, dem die seelische Wirklichkeit
nicht entspricht, durch den Eindruck des zeitlichen Ineinander ersetzt
ist.

Im Traum finden die Figuren jene innere Wahrheit, die in der
Tageshelle verdrängt wird. Darum fürchten auch die Gestalten, welche vor ihrem Ich auf der Flucht sind, ihre eigenen Träume. So
erschrickt der Erzähler in den *Blättern* über seinen eigenen Traum, der
seine tagsüber unterdrückte Todesangst aufnimmt und zum Traum-
bild gestaltet: der Tod im Tornister. Auch Hinkelmann in den *Schwierigen* verfällt nach der Trennung von Yvonne in einen Tagtraum, in
dem er »das Grauen eines anderen und traumdunklen Daseins mit
verschwimmenden Fratzen, mit tosender Brandung, mit Gewittern
aus dem Unberechenbaren« (*Schw.*, S. 36) erfährt. Die Unberechenbarkeit der Traumwelt widerlegt Hinkelmanns Ansicht von der Ordnung der Welt. Ähnlich scheint Reinhart in seinem Alptraum der
Wahrheit nahe, wenn er aus den Händen seines natürlichen Vaters
»halb wie ein Priester, halb wie ein Henker gekleidet« (*Schw.*,
S. 202), die in Zeitungspapier eingewickelte verfaulte Kinnlade seines
Ziehvaters empfängt« (*Schw.*, S. 203). Erst später erfährt er vom
Oberst, daß statt des Oberlehrers, den er bisher für seinen Vater hielt,
ein Metzger aus einer nahen Kleinstadt sein natürlicher Vater sei. In
Bin wird das im Alltag so geschäftige Erzähler-Ich Kilian auf der
Traumreise plötzlich von der Erkenntnis der Vergänglichkeit ange-
sprungen. Selbst im Traume, so muß er erfahren, treibt es die Men-
schen ab und vergeht das Leben (*Bin*, S. 24). Für den Rittmeister in
Santa Cruz hingegen ist das ganze Leben ein großer Traum, denn nur
im Traum von der Jugend findet er sein Ich, während er der Alltags-
wirklichkeit entfremdet ist. Als Alptraum stellt sich schließlich der
Tagtraum des Staatsanwaltes in *Graf Öderland* heraus, da er im
Traum seine Freiheitswünsche in ihrer hypothetischen Verwirklichung
als selbstzerstörerisch widerlegt findet. Der Staatsanwalt erkennt im
Traum die Wahrheit, weil sie ihm die Distanz von der üblichen Ord-

nung erlaubt. »In der Wirklichkeit ist er fixiert im Raum seiner Ordnung und in der Vergängnis seines Lebens«, stellt hierzu A. Weise fest [103].

Die Träume Stiller-Whites zeigen in der Gegenüberstellung mit einem Traum des früheren Stillers, daß er sich im Haß auf Julika gleich geblieben ist, obwohl er im Wachsein glaubt, aus Liebe zu ihr zurückgekehrt zu sein. Im Traume »kreuzigt« er sie, indem er das Photo der Balletteuse an einen Baumstamm heftet. In seinem letzten Traum nimmt er die Vergangenheit des früheren Stillers zumindest im Äußeren an, indem er – in der Uniform Stillers, aber sich als Mr. White fühlend – ein Erlebnis aus Stillers Wehrdienst nacherlebt. Der Traum hat also die Funktion, Gegenwart und Vergangenheit zu verbinden, um Stiller-White die Wahrheit über sein Selbst und sein wirkliches Verhältnis zu Julika hinter aller Selbstbeschönigung aufzudecken.

Immer wieder bricht in den Angstträumen der Figuren das Erschrecken über den Ablauf der Zeit durch, denn das »Sichtbarwerden der Zeit ist erschreckend für den, der die Zeit zu leugnen sucht, der außerhalb der Zeit leben will«[104]. Stiller und Walter Faber können nicht verhindern, daß Bilder aus ihrer verleugneten Vergangenheit ihre Träume beherrschen. Faber findet sich »mit der Vergangenheit vermählt« – in Gestalt von Herbert Hencke – als Trauzeuge fungiert der Tod in Form von Professor O., er selbst sprachlos, weil ihm plötzlich alle Zähne ausgefallen sind (Hf., S. 17). Wachträume verfolgen ihn und spiegeln sein Schuldgefühl. So fürchtet er, Hanna könnte, einer modernen Klytemnästra gleich, ihn mit einer Axt im Bade erschlagen. Nach der Notlandung in Tamaulipas erwartet er insgeheim bei jeder Flugzeuglandung Dämonen zu sehen. Nicht selten erscheint ihm nach derartigen schreckhaften Vorstellungen die äußere Wirklichkeit ver-rückt und der Traum in seiner Unmittelbarkeit gegenwärtiger als das Wachsein.

Die Gestalten Frischs »erleben« die Traumgegenwart, während ihr Alltags-Ich die Tageswirklichkeit nur »lebt«. Die Wirklichkeit erscheint negiert, weshalb der Traum auch nur als einseitiges Spiegelbild der menschlichen Wahrheit gelten kann. A. Weise beobachtet beispielsweise zu den »Traumspielen« Max Frischs (Santa Cruz, Graf

[103] Weise, S. 121.
[104] Gassmann, S. 115.

Öderland): »Die Traumspiele erweisen sich als eine utopische Identitätssuche, weil sie die Wirklichkeit des Menschen, sein Leben in Raum und Zeit, leugnen. Sie führen den Menschen durch das Erlebnis der ›Allgegenwart des Möglichen‹ außerhalb seiner Selbst und nicht zu ihm selbst, denn die Verpflichtung der Wahl entfällt im zeitlosen Raum«[105]. Weise übersieht hier die Bedeutung, die Max Frisch der Selbsterkenntnis im Rahmen der Selbstfindung beilegt. Durch den Traum wird den Figuren erst bewußt, wie schal und unecht ihr Alltagsleben ist. Von dieser Warte aus beschreibt auch der Erzähler in den *Blättern* den Alltag im Militärdienst: »Man lacht, man flucht, man redet über die Welt, man spuckt auf den Boden, man nimmt das Gewehr und tritt in zwei Glieder, man tut seine Arbeit – und man träumt, man sei wach« (*BB*, S. 57). Bald hat das Bewußtsein Schwierigkeiten, bei einer derartigen Lebensweise zwischen der Traum- und der Tageswirklichkeit zu unterscheiden. Zahlreiche nächtliche Alarme verwischen in diesem Büchlein die Grenze zwischen den beiden Bewußtseinsdimensionen: »Das Erwachen eine Stunde früher oder später«, vermerkt der Erzähler, »jedesmal sitzt man da, dumpf wie ein Tier ... meint man doch immer wieder, man hätte alles nur geträumt. Immer wieder hört alle Welt einfach auf, der Mond und der Krieg, und es nickt der Helm vornüber. ... Wenn man bloß fände, wovon man eben geträumt hat?« (*BB*, S. 19). Das Traumerlebnis ist für die Figuren ebenso formend wie das Alltagsgeschehen. »Das Erwachen (als wäre alles nicht geschehen!) erweist sich als Trug; es ist immer etwas geschehen, aber anders« (*Gant.*, S. 485). Offen bleibt die Frage, in welcher Zeitdimension der Mensch bei Frisch eigentlich zu Hause ist.

Das Entsetzen über den Traum schwingt noch nach, wenn die Erinnerung bereits zu verblassen beginnt. Zwanghaft wiederholen sich derartige Schreckensträume, so Reinharts visionärer Traum von seinem toten Vater oder die Todesvorstellungen des Erzählers in den *Blättern*. Die Wirklichkeit nach dem jähen Erwachen ist selbst dann eine Erleichterung, wenn sie auch – wie in den *Blättern* – Kriegsdienst bedeutet oder – wie bei Walter Faber – das Ausfallen eines weiteren Flugzeugmotors bringt. Einem Aufwachen aus einem Alptraum kommt auch das Schlußbild im Roman *Gantenbein* gleich, wenn man »aus den gar nicht kühlen Gräbern« wieder ans Licht

---

105 Weise, S. 122.

kommt, blinzelnd, den grellen Tag wiederbegrüßend. Martin Kraft spricht in diesem Zusammenhang von »einem Erwachen aus der Todesstarre als dem Bild des unwirklichen Lebens«[106]. Es kann, meint Martin Kraft, in dieser Gegenüberstellung von Traum und Wachsein eine Synthese gesehen werden, »die die Unberechenbarkeit des Todes in die Gegenwärtigkeit des vitalen Daseinsvollzuges einbezieht«[107], denn nur so werde das Dasein zum Erleben. Ohne das Bewußtsein des Todes bliebe das Wachsein nur Schein, und wäre der Traum wirklicher als der »lichterlohe Augenblick«. Dieser Gegensatz zwischen »erlebter« Traumwirklichkeit und der Tageswirklichkeit, die nur als Schein empfunden wird, kommt auch in den Worten des Erzählers in den Blättern zum Ausdruck:

Man träumt, man sei wach, und noch lichterlohen Tags ist uns ein dumpfes Entsetzen so nahe; wir stehen und gehen und tun unsere Arbeit, und der Tag ist so blau, der Tag ist ein Bild wie aus Glas, und wir gehen hindurch, wir pfeifen, wir stoßen nicht dran. . .
Einmal fallen die Wände, die vertrauten, die festen und sichern, lautlos von uns, und draußen die Sonne, sie scheint blind in die Weltnacht, wie ein Mond im luftleeren Raum. (BB, S.80)

Die Wirklichkeit erscheint hier als ein Bild, das der Mensch zwischen sich und das Nichts gestellt hat. Hinter diesem Bild lassen die Träume von Vergängnis und Tod immer wieder das existenzielle Nichts ahnen. Auf dem Umweg über den Traum kommt so wieder die »Gefährdung« in die Tageswirklichkeit zurück, nachdem sich die Menschen bei Frisch durch ihre Lebensentwürfe und Weltanschauungen vor dem Unberechenbaren gesichert meinten. Demnach schließt das Erlebnis der Vergangenheit, Gegenwart und Zukunft im Traum das Erlebnis der Vergänglichkeit mit ein.

Träumen heißt bei Frisch, sich selbst in der Erinnerung, Gegenwart und Erwartung erkennen. Was in der Wirklichkeit nicht möglich ist, gelingt im Traum: Das Erlebnis der Jugend wird den Figuren zur Gegenwart. Da ist in *Bin* jene rostige Tonne, die »am Strande der Erinnerung liegt«, in die Kilian immer wieder hineingucken muß wie einmal vor vielen Jahren in der Jugend. Renée Steffens-Albata bezieht sich in ihrer Besprechung auf diese Tonne als Darstellung der »Grunderfahrung der Zeit«[108]. Nach diesem Bild zu schließen sind

106 Kraft, S. 13.
107 Kraft, S. 17.
108 Renée Steffen-Albata »Darstellung und Tendenz im deutschen Kunstmärchen des zwanzigsten Jahrhunderts«, Diss. Tübingen 1964, S. 167.

selbst die Erinnerungen in unseren Träumen Opfer der Vergänglichkeit. So versteht es zumindest Steffens-Albata: »Die ›Tonne‹ ist wie die ›Rolle‹ ein Gefäß. Der ›Rost‹ ist die Spur der Jahre, die über sie hinwegspülen. Sie ist leer. Sieht Kilian hinein, verwandelt sich Leere in Erinnerung, Wirklichkeit in Gegenwart. Und zugleich bleibt der Rost ein Zeichen der Wirklichkeit: des Verfalls« [109]. Immer wieder verrinnt beim Verweilen über Erinnerungen Kilians Lebenszeit. »Mit dem endlichen ›Ich‹ ist zugleich das ›Bin‹ der Vergänglichkeit anheimgegeben« [110]. Trotzdem gibt Kilian sein Leben darum, um immer wieder im Traume seine Jugend nachzuerleben.

Über ihren Träumen von der Jugend scheinen auch der Rittmeister und seine Frau die Gegenwart zu versäumen. So fragt sich Elvira: »Alles das, warum träume ich es immer wieder? Ich weiß, später wirst du mich im Stiche lassen, du wirst dich wie ein Schuft benehmen. Das alles weiß ich, denn ich habe es ja erlebt. Vor vielen Jahren. Und alles das, es ist vergangen, für immer vergangen, und dennoch hört es nicht auf, daß ich es erlebe« (I, *SC*, S. 41–42). Die Worte »immer wieder«, »später« und »vor vielen Jahren« betonen – wie A. Weise richtig bemerkt – die Allgegenwart von Vergangenheit, Zukunft und Gegenwart im Traum [111]. Daneben wird der Traum auch zur Wiederholung alles Erlebten [112]. Wenn in der bewußten Erinnerung die Vergangenheit aus der Ich-Position in der Gegenwart betrachtet wird, so ist der Träumende das Ich der geträumten Vergangenheit. Darum bringt auch der Traum ungeschwächt das vergangene Erlebnis zurück, während dieses in der wachen Erinnerung durch die Distanz der Jahre getrübt wirkt.

Der »leitmotivische Wachtraum«, von dem Manfred Jurgensen spricht [113], wird bei Frisch zum viel gebrauchten Mittel, um das Erlebnis der Allgegenwart und der Wiederholung darzustellen. Wenn M. Gassmann vom Traum als von einer »Begegnung mit einer tieferen Wahrheit« spricht [114], so wird hierbei fälschlich impliziert, die Tageswirklichkeit wäre »weniger wahr«. Es läßt sich vielmehr annehmen, daß diese Gegenüberstellung von Traum und Wachsein in den Werken

109 Steffens-Albata, S. 168.
110 Steffens-Albata, S. 168.
111 Weise, S. 121.
112 Weise, S. 121.
113 Jurgensen, *Romane*, S. 16.
114 Gassmann, S. 115.

Frischs auf die Gefahr hinweist entweder die »innere« oder die »äußere« Wirklichkeit als alleingültig zu betrachten. Verleugnen wir unsere Träume – in einer Welt des rationalen Denkens – »so sind wir niemals ganz«, meint Kilian (*Bin*, S. 75). Er fährt fort: »Zu lange haben wir den Traum aus uns verstoßen, er lebt ohne uns, wir ohne ihn. So sind wir niemals ganz. Ich weiß nur, unter wirklichen Menschen, unter schöpferischen Völkern ist alles das ganz anders« (*Bin*, S. 75). Erst wenn Traum und Wachsein vereint sind, ergeben sie ein vollständiges Bild der Wirklichkeit.

3. Geschichte

Wenn die Erinnerung vergangene Ereignisse ins Gedächtnis zurückruft, und im Traum vergangene Erlebnisse wieder gegenwärtig werden können, so bietet die Geschichte – als eine Sammlung überpersönlicher Erinnerungen – den Bezug von der Gegenwart zu früheren Zeiten. Eine Nachvollziehung der Geschichte in Vorstellungen und Handlungen ist Wiederholung im ähnlichen Sinne wie Erinnerung (Zurückrufung) und Traum (Nacherleben). Die Geschichte wird zur subjektiven Wahrheit, sobald »ihre Figuren unser Gehirn bevölkern« (I, *CM*, 162) und unsere Entscheidungen ähnlich beeinflussen wie unsere subjektiven Erfahrungen. Die geschichtlichen Wiederholungen sind demnach historisch angeregte »Neuschöpfungen«[115]. Sie sind oft unbewußt, weil jedermann durch geschichtliche Vorbilder geprägt scheint, weshalb der Mensch der Gegenwart – um mit Günter Waldmann zu sprechen – immer ein »ewig Gestriger« bleibt [116].

Immer wieder wird in den Werken Max Frischs auf unvermeidliche »Wiederholungen« hingewiesen, in die der Mensch in seinem individuellen Leben sowie in seiner Menschheitsgeschichte verstrickt ist [117]. Als menschliches Machwerk wird hingegen die geschichtliche »Wiederholung« in der *Chinesischen Mauer* gebrandmarkt. Nachdem es in diesem Stück dem Volk gelungen war, sich vom Tyrannen zu befreien, feiert es jenen Befreier, der es wie der gestürzte Tyrann unterjochen wird. Der Anspruch auf Gegenwart, den die Geschichte in

[115] August Brunner, *Geschichtlichkeit* (Bern: Francke, 1961), S. 107.
[116] Günter Waldmann, »Das Verhängnis der Geschichtlichkeit. Max Frischs *Die Chinesische Mauer*«, *Wirkendes Wort*, 17 (1966), 270.
[117] George W. Radimersky, »Das Konzept der Geschichte in den Dramen Dürrenmatts und Frischs«, *Kentucky Foreign Language Quarterly*, 13 (1966), 202.

diesem Stück macht (in Gestalt von geschichtlichen Machthabern), erscheint in den Worten Mee Lans als Farce entlarvt: »Wir befinden uns... zweitausend Jahre hinter der Wirklichkeit. Und es ist alles nicht wahr, was hier gespielt wird« (I, *CM*, 190–191). Die Wiederholung spiegelt sich im Maskenreigen der geschichtlichen Gestalten sowie in jener Szene, da der »Heutige« das Spiel mit den Worten abbricht: »Wir spielen nicht weiter, weil die ganze Farce... soeben von vorne beginnt« (I, *CM*, 241).

In den Werken wird das Auf und Ab der Geschichte beispielsweise am Niedergang alter Kulturen gezeigt. Im *Homo faber* spricht der Künstler Marcel vom Untergang der weißen Rasse. Nachdem einst eine Kultur der Künstler – der Mayas – vom abendländischen Techniker – dem Homo faber – vernichtet wurde, ist nun die technische Kultur zum Aussterben verurteilt: »Wegen Rückzug der Seele aus sämtlichen zivilisierten Gebieten der Erde« (*Hf*, S. 61). Marcel prophezeit die »unweigerliche Wiederkehr der alten Götter (nach Abwurf der H-Bombe)« (*Hf*, S. 61). Es wird vom »Scheinsieg des abendländischen Technikers« gesprochen, weil dessen ausschließlich technische Ausrichtung den Keim zur Selbstvernichtung in sich trage, da sie den Wunsch nach »Seele« allmählich so stark werden lasse, daß auf die technische Epoche als Gegenreaktion eine mystische folgen müsse. Jede Kultur schafft sich – nach dieser Darstellung – ihre Gegenkultur.

Auch in den geschichtlichen Typen läßt sich die »Wiederholung« erkennen. Immer wieder findet sich bei Frisch ein Intellektueller – sei sein Name Kolumbus oder anders –, der im guten Glauben handelt und doch unwissentlich das Übel unterstützt. Daneben gibt es, wie in den Werken illustriert wird, jenen Intellektuellentyp, der sich aus der Wirklichkeit in den »reinen Geist der Wahrheit« flüchtet, sei es nun ein Oberlehrer (*Nun singen sie wieder*), Pilatus (*Chinesische Mauer*), ein Idealist (*Biedermann und die Brandstifter*) oder ein »Heutiger« (*Chinesische Mauer*). Auch er spielt durch sein Zaudern den Mächtigen in die Hände. Wo immer ein Cäsar geboren wird, dort findet sich auch ein Brutus, der »ganz für das Gemeinwohl sich einsetzende und in seinem Wollen und Tun über alle Zeiten hinweg gleich erfolglose Tyrannenmörder«[118]. Jeder Befreier wird bei Frisch anscheinend zum Tyrannen, denn »wer um frei zu sein, die Macht

---

[118] Waldmann, S. 269.

stürzt«, sagt der Präsident zum Staatsanwalt in *Graf Öderland*, »übernimmt das Gegenteil der Freiheit, die Macht« (I, *GÖ*, 390). Die Sinnlosigkeit, den Lauf der Geschichte ändern zu wollen, drückt sich im Aufschrei des Staatsanwaltes aus: »Ich will nicht die Macht! Ich möchte leben!« (I, *GÖ*, 389).

Wie sich die Fehler der Völker wiederholen, so auch die Verhaltensformen in den einzelnen Generationen. In *Nun singen sie wieder* wird der biblische Grundsatz verdeutlicht, daß sich die Fehler der Eltern in den Kindern wiederholen werden, da die Menschheit offenbar aus den Erfahrungen der Vergangenheit ebensowenig lernen kann wie der einzelne aus den eigenen Erfahrungen; er deutet sie immer im Rahmen seines Selbstbildnisses. Es heißt in diesem Stück: »Überall dort, wo sich niemand mehr selber an diesen Krieg erinnern kann, dort fängt das Leben wieder an! ... Oder der nächste Krieg. ... Weil sich niemand mehr selber daran erinnern kann« (I, *Nun*, 115). So sagt auch Jenny, die Kriegerwitwe, zu ihrem Sohn: »Du sollst ein Mann werden wie er. ... Du, sein Sohn, du wirst es weiterführen« (I, *Nun*, 146). In *Santa Cruz* wieder spricht Viola, das Kind Elviras und Pelegrins, dasselbe aus, wenn sie sagt: »Ich bin aus deinem Blute das Kind, Viola, die alles von neuem erfährt, die alles noch einmal beginnt« (I, *SC*, 84).

Wie die *Chinesische Mauer* sind auch *Andorra* und *Biedermann* Beispiele für die Unbelehrbarkeit des Menschen. Die Fehler der einen Generation scheinen sich auch zwangsläufig in der nächsten Generation zu wiederholen, weil sich im Grunde die Situation nicht geändert hat. »Wir waren jung wie du«, erzählt die Senora Andri, »und wir verachteten die Welt... und wollten eine andere Welt. Wir wollten keine Angst haben vor den Leuten. ... Als wir sahen, daß wir die Angst nur verschwiegen, haßten wir einander. ... Unsere andere Welt dauerte nicht lange. Wir kehrten über die Grenze zurück, wo wir herkamen, als wir jung waren, wie du« (II, *And.*, 268).

Die anscheinend gegenwartslosen Figuren in den Werken Max Frischs versuchen immer wieder, ohne Geschichte zu leben. Sie streben nach Geschichtslosigkeit, indem sie das Kind, die Vergängnis und ihr eigenes Altern verleugnen. Hinkelmann, Reinhart und Faber widersetzen sich der »Wiederholung« durch das Kind. Der Kaiser Hwang Ti möchte wie jeder Machthaber die Zeit zum Stillstand bringen, um nie die Macht an die folgende Generation abgeben zu müssen. Dagegen lehnen sich Don Juan und Stiller gegen eine Festlegung ihrer Persönlichkeit auf ein Ich der Vergangenheit auf.

In den Werken Frischs zeichnet sich ein negatives Bild der Geschichte ab. Die Hilflosigkeit des einzelnen den geschichtlichen Ereignissen gegenüber zeigt sich in den *Blättern*. »Wie schemenhaft bleibt mir alle Geschichte«, gibt der Erzähler zu und illustriert am Beispiel der Holzbündel, die über ein Drahtseil vom Berg herabgelassen werden, wie der Mensch marionettenhaft von den äußeren Ereignissen gelenkt wird: »Gelegentlich kommt es allerdings vor, daß eines in der Schwebe hängen bleibt, ... bis sie es mit einem folgenden wieder befreien wollen, einmal ... stürzen beide ins Tal hinunter, vollkommen lautlos, und das Seil hängt wieder leer und unsichtbar über der Schlucht« (*BB*, S. 32–33). Manfred Jurgensen sieht hier eine Identifikation des Autors mit dem geschichtlichen Geschehen, der sich gleichzeitig als willkürliches Spielzeug der Zeit fühlt [119]. Gerade deshalb scheint – nach der Meinung H. Bänzingers – der Nächste wieder als Kamerad in der Zeit zu zählen [120]. Hierzu ließe sich einwenden, daß in den Aufzeichnungen wohl die Anonymität aller Menschen vor der »Geschichte« betont wird, doch gleichzeitig darauf hingewiesen wird, daß in persönlichen Erlebnissen, vor allem im Sterben, der einzelne nur auf sich allein gestellt ist.

Immer wird in den Werken die Existenzerfahrung des einzelnen den geschichtlichen Ereignissen der Gegenwart und Vergangenheit gegenübergestellt. Während in den früheren Werken Frischs noch eher von der »Bewährung an der Zeit« die Rede ist, sowie von der Erkenntnis, daß es keinen »Urlaub von der Zeit« gäbe – das heißt, daß man sich seiner persönlichen Verantwortung nicht entziehen dürfe – tritt später immer mehr die Auflehnung gegen die Sinnlosigkeit der geschichtlichen Wiederholung in den Vordergrund. So appelliert in der *Chinesischen Mauer* der »Heutige« noch an das Verantwortungsgefühl der Machthaber, auch wenn die Farce unverändert weitergeht. Später wird der einzelne in den Figuren Graf Öderland, Biedermann, die Senora und Andri entweder zum Opfer in der Masse oder zum »Mitmacher«.

Jede Geschichte erhält ihre Deutung im Rückblick, wie dies in *Biografie* und auch aus der Stillerschen Zeitkritik an der Schweiz

119 Jurgensen, *Romane*, S. 13.
120 Hans Bänzinger, *Frisch und Dürrenmatt* (Bern: Francke, 1967), S. 42.

hervortritt. Wenn ein Volk oder ein Mensch sich ein Bildnis von der Geschichte gemacht hat und sich dieses zum Vorbild nimmt, so muß, nach der Darstellung in den Werken, die Zukunft zum Klischee eines geschichtlichen Vorurteils werden.

Eine große Rolle spielt in derartigen Betrachtungen bei Frisch die Ohnmacht des Intellektuellen. Für ihn gilt, daß er wohl die Einsicht hat, die Wahrheit zu erkennen, doch liegt ihm mehr an der Idee als am Handeln. In den *Blättern* überwiegt seitens des Erzählers beispielsweise die Resignation und die Erkenntnis, daß die Masse ihr Schuldgefühl in der Suche nach Sündenböcken erschöpfen werde, statt sich zu bessern (*BB*, S. 36). Kilian gibt sich genauso wie der Lehrer im Kriegsstück, *Nun singen sie wieder*, zum Diener der Macht her. Auch in *Santa Cruz* bleibt Pedro, der Dichter, der »ewig Gefesselte«. Der »Heutige« in der *Chinesischen Mauer* ist am Ende der »Stumme« und Hofnarr. Horst, der intellektuell Geschulte, kann in *Als der Krieg zu Ende war* die Vorurteile der Machthaber nicht durchschauen. Aber auch Graf Öderland wird unfreiwillig zum Machthaber, und Don Juan entflieht der Verantwortung und sucht seine Zuflucht in der Wissenschaft. Hierin gleicht er Hinkelmann und Faber. Trotz seiner Kritik an der Schweiz ändert Stiller nichts an den Begebenheiten. Aus Angst vor der Aufdeckung seiner Blindenrolle verstummt Gantenbein vor der Rechtsmacht und wird dabei mitschuldig an der Fortsetzung aller Ungerechtigkeiten. Kürmann ändert seinen politischen Standpunkt nicht aus besserer Einsicht, sondern um seine Biographie zu variieren. Er vertritt jenen Typ des Intellektuellen, der, welcher Gesinnung er auch sein mag, eigentlich immer tatenlos zusehen wird und dadurch das herrschende Regime unterstützt [121]. Als Ideologe ist der Intellektuelle, wie im Stück *Biedermann*, immer der Letzte, der eingreift, und wird deswegen immer sehr fragwürdig. Der Chor kommentiert hierzu:

---

[121] »The revision intended to prove a drastic change in his attitude reveals the very opposite; it illustrates that Kürmann repeats a pattern prefigured in the first version of his life. In 1960 he went on an excursion with Antoinette instead of participating in the election of a university rector. The favored candidate was known to him to have been a notorious Nazi. In both versions he demonstrates what Krolevsky really has in mind: despite the critical view which Kürmann takes of political convictions and practices, he can be counted on to perpetuate through his actions or omissions, the very things he condemns.« Brigitte L. Bradley, »Max Frisch's *Biografie: Ein Spiel*«, German *Quarterly*, 44 (1971), 217.

Einer mit Brille.
. . . .
Nimmermehr hoffend, es komme das Gute
Aus Gutmütigkeit,
Sondern entschlossen zu jedweder Tat,
Nämlich es heiligt die Mittel (so hofft er) der Zweck,
. . . .
Hoffend auch er ... bieder-unbieder.
Sieht er in Fässern voll Brennstoff
Nicht Brennstoff –
Er nämlich sieht die Idee!
Bis es brennt. (II, *B*, 135)

In den Werken Frischs sind die Menschen weder durch Wahrheits-
suche noch durch Machtergreifung von der »Wiederholung« der
Geschichte erlösbar, sondern allein aus der Liebe und dem Glauben an
das Gute. Diese Einstellung findet sich in den Gestalten Romeo und
Julia unter den historischen Figuren sowie Mee Lan in der *Chinesischen Mauer* verkörpert und vor allem im alten Mönch in *Nun singen
sie wieder* vorgeführt [122]. Dieser dient nur seinem Glauben und der
Liebe zum Nächsten, ohne zu verurteilen.

Die Bewährung des einzelnen im geschichtlichen Geschehen wird in
den Werken Frischs als ein »der-Zeit-Standhalten« verstanden. Es
gilt also, die innere Paradoxie des menschlichen Daseins anzunehmen
und damit auch die der Geschichtlichkeit, und dabei so in der Gegenwart zu sein, wie es in den Werken Frischs nur den Figuren im
Zustand der Liebe gelingt.

4. Mythos

Geschichte und Mythos stellen in den Werken Frischs ein kulturelles
Erbe dar, mit dem sich die Menschen der Gegenwart in ihrer Einstellung zur Vergangenheit auseinandersetzen müssen, um den Einfluß
vergangener Generationen auf ihr heutiges Denken kritisch werten zu
können. Aus dieser Sicht sind auch die Mythen wie die Geschichte
Bestandteil einer außerpersönlichen Erinnerung. Während geschichtliche Erinnerungen auf ein bestimmtes Ereignis in der Vergangenheit
zurückführbar sind, ist es ein Hauptmerkmal der Mythen, daß sie
trotz bisweiligen Zusammenhanges mit tatsächlichen Geschehnissen im
Grunde zeitlos und übergeschichtlich sind. Die Mythenbildung entspricht einem inneren Verlangen des Menschen, zumindest im Geiste
die ihm gesetzten physischen und psychischen Schranken zu überwin-

122 Vgl. auch *Bin.*

den. So schreibt A. Brunner in seiner Studie der Geschichtlichkeit:
»Die Sehnsucht, sich über die gewöhnlichen Schranken des Alltags,
über seine Gefahren und seine drückende Last und Enge zu erheben,
schafft in ... vielen Mythen und Märchen ein Wunschbild [123].«

In den Werken Frischs wird zwischen wirklichem Schicksal (wie
Fabers Tod) und jenen Ereignissen unterschieden, wo es sich um offen-
bares menschliches Selbstverschulden handelt, wie etwa die »Wiederholung« der Geschichte in der *Chinesischen Mauer*. Ein Hinweis auf
den letztgenannten Fall findet sich im *Biedermann*, wenn Chor und
Chorführer im Wechselgespräch dozieren:

Chorführer: Feuergefährlich ist viel,
　　　　　　Aber nicht alles, was feuert, ist Schicksal,
　　　　　　Unabwendbares.
　　　Chor: Anderes nämlich, Schicksal genannt,
　　　　　　Daß du nicht fragest, wie's kommt,
　　　　　　Städtevernichtendes auch, Ungeheures,
　　　　　　Ist Unfug,
Chorführer: Menschlicher,
　　　Chor: Allzumenschlicher,
Chorführer: Tilgend das sterbliche Bürgergeschlecht.
　　　Chor: Viel kann vermeiden Vernunft.
　　　　　　. . . . .
　　　　　　Nimmer verdient,
　　　　　　Schicksal zu heißen, bloß weil er geschehen:
　　　　　　Der Blödsinn,
　　　　　　Der nimmerzulöschende einst!
　　　　　　　　　　　　　　　　(II, B, 89–90)

Oft wird in den Werken der Versuch gemacht, Ereigniszusammen-
hänge zu »entmythologisieren«. Schon in den *Blättern* wird zum
Schicksalsbegriff bei den Göttern Homers bemerkt: »Wie dankbar
sind sie doch um den neidlichen Vorwand, der sie ... vor sich selber
entschuldigt« (*BB*, S. 56). Selbst im Falle Walter Fabers, der im
zwanzigsten Jahrhundert durch seine Schuldverstrickung seinen klassischen Vorbildern ähnelt, sind zahlreiche Vorfälle selbstverschuldet.
Seine Schuld paßt zu ihm wie sein Beruf – um mit Hanna zu sprechen – und wie sein ganzes Leben (*Hf*, S. 212). Für Faber wird sein
mechanistisches Weltbild, das ihn von den menschlichen Gefühlen entfremdet, zum Schicksal.

Kürmann versteht hingegen sein Leben nur als eine Kette von
Zufällen, versucht aber dann durch die Manipulation einiger »Zu-

---

[123] Brunner, S. 33.

fälle« seine Biographie zu ändern. Wie Faber behandelt auch er das
Leben als eine mathematische Gleichung und wird in der Folge von
den Geschehnissen widerlegt. Bedeutungsvoll ist auch, daß Kürmann
wie Faber an Magenkrebs stirbt. »In zehn Jahren vielleicht, wer
weiß, oder schon in einem Jahr gibt es ein Heilmittel, aber jetzt ist es
noch Schicksal«, vermerkt der Registrator (*Bio.*, S. 107). Schicksal sei
in unserer Zeit, was im Moment nicht geändert werden kann, schreibt
Brigitte Bradley [124]. Es sei »a form of relative inescapability tied to
the historical moment, rather than a form of absolute necessity« [125].
Schicksal ist in *Homo faber* und *Biografie* (in den anderen Werken
bemüht sich Frisch eher um die Widerlegung des herkömmlichen
Schicksalsbegriffes) nicht länger – wie in der Auffassung der Antike –
Vorbestimmung, sondern eine Wendung der Dinge von einem Moment zum anderen, wie es im Krankheitsbild des Krebses angedeutet scheint.

Während Faber und Kürmann Opfer des schicksalhaften »Zufalls« werden, wird andernorts die Mythologie entkräftet oder
widerlegt. Im *Don Juan* bietet der Titelheld die Schicksalslegende
von seiner Höllenfahrt einem Vertreter der Kirche für eine Pension
an. Dem Nationalmythos der Schweizer wird dagegen im *Wilhelm
Tell für die Schule*, einem Geschichtsbuch im Konjunktiv, die Histori-
zität entzogen. Frisch sucht in seinen Werken das menschliche Versagen und Vorurteil hinter nationalen und rassischen Vorstellungen.
Im *Gantenbein* wird dem mythologischen Todesboten Hermes der
mythosfremde Altersprozeß Enderlins gegenübergestellt. Demnach
wird in den Werken Frischs nicht länger die billige Ausflucht in den
Mythos als Erklärung von Katastrophen erlaubt. Durch ihre Handlungen werden sich nämlich die Figuren Frischs selbst und den Mitmenschen zum Schicksal. Mythos wird also in einem sehr losen Sinne
gebraucht, als Konvention mehr als ein integraler Bestandteil des
Kunstwerks.

124 Bradley, S. 215.
125 Bradley, S. 215.

Kapitel III

DAS ZEITPROBLEM: FOLGEN DES ZEITERLEBNISSES

A. Entfremdung von der Zeit

Die Gestalten Frischs bedrückt das Erlebnis der Zeit, sei es, daß sie die Einschränkung ihrer Phantasiewelt durch die konkrete Gegenwart ablehnen oder sei es, daß sie das Leben in der »Dauer« unerträglich finden: ihre Reaktion auf das Erlebnis der Zeit ist der Versuch, der Selbstkonfrontation und dem Erlebnis der Gegenwart durch Ablenkungen zu entfliehen und sich dergestalt bewußt von der Zeit zu entfremden.

1. »Leere Zeit«

Oft sehen die Figuren Frischs im Rückblick ihr vergangenes Leben als leer und ereignislos. »Da Frischs Gestalten vor dem fordernden Anspruch eines jeden gegenwärtigen Ereignisses in vage Träume und Sehnsüchte fliehen, ruht ihr Rückblick stets auf einer nie gelebten und versäumten Vergangenheit«, meint Wintsch-Spieß [126]. Gleiches läßt sich über die Gegenwart sagen. Sie dünkt den Figuren monoton und erlebnisleer, weil ihre Gedanken andernorts weilen. Vor allem leiden die männlichen Figuren an dieser Erlebnisleere, weil sie mehr in ihren Phantasievorstellungen als in der Wirklichkeit leben.

Am Vergleich zwischen Mann und Frau wird die unterschiedliche Einstellung zur Gegenwart erkennbar. »Sie ist ja eine Frau«, heißt es in *Antwort aus der Stille*, »sie lebt nicht in Gedanken, sondern in Zuständen« (*Ant.*, S. 30). In den *Schwierigen* wird an den Kindern Annemarie und Hanswalter die Fortführung der elterlichen Veranlagung illustriert. Das Mädchen zeigt sich dort als »ganz Gegenwart«, während der Junge »nur die Zukunft im Sinne hatte« (*Schw.*, S. 294). Hanna ist in ihrer praktischen Gegenwärtigkeit ein Gegenentwurf zu Walter Faber. Lila im Roman *Gantenbein* fühlt sich mit der

---

126 Wintsch-Spieß, S. 19.

Welt der Gegenwart eins, während Gantenbein eine Rolle zwischen sich und der Wirklichkeit braucht. Andri wieder denkt immer an die Zukunft und vergißt darüber seine Liebe zu Bärblin. Dagegen verschanzt sich Stiller vor der Liebe Sibylles hinter Selbstmitleid und der quälenden Erinnerung an vergangene Versager. Antoinette vermag im Stück *Biografie* mit einer einzigen Handlung ihre Biographie zu ändern, weil sie sich nicht von der Vergangenheit beeinflussen läßt, während Kürmann trotz komplizierter Varianten in diesem Versuch erfolglos bleibt. Die Frauen sind bei Frisch also gegenwärtiger und stehen mehr im Einklang mit der Zeit, weshalb sie auch weniger der Flucht aus der Gegenwart bedürfen als ihre männlichen Protagonisten.

Daneben wird in anderen Gegenüberstellungen das individuelle Zeiterlebnis zweier Menschen kontrastiert. Reinhart und Hinkelmann vertreten so in den *Schwierigen* zwei verschiedene Formen des Gegenwartserlebnisses. In *Santa Cruz* begegnen sich in Pelegrin und dem Rittmeister die verschiedenen Aspekte einer Figur. Kilian und Bin entsprechen in ihrem Zeiterlebnis dem Erlebnis des Alltags und des Traums. Don Juan und Miranda repräsentieren wieder leere und erfüllte Zeit. In *Graf Öderland* werden kontrastierende Gegenwartseinstellungen nicht wie zuvor im Nebeneinander von zwei Figuren, sondern nacheinander in einer Gestalt vorgeführt. Faber und Marcel dagegen sind Repräsentanten der technischen bzw. der künstlerischen Gegenwartseinstellung. In allen diesen Beispielen findet sich das Erlebnis der »leeren« mit der »erfüllten« Zeit verglichen, wobei die erste das Ergebnis der Entfremdung von der Gegenwart, die zweite ein gegenwartsnahes Dasein darstellt.

Der Eindruck »erfüllter« Zeit kann sich in den Werken Frischs unter dem Einfluß der Gewöhnung in das Gefühl »leerer« Zeit verwandeln. Dem Erzähler in den *Blättern* versinkt beispielsweise das anfänglich gepriesene überhöhte Gegenwartserlebnis im »gefährdeten Dasein« schon nach kurzem in erlebnisloser Monotonie und Zeitleere. Fünf Ausschnitte – angeführt in der chronologischen Reihenfolge im Werk – illustrieren jenen progressiven Wandel im Erlebnis der Gegenwart:

> Und wieder zirpen die Grillen, wie damals am ersten Abend. Man glaubt einfach nicht, daß es noch keine Woche ist. Jede Nacht hören wir dieses spröde Schwirren, dieses Zirpen draußen über den Feldern und Sümpfen, wo die milchmatten Herbstnebeln schwimmen, und dann starren die Sterne, droben im klaren Raum, lautlos und gläsern über einer leidenschaftlich lärmenden Nacht. (*BB*, S. 22)

Schon jetzt, nach drei Wochen, wird der Besuch in den Wirtschaften spärlicher. Drei Wochen, das wäre ein Wiederholungskurs. (*BB*, S. 46)

Auch daran gewöhnt man sich, daß es überhaupt noch eine Zeit gibt – wir greifen ans Kinn, wir spüren es nur noch an unseren Bärten (*BB*, S. 46)

Das Eigentliche aber, das Mühsame ist das Ereignislose. (*BB*, S. 62)

Heute ist es übrigens ein Monat. Mindestens eines ist erreicht: wir zählen die Tage nicht mehr. Auch die Wochen nicht. (*BB*, S. 66)

Es ist als wären wir auf einem endlosen Marsch, Tag für Tag, und unser inneres Ziel rückt ferner, je länger wir gehen, immer ferner als wolle es uns einst, als Überraschung und Schreck von rückwärts einholen. (*BB*, S. 66)

Die erste Woche im Militärdienst prägt sich dem Bewußtsein als ungleich länger ein als vergleichsweise eine durchschnittliche Woche im bürgerlichen Alltag, weil sie mehr Erlebnisse beinhaltet. Es ist anzunehmen, daß diese Woche im Rückblick kürzer erscheinen wird, da sie »kurzweilig« verging.

Am anderen Ende der Skala des Zeiterlebnisses steht die vollständige Abstumpfung gegen alle Ereignisse. Die Zeit vergeht auch hier langsam – so langsam in der Tat, daß sie stillzustehen scheint –, da die äußere Ereignislosigkeit die Gegenwart leer und schleppend macht. In beiden Fällen dürfte jedoch weniger entscheidend sein, was tatsächlich geschieht, sondern welche Einstellung die Erzählerfigur zur Umwelt bezieht.

Im ersten Fall ist die Haltung des Erzählers erwartungsvoll und aufnahmebereit. Seine Sinne sind daher für äußere Eindrücke geschärft, und er überträgt seine Gefühle auf die Natur, weswegen ihm auch die Gegenwart »belebt« erscheint. Alles ist neu und daher eindrucksvoll, und der Zeitsinn wird durch den Wechsel von verschiedenen Eindrücken geschärft. Nach einiger Zeit verliert das Neue der Situation seine Attraktion für den Beobachter und wird zur Monotonie. Beachtet muß hierbei werden, daß sich nicht so sehr die äußeren Umstände geändert haben, als daß vielmehr die Gewöhnung alles verflachen läßt. Im ersten Zitat werden die zahlreichen Eindrücke gegen den ruhigen Lauf der Gestirne abgehoben, und die »leidenschaftlich lärmende Natur« wird mit den distanzierten Sternen, »die droben im klaren Raum starren« kontrastiert [127].

Die anfangs neue Situation ist nach kurzer Zeit so gewohnt, daß es bald keine Handlung mehr gibt, die nicht einem »Wiederholungskurs« gleichkäme. Der innere Zeitsinn ist bereits derart eingeschläfert, daß nur mehr an Hand äußerer Dinge, wie dem Bartwuchs, der

---

[127] Starren: starr stehen oder auch unbeteiligt und starr zusehen.

Zeitablauf konstatiert werden kann. Demzufolge wechselt die Blick-
richtung vom inneren Zeiterlebnis zur Zeitbeobachtung an äußeren
Phänomenen. Die lineare Chronologie des äußeren Zeitablaufes wird
in der monotonen Wiederholung von äußeren Handlungen als zyklisch
empfunden, weil alles als ewige Wiederkehr des Gleichen wirkt.
Bemerkenswert ist, daß sich im Zusammenhang mit diesen Zeiterlebnissen in den Aufzeichnungen mehrmals Beschreibungen des Dorf-
idioten finden, der die Soldaten beim Dienst nachahmt und ihnen
dieserart ein Spiegelbild der sinnlosen Leere ihres Gegenwartsdaseins
vorhält.

Das Gefühl der Monotonie und inneren Leere kann auch als typische Reaktion auf eine Periode überhöhter Erlebnisfähigkeit verstanden werden, d. h. als Erschöpfung der »seelischen Spannkraft«, wie
es an anderer Stelle heißt [128].

Bei Reinhart in den *Schwierigen* stellt sich dieses Gefühl der inneren Leere in Zeiten des Selbstzweifels ein, die jedesmal unweigerlich
auf ekstatische Schaffensperioden folgen. »Unlustig zur Arbeit, die
ihm wellenweise immer wieder als Ganzes fragwürdig wurde«, sucht
er sich eine Ablenkung, die »ihm zugleich eine peinigende Leere der
eigenen Zeit ausfüllte« (*Schw.*, S. 111). Auch das Ende des Zusam-
menlebens von Yvonne und Reinhart kündigt sich in »einer gewissen
Leere, die zwischen den beiden gedieh« (*Schw.*, S. 113) an.

Kilian empfindet sein Alltagsleben verglichen mit den Traumerlebnissen als schal und leer. Obwohl »in den letzten Jahren so viel
geschehen« ist, dünkt es ihm in der Gegenwart Bins plötzlich, »als
wäre überhaupt nichts geschehen« (*Bin*, S. 20). Die Anwesenheit Bins
schafft ein neues Wertsystem, vor dem nur besteht, was der Selbstverwirklichung dient.

Auch auf anderen Figuren lastet die endlose Leere der Zeit. Der
Rittmeister fühlt diese Zeitleere, weil er in Gedanken nicht in der
Gegenwart, sondern bei seinen Sehnsüchten ist. »Was erlebt unser-
einer in einer Woche?« fragt er sich. »Die Tage werden kürzer,
Pflichten wie Schnee« (I, *SC*, 20). Die erfüllte Zeit scheint für die
Figuren immer dort zu winken, wo ihre Wünsche und Gedanken
weilen.

---

[128] Manfred Frank beobachtet eine ähnliche Reaktion im Zeiterlebnis der romantischen Dichtung und sieht darin »eine Auflösung durch den Zeitkonsum«: »In
der Gleichgültigkeit ist kein Strom; weder Vergangenheit, noch Zukunft, auch
keine Gegenwart.« S. 284.

Während des Rittmeisters Leben unter »Pflichten wie Schnee« erstarrt, und der Staatsanwalt in *Graf Öderland* das wirkliche Leben unvereinbar mit den erstarrenden leeren Wintern Öderlands findet, spricht der »Heutige« in der *Chinesischen Mauer* vom »Wärmetod der Welt« als einer anderen endlosen erlebnisleeren Zeit. »Das ist das Ende: das Endlose ohne Veränderung« (I, *CM*, 234). Das Erlebnis wird hier als Entropie der Seele verstanden, die erlebnisleere Zeit entspricht damit der Aufhebung des Energiegefälles – der Unveränderlichkeit.

Die Gestalten Frischs scheinen das Erlebnis von außen her zu erwarten und demgemäß Erlebnislosigkeit und Zeitleere mit Ereignislosigkeit gleichzusetzen. Doch selbst die Abwechslung wird ihnen zur Monotonie. Wenn der Erzähler in den *Blättern* feststellt, das »Eigentliche aber, das Mühsame ist das Ereignislose« *(BB,* S. 62), so bezeugt er damit, wie sehr er sich in seiner Erlebnisfähigkeit von der Umwelt abhängig fühlt und des äußeren Anreizes bedarf, um die innere Leere auszufüllen.

Für Don Juan wie auch für Walter Faber bleiben Ereignisse nur kurzlebige Impressionen. Ohne Abwechslung stellt sich bei ihnen unweigerlich Langeweile ein. Auch im Roman *Stiller* wird die Zeitleere beschrieben, wenn beispielsweise Stiller vor seiner leeren Gegenwart in die Erwartung ausweicht oder Julika im Sanatorium ganz der eigenen Langeweile ausgeliefert ist. »Vielleicht war es die echteste Art von Not, deren Julika jemals fähig war, diese unsägliche Langeweile, wenn man wirklich nicht weiß, wohin mit der nächsten Stunde, dieser höllische Geschmack von Ewigkeit, wo man nicht über das Zeitliche hinaussieht« (*St.,* S. 168). Es ist augenfällig, daß ihre Langeweile mit der Erkenntnis zusammenfällt, daß ihr die früher fanatisch geliebte »Tanzerei« nichts mehr bedeutet, und sie dem einmal aufgegebenen Beruf keine gleichwertige und selbstbefriedigende Beschäftigung entgegenzusetzen hat. Auch das Erzähler-Ich in *Gantenbein* fühlt sich angesichts der Wirklichkeit seines Lebens gelangweilt: »Die Welt erinnert sich mit Vorliebe an meine Taten«, vermerkt der Erzähler, die mich eigentlich bloß langweilen. ... Nur als unvergeßbare Zukunft, selbst wenn ich sie in die Vergangenheit verlege als Erfindung, als Hirngespinst, langweilt mein Leben mich nicht« (*Gant.,* S. 89). Die Wirklichkeit langweilt die Figuren Frischs oft, während sie versuchen, in Erwartungen, Hirngespinsten und Erinnerungen dem Gefühl der inneren Leere zu entkommen. Ein Verharren im Zustand der Dauer ist den gegenwartsfremden Figuren diesem Gefühl der Zeitleere wegen vergällt. Ihr Leben ist in diesem Zusammenhang nicht als »wirklich« ansprechbar, denn dieses wäre – laut Brigitte Weidmann – »ein Leben, in welchem die Augenblicke erfüllt sind und organisch auseinanderwachsen«[129].

Was in den Werken Frischs so häufig als monotoner Alltag angeprangert wird, läßt sich zumindest teilweise auf die Zeitentfremdung der Gestalten zurückführen. Solange sie offenbar das Erlebnis in der Abwechslung suchen, dergestalt Episode mit Erlebnis verwechselnd, empfinden sie ihr Leben trotz aller Abwechslung als leer.

2. »Verdünnte Zeit«

Während das Gefühl der »leeren Zeit« sich immer mit Langeweile und Unbefriedigung verbindet, tritt das Phänomen der »verdünnten Zeit« im Zusammenhang mit hektischer Betriebsamkeit, Reisen und scheinbar erfüllender Berufstätigkeit auf. Das Zeiterlebnis der Gegenwart wird hierbei durch Tätigkeit umgangen, und an die Stelle des Erlebnisses tritt die Tätigkeit, um – in Hannas Worten – die »Zeit zu verdünnen«. »Diskussion mit Hanna!« notiert Walter Faber, »– ... über Technik (laut Hanna) als Kniff, die Welt so einzurichten, daß wir sie nicht erleben müssen. ... Technik als Kniff, die Welt als Widerstand aus der Welt zu schaffen, beziehungsweise durch Tempo zu verdünnen, damit wir sie nicht erleben müssen« (*Hf*, S. 211)[130]. Mehr als jeder anderen Frisch-Figur dürfte es Walter Faber im Rahmen seiner Berufstätigkeit – technischer Berater für die Unesco – gelingen, eine Vielzahl von technischen Einrichtungen und Berufsreisen zwischen sich und dem Erlebnis der Gegenwart aufzubauen. »Faber führt sein Leben als Ingenieur im Flugzeug«, stellt Gerhard Kaiser fest, »und dieser Sachverhalt hat eine tiefere Bedeutung für sein

---

129 Brigitte Weidmann, »Wirklichkeit und Erinnerung in Max Frischs *Homo faber*«, *Schweizer Monatshefte*, 44 (1964), 456.

130 Vgl. hierzu auch Brunner, der die »Flucht in das Äußere« als typisch für den gegenwartslosen Menschen, so zum Beispiel den Techniker, betrachtet:
„Da dieses [das Äußerliche] aber auch an sich keine Gegenwärtigkeit besitzt und dann auch keine Beruhigung bringt, muß dauernde Abwechslung und immer größere Geschwindigkeit ohne ein Verweilen in der Gegenwart die Tiefe und Geistigkeit ersetzen. ... Die Abwechslung bringt aber nichts Neues, sondern nur anderes; da das bloß Äußerliche keine Erfüllung gewähren kann, die nur aus mächtigem Selbstsein erfließt, so entsteht ein Wirbel ohne Ende, der dem wahrhaft Geistigem im Wege steht.« S. 108.

Daseinsgefühl«[131]. Faber erlebt die Gegenwart nicht mehr als ein Ineinander von Erinnerungen, Eindrücken und Ahnungen, sondern verdünnt durch die Geschwindigkeit als ein unzusammenhängendes Nacheinander. Hans Geulen erläutert Fabers Gefühl der Geschwindigkeit:

Sein Beruf, vergegenwärtigen wir uns auch das, besteht, abgesehen von seiner eigentlichen Berufsarbeit an Ort und Stelle, aus Hin- und Wiederreisen. Das, was sich ihm aufdrängt und schließlich zur Gewohnheit wird, ist die Geschwindigkeit, d. h. die selbstverständliche Tatsache, daß riesige Areale Land und Wasser für ihn zusammenschrumpfen, daß er binnen weniger Stunden aus dem einen Klimabereich in den anderen gelangt, daß sich die gegensätzlichsten Erscheinungen von Welt als ein Nacheinander aufdrängen und nicht mehr als ein gestalthaft miteinander Verbundenes empfunden werden, sondern als bloße Addition von Tatsachen, deren Vorhandensein erklärbar und deren Funktionszusammenhang absehbar ist [132].

Fabers Beruf ermöglicht ihm, wonach sich schon der Erzähler in den *Blättern* sehnte: »Wandern und nicht verweilen, wandern von Stadt zu Stadt, von Ziel zu Ziel, von Mensch zu Mensch... von Abschied zu Abschied« (*BB*, S. 27). Er kann ein bindungsloses Dasein führen, das ein ständiges Unterwegssein gestattet.

Wo Faber zum Warten gezwungen ist, beispielsweise beim Umsteigen von einem Verkehrsmittel zum nächsten, kommt ihm die Beschäftigung mit der Technik gelegen, um sich die Wartezeit zu verkürzen oder zu »verdünnen«. Bei Abschieden denkt er mehr an seine Kamera als an den anderen Menschen, den er verläßt, denn wo andere vor einem Anblick stillstehen und »erleben«, zieht er es vor zu filmen. Sein Tätigkeitsdrang in Wartezeiten ist panisch. Wenn sich aber keine mechanische Tätigkeit finden läßt, bleibt ihm noch immer das Schachspiel, das Bier und der Gin.

Auf ähnliche Möglichkeiten, sich das Zeiterlebnis zu verdünnen, verfallen auch andere Frisch-Gestalten. Balz flüchtet aus der bedrückend fühlbaren Zeit – »es ist als könnte man sie hören, wie sie von den Bäumen tropft, in lauter Augenblicken zertropft« (*Ant.*, S. 53) – in die »männliche Tat«. Kilians Freizeit wird durch Gespräche mit Freunden ausgefüllt, an denen ihm eigentlich nichts liegt, und des Rittmeisters Tage werden über Pflichten verbracht. Auch Reinhart sucht eine Büroanstellung als Alibi für sein sonst unbefriedigendes Leben.

---

[131] Gerhard Kaiser, »Max Frischs *Homo faber*«, in *Max Frisch – Beiträge zu einer Wirkungsgeschichte*, hrsg. v. Albrecht Schau (Freiburg i. Br.: E. Becksmann, 1971), S. 82.
[132] Geulen, S. 39.

Ein beliebter Zeitvertreib ist daneben für die Helden Frischs das Schachspiel, da es wie keine andere Tätigkeit geschaffen ist, von sich selbst, der Zeit und anderen Menschen abzulenken und sich nur auf ein fiktives Problem zu konzentrieren. Im Schach sagen sie dem Zeiterlebnis den Krieg an, zumindest wird es von ihnen vorzüglich zu diesem Zwecke benützt, wie auch Walter Faber eingesteht: »Ich schätze das Schach, weil man stundenlang nichts zu reden braucht. Man braucht nicht einmal zu hören, wenn der andere redet. Man blickt auf das Brett, und es ist keineswegs unhöflich, wenn man kein Bedürfnis nach persönlicher Bekanntschaft zeigt, sondern mit ganzem Ernst bei der Sache ist« (*Hf*, S. 27). Die Zeit kann beim Schachspiel erfolgreich ausgeschaltet werden, denn das Bewußtsein ist bereits von den fiktiven Problemen besetzt. Stillstehende, »verdichtete Zeit« ist den Figuren Frischs qualvoll, weshalb auch die jungen Flieger zwischen den Einsätzen Schach spielen (*Nun singen sie wieder);* daneben wehren auch Don Juan, Stiller, Gantenbein und Kürmann durch das Schachspiel den Einbruch des Zeiterlebnisses in ihr Bewußtsein ab.

Auf Reisen empfinden die Frisch-Figuren die Zeit weniger bedrückend. Je rascher die Stationen wechseln, desto dünner wird für sie das Zeiterlebnis. Erst in der erzwungenen Ruhe entkommen sie nicht länger ihrer Furcht vor dem Zeitablauf, wie am Beispiel von Stiller, Faber und Kürmann gezeigt wird. Eine ähnlich selbstbesinnende Wirkung dürften auch Schiffsreisen besitzen, da das Reisetempo mehr dem natürlichen Zeitablauf entspricht als während Flugreisen. Auf dem Schiff kann sich Faber dem Erlebnis des Zeitablaufs nicht wie sonst entziehen: »So eine Schiffsreise ist ein komischer Zustand. Fünf Tage ohne Wagen!« schreibt Faber. »Ich bin gewohnt, zu arbeiten oder meinen Wagen zu steuern, es ist keine Erholung für mich, wenn nichts läuft. ... Man fährt pausenlos, aber nur die Sonne bewegt sich beziehungsweise der Mond. ... Man bleibt in der Mitte einer Kreisscheibe, wie fixiert, nur die Wellen gleiten davon. ... Aber es ändert sich überhaupt nichts, nur, daß man selber älter wird« (*Hf*, S. 92). Die Umstellung vom hektischen Alltag auf das ruhigere Zeitmaß der Schiffahrt wird auch vom Gantenbein-Erzähler beobachtet: »Einige an Bord winken noch immer, aber ihre Gesichter verändern sich während des Winkens; sie sehen nicht mehr, wem sie winken, und die Gefühle drehen auf Gegenwart, die vorerst einfach leer ist, offen, leicht« (*Gant.*, S. 434–435). Ebenso wird das Gleichmaß der Tage an Bord vom Gantenbein-Erzähler notiert, doch im Unterschied zu

Faber, als Entspannung: »Langeweile mit Blick aufs Meer, eine won-
nige Langeweile: nicht tot sein und nicht leben müssen« (*Gant.*, S.
435). Dieser Zustand berührt als fast pflanzenhaft und ähnelt dem
Gleichmaß der Tage, wie es die Indios erleben, die Faber so wunder-
bar an die scheinbar stillstehende Zeit im Urwald angepaßt erscheinen.

Das hektische Leben bei innerer Leere wird in den Werken Frischs
immer wieder von Wartezeiten interpunktiert. Während Menschen,
die dem natürlichen Zeitablauf angepaßt sind, sich stoisch mit Wartezeiten abfinden, muß eine Frisch-Figur wie Gantenbein sich zum
geduldigen Warten zwingen:

> Von seinen Gedanken gelangweilt ... wandelt Gantenbein hin und her und hin,
> froh um das Muster auf dem Boden, das die Zeit gliedert ... wandelnd so langsam
> wie möglich, denn je schneller er wandelt, um so langsamer vergeht die Zeit ...
> Was ist Zeit? Ein Muster im Bodenbelag, ein Gedanke: je schneller Gantenbein
> geht, um so langsamer fliegt das Flugzeug, und er erschrickt, Flugzeuge brauchen
> eine Mindestgeschwindigkeit bekanntlich, damit sie nicht aus den Wolken fallen ...
> was Lila trägt, ist seine Geduld, die Kraft eines Mannes, der langsam wartet, lang-
> sam wandelt, langsam Schritt vor Schritt, langsam hin, langsam her, langsam wie
> die Uhrzeiger, wartet zeitlebens. (*Gant.*, S. 481)

Wo die Figuren nicht länger nur »in ihren Gedanken leben«, sondern im Zustand des Wartens bewußt dem Zeiterlebnis standhalten,
leben sie in der Gegenwart. Wenn demnach die Reise mit Höchst-
geschwindigkeit vom Zeiterlebnis entfremdet, so führt dagegen das
Warten zurück in das Erlebnis des Zeitablaufes.

B. Spannung zwischen Vergegenwärtigung und Veränderung

Jedwede Festlegung auf eine ihrer unzähligen Ich-Möglichkeiten wird
von den Figuren Frischs als eine Beschränkung ihrer existenziellen
Freiheit und als Verendlichung von Raum und Zeit empfunden. Alles
»Fertige hört auf, Behausung des Geistes zu sein« (*Bin*, S. 92), weil
es der Phantasie keinen Spielraum mehr läßt. Wie Kilian von der
Ausführung seines Hausentwurfes entsetzt ist, weil plötzlich nichts
mehr daran stimmt, so zieht auch das Gantenbein-Ich die erfundenen
Geschichten der eigentlichen Wirklichkeit vor. Frischs Figuren gleichen
in diesem Verhalten dem Selbstbildnis, das Kierkegaard in einem sei-

ner Bekenntnisse entwirft: »Wenn ich mir etwas wünschen könnte, so wünschte ich mir weder Reichtum noch Macht, sondern die Leidenschaft der Möglichkeit, ich wünschte mir ein Auge, das, ewig jung, ewig von dem Verlangen brennt, die Möglichkeit zu sehen. Der Genuß enttäuscht, die Möglichkeit nicht [133].«

Bezeichnend ist für das Zeitgefühl der Figuren, zwischen welche Entscheidungsmöglichkeiten sie sich gestellt sehen. Bei Reinhart und Stiller tritt der in der Literatur oft behandelte Konflikt zwischen Künstler und Bürger auf. Beide leiden an ihrer mangelnden Selbstverwirklichung im Kunstwerk, doch beide scheuen auch vor dem Abstieg in ein »gewöhnliches Leben« zurück. Sie zerstören schließlich ihre Werke selbst, als sie erkennen, daß ihre Arbeit nur Selbstbetrug war. Im Rückblick auf die Künstlerjahre bleibt nur der unangenehme Geschmack des Versäumnisses. »Was bin ich denn?« fragt sich Reinhart nach dem Zusammenbruch seiner künstlerischen Ambitionen und nach seiner Anstellung in einem Zeichenbüro. »Ein Mann von dreißig Jahren, der just sein eigenes Brot verdient« (Schw., S. 157). Über sein bisheriges Dasein heißt es im Roman: »Hälfte des Daseins, die hinter ihm liegt, ein Haufen von verbrannten Bildern, verkohlt, in Asche verblasen, vergangen, nie gewesen. ... Was unterscheidet sein ganzes Erleben von einer Welle, die über den Wasserspiegel läuft, um nichts zurückzulassen?« (Schw., S. 157). Stiller bezeichnet in einer ähnlichen Stimmung sein künstlerisches Lebenswerk als »Sacktuchmumien« (St., S. 436). Für Reinhart führt der Konflikt zwischen Künstler und Bürger in den Tod, während Stiller seine ehrgeizigen Pläne aufgibt und sich mit der Herstellung von Souvenirartikeln begnügt.

Ein weiterer Zwiespalt, in dem sich die Figuren finden, ist die Inkongruenz von Alltagsrealität und Traum. Dieser Gegensatz findet sich unter anderem in dem Werk Bin sowie in den Dramen Santa Cruz und Graf Öderland dargestellt. Kilian läßt die Entscheidung zwischen Vergegenwärtigung im Alltag und dem Erlebnis seines anderen Ichs, dem Traum-Ich, offen, denn selbst im Traumleben will er sich nicht von der Rolle, dem Zeichen des Alltags, trennen, und im Alltag versäumt er die Möglichkeit einer erfüllten Gegenwart. Auch der Rittmeister in Santa Cruz führt ein zwiespältiges Dasein: Einerseits zeigt

---

[133] Sören Kierkegaard, *Auswahl aus seinen Bekenntnissen und Gedanken* (München: 1914), S. 29, zitiert in Jiri Stromsik, »Das Verhältnis von Weltanschauung und Erzählmethode bei Max Frisch«, *Philologica Pragensia*, 13 (1970), 81.

ihn sein Alltag in der Rolle des Pflichtmenschen, der immer die »Ordnung« im Munde führt, andererseits verrät er seinem Diener: »Das Leben ist eine muntere Sache, das Leben ist ein großer Traum« (I, *SC*, 71). Sein Ordnungsleben betont den *Status quo*, aber seine Träume handeln von den ersehnten Abenteuern seines anderen Ichs, dem Ich der Jugend. Der Staatsanwalt in *Graf Öderland* wieder leidet unter dem ständigen Zwiespalt von Pflicht und Sehnsucht nach Freiheit, bis er sich schließlich in einem Wachtraum selbst »verliert«: »Früher meinte ich immer, ich wüßte es, nur stimmte es nie«, versucht er Inge in seinem Traum zu erklären, warum er immer fühle, daß er anderswo erwartet werde. »Ich konnte tun, was immer meine Pflicht war, und ich wurde es dennoch nie los, das Gefühl, das ich meine Pflicht versäume mit jedem Atemzug« (I, *GÖ*, 323). Hin- und hergerissen zwischen dem Ich der Gegenwart und dem Wunsch-Ich seiner Träume wird er von ständigen Zweifeln geplagt. Demgemäß verweist der Zwiespalt der Figuren zwischen Alltags-Ich und Wunsch-Ich, zwischen dem *Status quo* und dem Wunsch nach Veränderung, auf den Gegensatz von »äußerer« und »innerer« Wirklichkeit.

Auch in ihrer Einstellung zur Gegenwart müssen die Figuren wählen: wollen sie als »Heutige« urteilen und handeln, oder als »Gestrige«, belastet von historischen Vorstellungen und Vorurteilen, die Reihe von geschichtlichen Irrtümern fortsetzen?

Selbst wenn sich manche der Figuren selbst zu wählen meinen, klafft zwischen Selbsterkenntnis und Selbstverwirklichung in der Gegenwart ein Bruch. Idee und Tat scheinen vor allem bei den Intellektuellen in den Werken schwer vereinbar. Durch diese Tatenlosigkeit werden sich die Figuren selbst untreu. So hat Balz zwar die Idee von der großen Tat, doch macht er allzulange keine Anstalten zur Ausführung seiner Pläne, weil er sich in Wunschträumen versäumt. Beim Erzähler in den *Blättern* halten sich gute Vorsätze und Pessimismus das Gleichgewicht. Kilian ist zwar auf dem Wege zum Traumziel, doch vertrödelt er sein Leben in Erinnerungen, und Walter Fabers sogenannte liberale Ideen sprechen im Grunde nur ihn selbst von persönlicher Verantwortung frei. Der Intellektuelle in *Biedermann* und in den anderen Werken Frischs zögert immer zu lange mit der Warnung vor der Gefahr und mit dem guten Beispiel durch ein positives Verhalten.

Die Krise der Entscheidung kommt für die Figuren meist um die Mitte ihres Lebens, wenn sie feststellen müssen, daß ihre Jugend-

träume von der Verwirklichung ihrer Ich-Möglichkeiten in nichts zer-
ronnen sind, und sie wohl älter, aber nicht gereifter geworden sind.
»Hälfte des Lebens, Menschenkind, Hälfte des Lebens!« denkt sich
Reinhart verzweifelt. »Wann wird man denn endlich erwachen und
aufstehen? Wann, du lieber Gott, wann kommt denn die Reife, die
man als Jüngling in jedem Erwachsenen neidvoll vermutete?« (*Schw.*,
S. 157). Obwohl den Gestalten Frischs jederzeit »die zeitliche Begrenzung und die soziale Bedingtheit« bewußt bleibt[134], können sie es
sich nicht versagen, trotz ihrer Festlegung auf einen Beruf, ein Ich
und ein Leben gleichzeitig auch den anderen Möglichkeiten ihres
Lebens nachzuhängen. Am Ende ist vielleicht auch das gewählte Ich
nur eine Rolle unter vielen. »Nicht in der Rolle«, schreibt beispielsweise Stiller-White, »wohl aber in der unbewußten Entscheidung,
welche Art von Rolle ich mir zuschreibe, liegt meine Wirklichkeit«
(*St.*, S. 391). Welche Entscheidung die Figuren auch immer zu treffen
vermeinen, sie bleiben innerlich zerrissen, weil ein Teil ihres Ichs noch
immer Wunschträumen nachhängt. Daher können sie anscheinend auch
nie ganz in einer erfüllten Gegenwart leben. Demnach gibt es auch in
den Werken Frischs keine einsträngige Entwicklung der Figuren in
der Art des konventionellen Erziehungsromanes, sondern immer nur
jene Gleichzeitigkeit verschiedener Möglichkeiten, die das Ich in ständiger Spannung zwischen dem Wunsch nach Vergegenwärtigung und
Sehnsucht nach Veränderung halten.

C. Zeit als Gefängnis

Immer wieder wird in den Werken Frischs darauf hingewiesen, wie
sehr der Mensch unserer Zeit zum Sklaven der Zeit geworden ist.
Drei Aspekte lassen sich hierbei an diesem Zeitproblem erkennen: vor
allem die niederdrückende Wirkung der Monotonie und Gewohnheit
in Ehe und Beruf, weiters die Vergänglichkeit alles Bestehenden im
Ablauf der Zeit sowie die Festlegung des Ichs im Verhältnis zur
Umwelt und sich selbst durch seine Vergangenheit. Alle diese Faktoren zusammen geben den Figuren das Gefühl »Sklaven der Zeit«
zu sein.

134 Stromsik, S. 80.

1. Alltag

Nichts fürchten die Figuren Frischs mehr als den Alltag, das »gewöhnliche Leben«, die Gewöhnung und damit die Repetition. Der Alltag als das »ungelebte Leben« bildet bei Frisch den Kontrast zum »gelebten Leben«, wie es sich ihm im Zustand der Jugend und im Erlebnis des Herbstes bietet. Es ist vor allem der Alltag, der nach den Worten Kilians die Menschen versklavt. »Wir leben wie die Ameisen, drüben im Abendland«, erzählt er der Tischgesellschaft. »Und wir könnten Menschen sein, so herrlich wie ihr.« Hierauf erklärt er, wie es von der herrlichen Kinderzeit zur »Arbeitswoche« kam: »Wir nennen es die Wochentage. Das heißt, jeder Tag hat seine Nummer und seinen Namen, und am siebenten Tag, plötzlich, läuten die Glokken; dann muß man spazieren und ausruhen, damit man wieder von vorne beginnen kann, denn immer wieder ist es Montag« (*Bin*, S. 82–83). In der Erzählung *Bin* vertritt die »Rolle«, die Kilian immer mit sich herumträgt, das Bewußtsein des Alltags selbst im Traum. Die chinesische Mauer, an der sein Freund Bin so gedankenvoll lehnt, ist anscheinend jene Schranke, die das Alltagsleben vom wirklichen Leben trennt.

Immer wieder stellen sich die Gestalten Frischs die Frage: »Was macht der Mensch mit der Zeit seines Lebens?« Kilian erwidert darauf: »Man stellt seinen Wecker, man wäscht sich, man schneidet die Fingernägel, man arbeitet, man ißt, man verdient« (*Bin*, S. 53). Im Alltag wird das individuelle Ich zum anonymen »man«, das »im großen Alltag, der immer der gleiche ist, untergeht«[135]. Dies ist das Dasein »Millionen angestellter Seelen« (I, *GÖ*, 307), das Dasein von Sklaven, die sich »freuen, daß wieder ein Monat ihres Lebens vorüber ist« (*Schw.*, S. 153).

Die Themen Alltag und Gewohnheit werden in den meisten Werken Frischs behandelt, doch bleibt es nur bei einer stereotypen Darstellung. Man glaubt die Marxschen Klischees von der selbstentfremdenden monotonen Arbeit wiederzuerkennen, ohne daß hingegen bei Frisch die negative Einstellung der Figuren zu ihrer Tätigkeit genügend aus ihrer Berufsarbeit motiviert würde. Voelker-Hezel bemerkt treffend zur Darstellung der Arbeitsproblematik bei Frisch: »Allgemein ausgedrückt: Der Schriftsteller unternimmt nicht zu zeigen, wie der Mensch seine Arbeit macht, sondern was die Arbeit aus dem Men-

---

135 Wintsch-Spieß, S. 38.

schen macht, im Extremfall führt dies zur Verdinglichung des Menschen, des Aufgehens im Apparat[136].« Nicht die Arbeit verdinglicht
hingegen die Helden Frischs, sondern sie selbst distanzieren sich von
dem Erlebnis der Gegenwart, welches ihnen die Arbeit eher zur
Befriedigung werden ließe. Zur Routine wird nur, woran man innerlich keinen Anteil nehmen will.

2. Veränderlichkeit

Wie sehr die Figuren Frischs einerseits nach Abwechslung und Veränderung streben, so wenig wollen sie andererseits die Veränderlichkeit in den Dingen, die ihnen lieb sind. Sie wollen daher die Sehnsucht statt der Erfüllung ihrer Sehnsucht, weil alles Erreichte schließlich doch ein Opfer der Veränderlichkeit werde. Wie Stiller versuchen
auch andere Figuren, »alles in Schwebe zu lassen«, denn nur, was
noch nicht ist, kann sich ihrer Meinung nach nicht verändern. Diese
Hoffnung wird aber zunichte, da sie den Veränderungsprozeß an sich
selbst und der Umwelt nicht zum Stillstand bringen können. Es gibt
weder eine Rückkehr in die Welt der Erinnerungen, noch ein Verbleiben in ihren Sehnsüchten. Am Symbol des fließenden Wassers wird
deutlich, das alles von der Zeitströmung abgetrieben wird.

Der Sehnsucht der meisten Figuren nach einem neuen Anfang und
nach einer neuen Jugend entspricht Fabers Bemerkung gegenüber
Hanna: »Ich rede über meine Uhr . . . und über die Zeit ganz allgemein; über Uhren, die imstande wären, die Zeit rückwärts laufen
zu lassen« (Hf, S. 191). Bereits Balz in Frischs zweitem Prosawerk
weiß um die Unwiederbringlichkeit vergangener Taten. »Er weiß
nur«, heißt es, »daß es kein Wiedergutmachen gibt . . . kein Zurückgreifen in vergangene Zeit, kein Nachholen und Vergessen, keine
Gnade . . . daß es immer wieder weitergeht, unaufhaltsam, auch wenn
man nicht weiß, wozu man sich rühren soll« (Ant., S. 52–53). Jürg
erinnert sich, als Vierzehnjähriger geniale Dinge zustandegebracht zu
haben, die ihm nun nicht mehr gelängen[137], und in den Blättern
gesteht sich der Erzähler ein, daß er durch das Erlebnis des Kriegs-
ausbruches und des Frontdienstes ein Anderer geworden sei. Er kann

136 B. Voelker-Hezel, »Fron und Erfüllung. Zum Problem der Arbeit bei Frisch«,
    Revue des Langues Vivantes, 38 (1972), 17.
137 Gassmann, S. 62.

nicht mehr in sein altes ziviles Ich schlüpfen. Unter dem Einfluß geschichtlicher Ereignisse ist der Wandel durch Veränderlichkeit deutlicher: »Noch in den Dingen, die fortan bloß deine eigenen sind«, notiert der Erzähler in den *Blättern,* »waltet die Zeit, die außerordentliche, die überall zu einem rascheren Wachstum drängt« (*BB,* S. 92). Kilian muß überdies erfahren, daß Versäumnisse der Vergangenheit selbst im Traume nicht wiedergutzumachen sind. Er kann die Toten nicht mehr erreichen, zu denen er in ihren Lebzeiten nicht sprechen konnte. In *Nun singen sie wieder* fühlt einer der jungen Flieger im Traum, was auch bereits in den *Blättern* ausgesprochen wurde, daß die Rückkehr in jenes Leben, das er zu Kriegsausbruch verließ, für immer versperrt ist. Für den Rittmeister in *Santa Cruz* gibt es gleichfalls keine Zurücknahme seiner einstigen Entscheidung, auch im Traume nicht, denn man kann ein Leben nicht mehr zurücknehmen.

Hwang Ti in der *Chinesischen Mauer* möchte die Zeit am Ablauf hindern, da Veränderlichkeit für ihn Machtverlust bedeutet. In diesem Stück wird die Chinesische Mauer zum Symbol für den mißglückten Versuch, die Zeit zum Stillstand zu bringen. »Die Chinesische Mauer«, sagt der »Heutige«, »ist einer der wiederkehrenden Versuche, die Zeit aufzuhalten, und hat sich, wie wir heute wissen, nicht bewährt. Die Zeit läßt sich nicht aufhalten« (I, *CM,* 152).

Das Problem, nach längerer Trennung von einem geliebten Menschen den anderen bei der Rückkehr vollkommen verändert zu finden, wird im Nachkriegsstück *Als der Krieg zu Ende war* angesprochen. Agnes muß erkennen, daß ihr Mann sich der Zeit angepaßt hat und sein moralisches Versagen hinter Vorurteilen verbirgt. Die Vergangenheit steht trennend zwischen ihnen, und Agnes' Bemerkung klingt eher wie eine verzweifelte Frage: »Zwei Jahre sind eine lange Zeit. ... Aber wir haben uns nicht verändert, Horst, wir werden uns wieder verstehen! Gelt?« (I, *Krieg,* 255). Zwischen den beiden gibt es keine sprachliche Verständigung mehr und auch kein Vertrauen.

Don Juan dagegen fühlt den verändernden Einfluß der Zeit zwischen den Menschen so sehr – seine Liebe zu Donna Anna: »das war gestern« –, daß er sich von den veränderbaren Gefühlen abwendet und statt dessen die Geometrie wählt. Nur die Mathematik verspricht ihm jene Konstante zu liefern, die er im lebendigen Leben vermißt, denn Leben heißt sich ändern.

Don Juans Reaktion auf die Veränderlichkeit im menschlichen Leben entspricht die von Walter Faber, der sich den zeitlosen Roboter

zum Vorbild gewählt hat. Zeitlosigkeit gibt es aber für die Menschen
Frischs nur im Tode, der als einziger Zustand keine Varianten mehr
zuläßt. Don Juan und Walter Faber erstreben demnach unbewußt
durch ihren Wunsch nach Zeitlosigkeit, dem Tod ähnlich zu werden.
Für beide ist die Veränderlichkeit im menschlichen Leben durch das
Weibliche symbolisiert: in der weiblichen Gefühlsbetontheit, in der
Mutterrolle und durch die Assoziation mit dem Kind, welche Vergan-
genheit und Zukunft miteinander verbindet.

Stiller kämpft für das Recht auf Veränderlichkeit in seinem Streben nach der Anerkennung seiner inneren Wandlung. Doch die Umwelt hat sich von ihm endgültig ein unveränderliches Bildnis gemacht.
Auch die Sprache erlaubt oft nicht, wie Stiller und andere Figuren
erkennen müssen, den inneren Wandel auszudrücken, weil sie als
gesellschaftliche Konvention eher den Eindruck von Dauer zu vermitteln hat. Die Sprache und die gesellschaftlichen Normen zwingen die
Frisch-Figuren dazu, ihren Namen beizubehalten, auch wenn sie sich
innerlich längst nicht mehr identisch mit dem früheren gleichnamigen
Ich fühlen. So bemerkt der angeklagte Stiller-White angesichts des
Lokalaugenscheines im Atelier des verschollenen Stillers: »Zum
erstenmal verstehe ich die falschen Reaktionen, die bei einem gericht-
lichen Lokaltermin gewonnen werden können, wenn einer vor totes
Zeug gestellt wird, so als gäbe es Wahrheit ohne Zeit« (*St.*, S. 432).

In einer ähnlichen Situation befindet sich der Gantenbein-Erzähler,
in einer leeren Wohnung darüber nachgrübelnd, »wie hier gelebt worden ist«, ehe das Paar sich trennte: »Während es draußen regnet, ist
es hier wie in Pompeji: alles noch vorhanden, bloß die Zeit ist weg.
Wie in Pompeji: man kann durch die Räume schlendern, die Hände
in den Hosentaschen, und sich vorstellen, wie hier einmal gelebt worden ist, bevor die heiße Asche sie verschüttet hat« (*Gant.*, S. 27–28).
Wo keine Zeit mehr ist, gibt es auch keine Vergänglichkeit mehr, aber
auch kein Leben.

Die Flucht in die Zeitlosigkeit der Dinge gelingt den Menschen
Frischs nicht, denn die Veränderlichkeit im menschlichen Leben macht
es ihnen unmöglich, außerhalb der Zeit leben zu können, weil sie mit
der nächsten Generation oder der eigenen Vergangenheit kollidieren
würden, wie es am Fall Stillers und Fabers offenbar wird.

Die Wirkung der Veränderlichkeit im menschlichen Leben zu negieren, hieße gleichfalls den Mitmenschen das Recht auf Wandel abzu-
sprechen und sie demgemäß den toten Dingen gleichstellen zu wollen,

nur damit man seine eigene Meinung über sie nicht ändern müsse und sich ein für allemal sagen zu können »Ich kenne ihn«. Immer wieder wird daher in den Werken davor gewarnt, sich ein derartig unveränderliches Bildnis von der Umwelt zu machen und dadurch, wie im Falle Stillers, den anderen zu seiner eigenen Vergangenheit zu verurteilen.

Ohne Veränderlichkeit gäbe es auch keine Dauer, sondern immer nur gleichsam punktförmige Gegenwart, denn erst im Bezug auf Vergangenheit und Zukunft läßt sich die Veränderlichkeit erkennen und ist geschichtliche Verwirklichung möglich [138]. Je größer hingegen die innere Unsicherheit eines Menschen ist, desto stärker ist auch sein Wunsch nach Fixierung der äußeren Beziehungen zu den Mitmenschen. Einem derartigen Wunsch nach Kompensierung in unsicheren Zeiten entspricht auch der Gedanke des Erzählers in den *Blättern:* »Wo gehöre ich hin? ... Es kam die Versuchung, daß man sich eines Menschen so sicher fühlte wie eines Gegenstandes, eines Besitzes, dem die Zeit nichts anhaben kann, zu dem man jederzeit zurückkehrt, und daß man es sich mit einer Seele bequem machte, so, wie es keine ehrlich-lebendige Seele verträgt« (*BB.*, S. 89).

3. Kontinuität

Aus der Erinnerung an die Vergangenheit erwächst dem einzelnen bei Frisch das Gefühl seiner Identität und die Gewißheit »einer tiefsten sich gleichbleibenden inneren Kontinuität«[139]. In den Frühwerken findet man bei den Gestalten noch ein »geschlossenes Ich-Gefühl«[140], wie es beispielsweise in einem Wachtraum in den *Blättern* beschrieben wird: »Man kommt sich augenblickslange vor, wie man sich das innere Gesicht eines Steines vorstellt, ein umgrenztes, ein ruhendes, ein volles und festes, ganz und gar vorhandenes Dasein. Und man spürt seine eigene Gegenwart, seine Seele, die in den Leib gekommen ist – als fasse man sich selber!« (*BB*, S. 39). Dieses Ich-Gefühl scheint von der biologischen Veränderlichkeit nicht gefährdet, denn der Erzähler erwähnt später: »Man spürt so sicher, wie man aufnimmt und sich wandelt, mit jedem Atemzug wandelt, immerzu wandelt – ohne daß man im Grunde sich jemals verlieren kann«

---

138 Brunner, S. 45.
139 Wintsch-Spieß, S. 22.
140 Wintsch-Spieß, S. 22.

(*BB*, S. 41). In den früheren Werken tendieren die Helden dazu, die Kontinuität ihres eigenen Wesens noch nicht in Frage zu ziehen. Balz weiß, daß es »immer weitergeht, unaufhaltsam« (*Ant.*, S. 53), und trotz seiner versäumten Vergangenheit denkt er nicht wie Stiller daran, sich von dieser Vergangenheit loszusagen. Auch Reinhart bejaht die Kontinuität im Leben des Menschen und führt sie über die persönliche Erfahrung hinaus in jene Ahnenreihen zurück, die zum Charakter des späteren Nachfahren beitrugen. Wie der Oberst sieht auch Reinhart den einzelnen nicht so sehr als Produkt seiner eigenen Erfahrungen, sondern vielmehr seiner ererbten Anlagen, die er weiterzureichen hat an die nächste Generation. Bis zum Moment der Aufklärung seiner dunklen Herkunft wünscht Reinhart nichts sehnlicher als sich in den »Dienst des Lebens zu stellen«. Gemeint ist hierbei ein Leben, »das über uns ist, das auch in den Herbsten nicht trauert, ein außerpersönliches. Zum erstenmal denkt auch der Mann an das Kind, das ihn überdauert, und will es, ohne Verstellung. Es öffnet sich über allem ein ganz anderer Raum« (*Schw.*, S. 156). Aus diesem Bewußtsein der Verbundenheit zwischen den Generationen findet sich Reinhart auch schließlich, nach einem mißglückten Mordanschlag auf seinen leiblichen Vater, mit seiner Herkunft ab. »Was wäre damit getan«, sagt er später zu Hortense, »daß man hingeht und den Vater tötet! Wir sind aus einem einzigen Leib: Wer sich vergißt, vergißt seinen Sohn; wer seinem Vater ausweicht, weicht sich selber aus« (*Schw.*, S. 277). In Reinharts Sohn, von dem er nie erfahren hatte, leben die Erfahrungen seines Vaters weiter. »Mir ist, als hätte ich alles schon einmal erlebt«, sagt er zu Annemarie, »ich weiß nicht, vielleicht hat man sich schon in einem früheren Leben getroffen« (*Schw.*, S. 294).

Im Bewußtsein der »Heutigen« lebt die historische Vergangenheit weiter und fährt fort, durch historische Vorbilder die Entschlüsse der Gegenwart zu beeinflussen. Als geschichtliche Wesen erleben die Figuren die Kontinuität in der überpersönlichen Vergangenheit ihrer Kulturwelt. Der Mensch ist bei Frisch nur geschichtlich, soweit er sich selbst mit seiner persönlichen und geschichtlichen Vergangenheit identifiziert.

Ihrem vergangenen Selbst bleibt beispielsweise Agnes im Stück *Als der Krieg zu Ende war* treu, denn trotz gesellschaftlicher Vorurteile der anderen folgt sie ihren eigenen Gefühlen. »Sich selbst treu bleiben« heißt hier die Kontinuität des Ichs in Handlungen zu bestätigen, die mehr der inneren als der äußeren Wirklichkeit entsprechen. Laut A. Brunner bedeutet das »nicht ein starres Festhalten am Alten und Gewordenen als solchem, besonders nicht in seinen äußeren Formen. Sie [die Treue zu sich selbst] hält nur an einem größeren fest, an der größeren Selbstverwirklichung. Diese kann aber je nach Lage und Umstände auch Neues fordern«[141]. Aus dieser Sicht entspricht des Staatsanwalts (Graf Öderland) Rebellion gegen die Welt der Ordnung nicht einer kontinuierlichen Entwicklung in seinem Leben, sondern kommt einem Bruch mit seinem vergangenen Ich gleich. Wie der Staatsanwalt in seinem pflichtbewußten Leben einerseits die Sehnsucht nach dem »anderen Leben« unterdrückte, so negiert andererseits sein Ausbruch jene Selbstverwirklichung, die er fälschlicherweise in der absoluten Freiheit zu finden hofft. In beiden Lebensformen bleibt ein Teil seines Ichs unterdrückt, und er wird sich deshalb selbst untreu.

Stiller und Faber distanzieren sich beide von der eigenen Vergangenheit – beide sind auch gegen ein starres Traditionsbewußtsein – und erfahren sich demgemäß vornehmlich als geschichtslos. Die Kontinuität des eigenen Selbst ist ihnen nur ein Gefängnis der Vergangenheit. Aus diesem Grund kann Stiller-White statt einer vergangenheitsorientierten Biographie nur ein Tagebuch verfassen. Auch seine »Mordgeschichten« drücken sinnbildlich den Wunsch aus, sein altes Ich abzutöten. Seine Rückkehr in die Heimat erweckt den Eindruck, daß er nach einer Autorität sucht, die ihm die Vergangenheit wieder aufzwingt, denn er fühlt, daß er sein altes Ich braucht, um mit sich selbst wieder identisch zu werden, doch fehlt ihm die Kraft zur Wiederholung aus eigener Wahl.

Auch Julika erlebt einen ähnlichen Bruch mit der Vergangenheit, wenn sie beim Rückblick auf ihr bisheriges Dasein im Sanatorium plötzlich feststellen muß, daß ihr die »Tanzerei« nichts mehr bedeutet. Sie ist mit ihrer eigenen Vergangenheit – sinnbildlich durch das Illustriertenphoto vertreten – »in ihrem Veranda-Gefängnis dort oben« eingesperrt und versteht ihr früheres Ich nun nicht mehr. »Sie spürte es mit Traurigkeit, daß es sozusagen nur ihr eigenes Selbst war, was sie jetzt im Stiche ließ« (St., S. 155). Während sich Stiller nach dem Gerichtsurteil allmählich zur Annahme seiner Vergangenheit

141 Brunner, S. 45.

durchringt, legt Julika bis zu ihrem Tode ihren maskenhaften Gesichtsausdruck nicht mehr ab.

Weshalb den Frisch-Figuren in den späteren Werken die Kontinuität zum Gefängnis wird, scheint im ersten Kierkegaard-Motto angedeutet, wie es dem Roman Stiller vorangestellt ist: »Siehe, darum ist es so schwer, sich selbst zu wählen, weil in dieser Wahl die absolute Isolation mit der tiefsten Kontinuität identisch ist, weil durch sie jede Möglichkeit, etwas anderes zu werden, vielmehr sich in etwas anderes umzudichten, unbedingt ausgeschlossen wird« (*St.*, S. 8). Nichts könnte dem Charakter der meisten Frisch-Figuren in den späteren Werken mehr widersprechen, als die Festlegung auf ein einziges Selbst. In den früheren Werken wird ein Konflikt noch insofern vermieden, als die Helden den Zeitpunkt der Selbstwahl hinausschieben. Doch selbst zu langes Warten schafft eine Vergangenheit, zu der man sich bekennen muß, denn »mit der Zeit hat man unweigerlich eine Biografie« (*Bio.*, S. 110).

In der Erinnerung ist die Vergangenheit aufbewahrt. Sinnbildlich kommt dies beispielsweise in *Bin* durch die rostige Tonne »am Strande der Erinnerung« zum Ausdruck, und im Stück *Biografie* findet sich im Dossier des Registrators alles, was sich jemals in Kürmanns Bewußtsein einprägte. In *Santa Cruz* zeugt ein erlebnisleeres Tagebuch des Rittmeisters dafür, daß seine Erlebnisse entweder zwischen den Zeilen stehen oder unaufzeichenbar sind. Auch in den schwarzen Ordnern des Staatsanwaltes (*Graf Öderland*) und in den Akten über Stiller finden sich nur Tatsachen und keine Erlebnisse festgehalten. Das Tagebuch Fabers beginnt gleichfalls als faktischer »Bericht«, allmählich beginnt sich jedoch – vom Schreiber unbemerkt – in den Zusammenhängen zwischen den objektiven Fakten Fabers Schuld abzuzeichnen.

Ob schriftlich oder nur im eigenen Bewußtsein, es lagert sich bei den Figuren Frischs im Laufe der Jahre eine »Biografie« ab, die für die Kontinuität ihrer Ichvorstellungen zeugt. Diese Kontinuität wird von jenen Figuren als Gefängnis empfunden, die vor ihrer Identität in immer neue Rollen ausweichen wollen, denn durch die Kontinuität ihres Selbst finden sie sich ein für allemal in ihrer Identität festgelegt.

Kapitel IV

VERSUCHE DER ZEITÜBERWINDUNG

Die Figuren Frischs fühlen sich von der unvermeidlichen Festlegung durch die Zeit in ihren existenziellen Möglichkeiten beschränkt, und sie suchen daher nach Ausweichmöglichkeiten, um den Schein eines freien Daseins angesichts zeitlicher Endlichkeit zu bewahren. Auch wenn sie sich außerhalb der Zeit stellen, den Zeitablauf negieren wollen oder die Wirklichkeit über ihre Träume vermeiden, so versäumen sie im Grunde über diesen Zeitüberwindungsversuchen ihr eigenes Leben. Nur wenigen – wie Balz und Stiller – gelingt es, das Gefühl der Vergänglichkeit mit einem erfüllten Dasein in der Gegenwart zu vereinen.

A. Ausbruchsversuche

Die Gestalten Frischs versuchen aus dem Gefängnis der Zeit, wie es anscheinend ihr Leben beschränkt, auszubrechen und sich ihr Leben außerhalb des Zeitablaufs und frei vom Fluch der »Wiederholung« einzurichten. Diese vorübergehende Zeitlosigkeit gewährt ihnen allerdings nur ein rollenhaftes Dasein, in dem sie die Welt und sich selbst nur in einem starren Bildnis akzeptieren können. Die Suche nach einem Leben ohne Wiederholungen läßt sie das Erlebnis des »ersten« und des »letzten« Males überbetonen. Ferner meinen sie den Forderungen der Gegenwart durch die Flucht in die Vergangenheit oder in die Zukunft zu entgehen. Doch alle Versuche, die Tatsache des Zeitablaufes aus ihrem Bewußtsein zu verdrängen, entfremden sie dermaßen von der Wirklichkeit, daß sie nicht mehr zum wahren Leben kommen.

1. Leben außerhalb des Zeitablaufes

Bereits in den Frühwerken findet sich der Wunsch nach einem Dasein außerhalb des Zeitablaufes. So versetzt sich Balz wieder in seine Kindheit zurück, wenn er erträumte Weltumfahrungen mit Rindenschiffchen nachvollzieht, oder dem Erzähler in den *Blättern* kommt anläßlich eines begrenzten Heimaturlaubes der Gedanke an eine stillstehende Zeit in den Sinn. »Das Leben ist geisterhaft« bemerkt er angesichts des vertrauten Wohnzimmers: »Alles ist da, die Kerzen, die Tassen, die Blumen, die Bücher, auch die Uhr, die alte – und daß sie gerade stehengeblieben ist, es ist zu witzig, zu sinnig, zu geistreich für einen Soldaten, der heimkommen wollte« (*BB*, S. 89).

Hinkelmanns seelische Unreife in seiner Beziehung zu Yvonne entspricht seiner Art, sein Leben außerhalb der erlebten Zeit erfahren zu wollen. Gegenüber Yvonne besteht er – in Fortführung seiner Kindheit – auf einem Sohn-Mutter-Verhältnis, das seinen dreißig Jahren unangemessen ist. Unter diesen Umständen verhält er sich auch ablehnend, als er erfährt, daß er Vater werden soll.

Daß Reinhart gleichfalls ein Leben außerhalb des Zeitablaufes erwägt, kommt im Gespräch mit Hortense zur Sprache, als er den Wunsch äußert, »ohne Vergangenes, ohne Zukunft, ohne Angst, ohne Zuversicht« leben zu können (*Schw.*, S. 178). Neben den Prosadarstellungen findet das Leben außerhalb der Veränderlichkeit auch an den Figuren in den ersten vier Dramen Frischs Ausdruck. Wie sehr aber auch manche der Figuren versuchen, sich dem verändernden Einfluß der Zeit zu entziehen, wahre Zeitlosigkeit gibt es für sie nur im Tode.

Ohne Zeit können bestenfalls die seelenlosen Dinge sein, während die Menschen stets durch Raum und Zeit bestimmt sind. Daher muß sich auch jedes verdinglichte zeitlose Weltbild immer als unhaltbar herausstellen. Derartig fixierte Weltanschauungen versuchen nach Frischs Darstellung in den Werken die Massenmedia zu übermitteln. Dann kann es wie bei Biedermann vorkommen, daß der Bürger die Konsequenzen von Ereignissen aus eigenem nicht mehr abschätzen kann, weil er gewohnt ist, sich nach dem publizierten Weltbild zu richten. Biedermann wirkt vollkommen abhängig von der publizistischen Meinungsbildung. Seine Reaktion auf die vielen Brände in der Stadt ist daher nicht verstärkte Vorsicht, sondern – typisch für seine Flucht vor der Wirklichkeit – seine Weigerung, Zeitungen zu lesen.

Wirklich ist für ihn nur, worüber man in der Zeitung lesen kann. Die krasse Abhängigkeit von der Meinung anderer wird augenfällig, wenn Biedermann den als Tod verkleideten Schmitz fragt: »Wer bin ich?« (II, *B*, 148). Gewohnt, seine Meinung fertig fabriziert zum Frühstück ins Haus geliefert zu bekommen, bezieht er auch gewissermaßen sein Selbstbildnis als fertiges Produkt von den anderen.

Eine ähnliche Szene spielt sich im *Homo faber* ab. Bei der Rückkehr von seiner Europareise vermißt Faber die Schlüssel zu seiner Wohnung. Als er schließlich seine Nummer wählt, meldet sich unbegreiflicherweise eine fremde Stimme aus seiner eigenen Wohnung. Nach mehrmaliger Frage Fabers, wer denn der andere sei, fragt er schließlich den Unbekannten am anderen Ende der Leitung: »Are you Walter Faber?« (*Hf*, S. 205). Dem zeitlos-verdinglichten Weltbild Fabers entspricht, daß jedes andere Ich in seiner Wohnung theoretisch seine Rolle ausfüllen könnte.

Ohne den zeitlichen Zusammenhang mit der Vergangenheit wird das Selbstbildnis zu einer Rolle und zu einer zeitlosen Scheinwirklichkeit. Das wird am Schicksal Andris in *Andorra* offenbar. Bezeichnenderweise ändert sich nichts in der Einstellung der Bewohner Andorras, nachdem sich Andris wahre Herkunft herausgestellt hat, da das Bildnis, das sie sich von Andri gemacht hatten, von Anbeginn nicht mit der Person Andris übereinstimmte, sondern nur auf ein Vorurteil gestützt war. Demnach sind Vorurteile oft Bildnisse ohne Beziehung zur Gegenwart. Wie am Beispiel Andris gezeigt wird, wird jedes fertige Bildnis nach einiger Zeit zum Vorurteil, da jedwede Handlung im Urteil vorweggenommen wird.

Mit der Flucht aus dem Zeitablauf in eine Rolle verbindet sich in den Werken Frischs immer eine Flucht der Figuren vor den eigenen Gefühlen. Im Gespräch zwischen Stiller-White und Rolf, dem Staatsanwalt, wird auch der Hang des Menschen erwähnt, sich der Gefühle zu schämen und sie umzulügen. »Man kann sich ein Leben lang damit unterhalten«, meint Rolf, »nur kommt man damit nicht zum Leben, sondern unweigerlich in die Selbstentfremdung« (*St.*, S. 380). Diese erwähnte Selbstentfremdung schließt die Entfremdung von der erfüllten Gegenwart mit ein. Wenn eine Figur ein rollenhaftes Dasein lebt,, ist sie der Gegenwart, welche eine Bewährung des wahren Selbst fordert, nicht gewachsen. So stellen sich bei den Frisch-Figuren die Zweifel am eigenen Selbst vor allem in der Begegnung mit dem anderen Du ein. Für Reinhart bringen derartige Begegnungen seine Beziehungslosigkeit zur Gegenwart und seinen Kontaktmangel mit den Mitmenschen zum Vorschein. »Warum erwacht man stets an der Gegenwart des andern?« fragt er sich. »Warum konnte man nicht sein, wie man war? (*Schw.*, S. 192). In seiner Flucht vor der Wirklichkeit vermeidet er vor allem die Gegenwart und die Beziehung zum Du, weil sie ihn zur Selbsterkenntnis und zur Aufgabe seiner Rolle veranlassen könnten.

Im Märchen *Rip van Winkle* – eine der Geschichten, die Stiller-White im Gefängnis erzählt – findet sich in der Titelfigur der Zustand Stillers nach seinem Selbstmordversuch und nach der Erkenntnis seines rollenhaften Daseins gespiegelt. »Wer er denn selber wäre? fragte man ihn, und er besann sich. Gott weiß! sagte er: Gott weiß es, gestern noch meinte ich es zu wissen, aber heute, da ich erwacht bin, wie soll ich es denn wissen« (*St.*, S. 88). Ähnlich wie Rip erwacht Stiller aus dem Tagtraum einer Rolle, doch nur, um sich zu fragen, wer er in der Vergangenheit gewesen sei, und wer er nun in der Gegenwart sei. Bis zu jener Selbstkonfrontation nach dem Selbstmordversuch hatte ihn die Zeitlosigkeit seiner Rolle vor der Selbstbewährung in der Gegenwart bewahrt.

Wenn Stiller aus dem Leben außerhalb der Zeit in die Selbsterkenntnis zurückkehren kann, so blieb seinem Freund Axel der Rückweg aus der Selbsttäuschung und aus dem Selbstmord versperrt. »Er konnte seinen Irrtum nicht mehr verlassen«, schreibt Stiller-White nach dem Besuch von Axels Eltern in seiner Gefängniszelle. »Er hatte plötzlich keine Zeit mehr. Jetzt ist es zu spät. Seit sechs Jahren ist er ohne Zeit. Er kann sich nicht mehr selbst erkennen, jetzt nicht mehr. Er bittet um die Erlösung. Er bittet um den wirklichen Tod« (*St.*, S. 281). Axels Leben war schon vor seinem Tode zeitlos, weil es ein Dasein in der Selbstentfremdung darstellte. Demnach stand er schon damals, wie später auch im Tode, außerhalb des Zeitablaufes. Sein Leben mußte, nach den Worten seines Vaters zu schließen, an den übersteigerten Selbstanforderungen seiner Rolle scheitern. Am Ende fühlt er sich wie Reinhart in den *Schwierigen*, dazu getrieben, »sich auszulöschen«.

Die Überwindung ihrer starren Weltanschauung und damit die Rückkehr in die lebendige Gegenwart spricht sich beim Staatsanwalt, bei Faber und beim Rechtsanwalt Schinz in der Frage aus, wer sie eigentlich seien. Der Staatsanwalt und Schinz finden sich in einer unbekannten Gegend, ohne sich erinnern zu können, wie sie hierher gekommen seien, ähnlich dem Erwachen aus einem schweren Traum. Faber wieder erscheint in seinem zeitlosen Weltbild erstarrt wie die versteinerte Schnecke im Marmortisch, die er gedankenverloren mit dem Bleistift nachzeichnet. Brigitte Weidmann sieht in der Schnecke ein Abbild Fabers selbst, »ein Wesen, das aus dem natürlichen Werden und Vergehen in die Zeitlosigkeit gerissen wurde und sich nicht verändert; es kann nicht leben, aber auch nicht altern und sterben«[142]. Daß Faber in seinem mechanistischen Weltbild die Distanzierung von der eigenen menschlichen Zeitlichkeit geglückt ist, spricht sich in der Tatsache aus, daß für ihn in der Begegnung mit Sabeth und später mit Hanna, ihrer Mutter, der Altersunterschied und die inzwischen vergangenen Jahre nicht zu existieren scheinen. So vermerkt er in seinem Bericht, ohne das Widersprüchliche seiner Feststellung zu bemerken: »Es kam mir (ohne Verstellung) nicht in den Sinn, daß man sich zwanzig Jahre nicht mehr gesprochen hatte« (*Hf*, S. 155). Faber hatte versucht, außerhalb der Zeitlichkeit wie eine Maschine oder eine versteinerte Schnecke zu existieren. Obwohl er das äußerliche Altern nicht verhindern konnte, war die Zeit innerlich an ihm spurlos vorbeigegangen. Erst da er den Irrtum seines Lebens erkennt, alles Leben als berechenbare Mechanik betrachtet zu haben, beginnt er auch innerlich zu altern und das Leben nun aus dem Bewußtsein seiner eigenen Vergänglichkeit zu preisen.

Verglichen mit Fabers Wandlung verbleiben die Figuren im Roman *Gantenbein* im Zustand ihrer Zeitlosigkeit. Gantenbein wählt die Blindenrolle, weil er glaubt, nur auf diese Weise eine harmonische Ehe außerhalb der Routine des Ehealltags führen zu können. Da er sich nur blind stellt, ohne es zu sein, ist seine Zeitlosigkeit eine größere Lebenslüge als die Selbsttäuschung Fabers und Biedermanns. Zum Unterschied von jenen ist er sich der Wahrheit stets bewußt, täuscht aber Unwissenheit vor, um eine Stellungnahme zur Gegenwart zu vermeiden. Er wird damit zum Parasiten und Außenseiter der Gesellschaft.

Enderlin, im gleichen Roman, verdrängt ebenfalls die Zeitlichkeit aus seinem Bewußtsein und flüchtet dergestalt in die Zeitlosigkeit. Dieses Phänomen deutet Ute Eisenschenk: »Im *Gantenbein* versäumt Enderlin die Chance seiner Veränderung durch den Harvard-Ruf, indem er den Schrecken durch die Ahnung der Willkürlichkeit seiner

142 Weidmann, S. 453.

bisherigen Biographie verdrängt, so wie er später die Todeserfahrung verdrängt und sich nicht ändert durch sie. In seiner Unveränderlichkeit verkörpert er erstarrte Unlebendigkeit [143].« Trotz geglückter Überwindung der Zeit bleibt Enderlin, wie im vorgehenden Roman Walter Faber, das Altern nicht erspart.

Der Versuch einer Zeitüberwindung zeigt sich in *Biografie* darin, daß Kürmann im Laufe der Jahre nicht die Entfaltung seines Ichs, sondern nur die Repetition gelingt.

Zusammenfassend läßt sich sagen, daß den Figuren Frischs durch den versuchten Ausbruch aus dem Zwang des Zeitablaufs und der Zeitlichkeit zwar die Bewährung an der Gegenwart erspart bleibt, doch daß sie darüber die lebendige Gegenwart versäumen, weil sie die gewählte Zeitlosigkeit in einem fixierten Bild von sich und der Welt erstarren läßt. Ihr Leben bedeutet darum seelischer Stillstand bei äußerlicher Wiederholung.

2. Leben gegen die Zeit

Während einige Figuren die Vergängnis um jeden Preis aus ihrem Leben verbannen möchten, gereicht anderen der Gedanke an die Impermanenz allen Daseins zum gesteigerten Zeiterlebnis. Ähnlich wie beim Herbsterlebnis wird ihnen aus dieser Einstellung heraus jedes Ereignis zum unwiederbringlichen Erlebnis. Daneben gibt es jene Figuren, die in einer Art von zyklischer Zeitvorstellung das Leben als eine Wiederkehr von sich gleichbleibenden Situationen betrachten und weniger als einen linearen Zeitablauf von der Geburt bis zum Tod. Einerseits bezweckt die Zeiteinstellung einiger Figuren durch das Gefühl des ewigen Abschiednehmens die Gleichförmigkeit ihres Lebens aufzuheben, andererseits ziehen wieder andere Figuren die Gleichförmigkeit der »Wiederholung« bewußt dem Erlebnis der Zeitlichkeit vor. Es läßt sich daher in ihren Verhaltensweisen entweder zwischen einem Leben gegen die »Wiederholung« oder einem Leben gegen die Vergängnis unterscheiden.

a. Leben gegen die »Wiederholung«
Das Zeiterlebnis des Herbstes entspricht in den Werken Frischs angeblich am besten der Daseinsform der Menschen. Diese Meinung vertritt

---

143 Ute Eisenschenk. »Studien zum Menschenbild in den Romanen von Max Frisch«, Diss. Wien 1970, S. 368.

unter anderen der Erzähler in den *Blättern:* »Wer denkt nicht manchmal: so müßte man sein ganzes Dasein erleben können, wie diesen Tag, als ein großes, ein dauerndes Abschiednehmen« (*BB*, S. 27). Nur in der Verwandlung und im Übergang von einer Daseinsform zur anderen läßt sich nach der Meinung vieler Frisch-Figuren die Monotonie vermeiden. Was sie zu besitzen meinen, wird von jenen Figuren daher mutwillig aufs Spiel gesetzt, um es wieder gewinnen und als etwas Neu-Erworbenes betrachten zu können. So empfängt Balz Leuthold sein Leben als ein »Geschenk der Gnade«, nachdem er es in einer waghalsigen Erstbesteigung riskiert. Wintsch-Spieß bemerkt treffend zu dieser Darstellung: »Dem jungen Lehrer Balz Leuthold, der in der waghalsigen Bezwingung des Nordgrates seine letzte Chance sieht, einen Sinn, eine Erfüllung zu finden, wird noch eine ›Antwort aus der Stille‹ der drei einsamen Tage im Grat. Nach diesem Erlebnis ist ihm jeder Tag neu und erfüllt, ein Geschenk der Gnade [144].« Jürg Reinhart im Erstlingsroman *Jürg Reinhart* kann sich seiner erträumten Liebe nur erfreuen, solange er ihrer nicht sicher ist. Darum wird auch in den *Schwierigen* für Reinhart und Hortense nach längerer Trennung ihre Liebe »wie neu« – ihr »war es, sie könnte noch einmal von ihm ihren ersten Kuß erleben« (*Schw.*, S. 223) – und in der Stunde ihres Abschieds scheint ihre Liebe wahrhaftig wie nie zuvor. Auch Kilian wird die Begegnung mit Maja vor allem deshalb zum unvergeßlichen Eindruck, weil Begegnung und Abschied zeitlich zusammenfallen. Kilian vermeidet bewußt die Möglichkeit einer Wiederholung, außer im Traum, denn es liegt ihm im Grunde nicht so sehr an einer tatsächlichen Liebesbeziehung, sondern an der Konservierung einer unvergeßlichen Erinnerung, die seiner Phantasie freien Spielraum läßt, eben weil die Begegnung noch alle Möglichkeiten offen ließ. Die romantischen Helden Frischs müssen den geliebten Menschen erst verlieren, um ihm in Gedanken besonders nahe zu sein. Erst dann wird er »unvergeßbar wie alles, was man verliert!« Denn »in Augenblicken des Abschiedes, dem nichts mehr folgt, mündet jede Gebärde in ewige Dauer« (*Schw.*, S. 226).

Im Gegensatz zu den männlichen Figuren durchschauen die Frauen Frischs dieses männliche Streben nach Bindungslosigkeit und den Wunsch zur Untreue, weil sie instinktiv dahinter die Furcht vor der Bewährung spüren. So macht beispielsweise Elvira im Stück *Santa*

---

144 Wintsch-Spieß, S. 39.

Cruz dem Vaganten Pelegrin zum Vorwurf, immer nur das Abenteuer gewollt zu haben, dagegen »die Nähe, das Wirkliche, das sich
in tausend Küssen der Gewöhnung verbraucht und verleert, das Alltägliche... dem andern, dem treuen und zuverlässigen Gatten« (I,
SC, 74–75) gelassen zu haben. Den meisten männlichen Protagonisten dünkt die Ehe eine Hölle der »Wiederholung«. Reinhart flieht
vor ihr [145], so wie auch Pelegrin, Don Juan und Faber. Dagegen
demonstrieren der Rittmeister, der Staatsanwalt, Stiller, Kürmann
und die Gantenbein-Figuren die Gefahr der Entfremdung zwischen
den Ehepartnern. Keine Liebe ist bei Frisch groß genug, um der
Gewöhnung und »Wiederholung« im Ehealltag standhalten zu können.

Wenn immer die männlichen Figuren aus den Gewohnheiten ihres
Alltags ausbrechen, müssen sie erkennen, daß ihre Suche nach den
Leben außerhalb der Gewohnheit wieder zum Ausgangspunkt der
Flucht zurückführt. Balz und Reinhart kehren in einen bürgerlichen
Alltag zurück, und der Rittmeister begegnet seiner Vergangenheit,
während der »Heutige« sich in der geschichtlichen Vergangenheit
gefangen findet, von der er sich befreien wollte. Der Staatsanwalt in
Graf Öderland stellt dagegen unfreiwillig wieder jene alte Ordnung
her, vor der er in den Wald floh. Don Juan entkommt seiner Bestim-
mung als Ehemann und Vater nicht, obwohl er vor diesem Schicksal
bereits in der ersten Szene floh. Stiller versagt auch beim zweitenmal
an der Ehe mit Julika und nimmt teilweise alte Gewohnheiten wieder
an. Im letzten Roman, *Gantenbein*, führt jede Handlungsvariante
wieder an den Schauplatz der zerbrochenen Ehe zurück, und Kürmann bleibt trotz geringfügiger Änderungen in seiner Biographie bei
seinen gewohnten Verhaltensweisen.

In dem letzten Stück, *Biografie*, wird eine Erklärung für die unvermeidlichen Wiederholungen im Leben Kürmanns angeboten, die sich
auch auf die obig angeführten Figuren Frischs anwenden läßt. Der
Registrator belehrt Kürmann über sein falsches Verhalten bei der
Nachvollziehung vergangener Begebenheiten: »Sehen Sie, Sie verhalten sich nicht zur Gegenwart, sondern zu einer Erinnerung. Das ist es.
Sie meinen die Zukunft schon zu kennen durch ihre Erfahrung. Drum
wird es jedesmal dieselbe Geschichte« (*Bio.*, S. 16). Kürmann wie
auch die anderen Figuren, die unter dem Fluch der »Wiederholung«

---

145 Reinharts Vorstellungen von der Ehe befassen sich nicht mit der Gegenwart,
sondern immer nur mit idyllischen Zukunftsträumen.

leiden, vermögen nicht unmittelbar auf das Gegenwartserlebnis zu reagieren, ohne gleichzeitig Erfahrungen aus der Vergangenheit auf den gegenwärtigen Augenblick zu übertragen. Demzufolge kommt die Flucht vor der Wiederholung bei den Figuren einer Flucht vor der eigenen Unbelehrbarkeit gleich.

b. Leben gegen die Vergängnis

Alle Figuren Frischs leiden unter dem Wissen um die Vergänglichkeit ihres Daseins und fühlen sich durch die Phänomene des Zeitablaufs ständig daran gemahnt. Die Skala ihrer Reaktionen auf diese allgegenwärtige Vergänglichkeit in ihrem Leben reicht bei den Figuren von der Idolisierung der Jugendzeit bis zum Versuch, erlebnismäßig die Vergänglichkeit aus ihrem Dasein auszuschließen. Einen jähen Tod scheinen sie weniger zu fürchten als den langsamen Prozeß des Alterns und das unaufhaltsame Verrinnen der Jahre, ohne ihrem Lebensziel näher zu kommen.

Die Idolisierung der Jugend führt bei den alternden Figuren zu einem Minderwertigkeitsgefühl gegenüber dem jüngeren und erfolgreicheren Zeitgenossen. Daß mit den Jahren auch die Träume zerfließen, stellt Balz Leuthold fest: »Noch konnte man ja sagen: du bist erst zwanzig, und noch war alles möglich, und wie war man stolz darauf, daß alles noch möglich war. Später hieß es, fünfundzwanzig Jahre wären noch kein Alter, und man las gerne von Menschen, die mit fünfundzwanzig Jahren noch nichts geleistet hatten...« (*Ant.,* S. 12).

Eine ganze Industrie dient – nach der Beschreibung im *Homo faber* – dem Wunsch nach künstlicher Jugendlichkeit, wie er sich in »the American way of life« abzeichnet. »Marcel hat recht«, schreibt Walter Faber, »ihre falsche Jugendlichkeit, ihre falsche Gesundheit, ihre Weiber, die nicht zugeben können, daß sie älter werden, ihre Kosmetik noch an der Leiche, überhaupt ihr pornographisches Verhältnis zum Tod... ihre obszöne Jugendlichkeit« (*Hf,* S. 221).

Die verrinnende Zeit wird den alternden Frisch-Helden zum Schrecknis, und der Morgen bringt nicht mehr wie früher die jugendliche Erwartung neuer Erlebnisse, sondern das »Morgen-Grauen«, das bereits den Vorgeschmack des Todes enthält. Dagegen wird das Kind zum Symbol der Zeitablösung. »Das Leben geht mit den Kindern« (*Hf,* S. 170), heißt es im *Homo faber,* und dasselbe wird auch in jenen Episoden angedeutet, welche die Frisch-Figuren als Väter

zeigen. Daher lehnen sich Don Juan, Faber und Kürmann gegen ihre
Vaterrolle auf, weil das Kind den unleugbaren Beweis für ihr eigenes
Altern erbringt.

Wie die Frisch-Helden durch den Altersunterschied gegenüber dem
Kind an ihr eigenes Alter gemahnt werden, so verbindet sich für sie
mit dem Aspekt der Geburt der Gedanke an den Kreislauf des Lebens
und demnach an die Vergängnis ihres eigenen Lebens. Lehnt der
Frisch-Held auf der Suche nach der ewigen Jugend Bindung, Ehe und
Kind ab, so ist ihm auch der Gedanke an das Leben, wie es sich im
Werden und der Geburt ausdrückt, unangenehm. Vor allem bei zwei
derartig vom natürlichen Zeitablauf entfremdeten Figuren wie Don
Juan und Walter Faber ist die Assoziation von Weib, Geburt und Tod
bezeichnend. So bemerkt Don Juan zu Miranda: »Schwarz wie der
Tod, Herzogin, sind Sie in meinen Spiegel getreten. Es hätte solcher
Schwärze nicht bedurft, um mich zu erschrecken. Das Weib erinnert
mich an den Tod, je blühender es erscheint« (II, *DJ*, 60). Dagegen
berichtet Walter Faber in seinen Aufzeichnungen von einem Gespräch
mit Marcel, das eine ähnliche Verbindung zwischen dem Weiblichen
und dem Tod herstellt: »Einmal sagte Marcel: Tu sais que la mort est
femme! Ich blickte ihn an, et que la terre est femme! sagte er, und das
letztere verstand ich ...« (*Hf*, S. 84).

Indem Faber und Don Juan jedwede Beziehung zu einer Frau, die
über das Episodenhafte hinausginge, vermeiden, verdrängen sie damit
auch den Gedanken an die Vergänglichkeit, aus dem heraus andere
Frisch-Gestalten den Erlebnisbegriff verstehen. Faber vermeidet auch
emotionale Abschiede und unmittelbare Erlebnisse, indem er sich hinter seiner Kamera verschanzt. Die photographische Reproduktion hat
gegenüber dem unmittelbare Erlebnis den Vorteil, zeitlos und frei
vom Geschmack der Vergänglichkeit zu sein.

Im Gegensatz zu den weiblichen Figuren, die sich – nach Frisch –
aus dem Verständnis ihrer Mutterrolle heraus eher in den natürlichen
Kreislauf von Werden und Vergehen einfügen können, ist allen männlichen Figuren die Furcht vor dem Alter und der Schrecken angesichts
des Todes gemeinsam. Mit Ausnahme Stillers, und am Ende des
Romans vielleicht auch Fabers, wollen sie nicht einsehen, daß »erst
durch das Wissen von der Endlichkeit und der Unwiederbringlichkeit
der Zeit« ihr Leben sinnvoll wird [146].

---

[146] Bollnow, S. 98.

3. Leben ohne Gegenwart

Frischs Figuren fliehen vor den Anforderungen der Wirklichkeit entweder in vage Zukunftserwartungen oder in die Erinnerung an die Vergangenheit. Die Flucht in die Zukunft ist bei Frisch ein Merkmal der Jugend und wird besonders in den Frühwerken ausführlich gestaltet. Den späteren Figuren, die in der Mitte des Lebens stehen oder vorgeschrittenere Altersstufen vertreten, entspricht die Tendenz, sich in ihren Handlungen weniger von Zukunftserwartugen als vielmehr von vergangenen Erfahrungen bestimmen zu lassen.

a. Leben in der Erwartung

Obwohl die Jugend bei Frisch als Sinnbild des erfüllten Daseins auftritt, erweisen sich bei näherer Untersuchung die jugendlichen Gestalten genau so unfähig wie die älteren Zeitgenossen, ihr zeitliches Sein in seinen unvermeidlichen Beschränkungen zu akzeptieren. In ihrer Einstellung zur Zukunft gleichen sich die Jungen untereinander ebenso wie in der Beschreibung ihrer Sehnsuchtsgefühle. »Unabsehbar und unbeschrieben« (*Jürg*, S. 29) ist für Jürg Reinhart die Zukunft. Balz hat das »Gefühl, daß man ein unabsehbares und fast endloses Leben besitze« (*Ant.*, S. 9). Doch der Gegenwart eines anderen Menschen weichen sie aus. Da die Vergangenheit für sie nicht zählt, bleibt ihnen nur die Vorstellungswelt der Zukunft.

In der Gegenüberstellung von jung und alt zeigt sich bei Frisch besonders die Typisierung der Haltungen in den Lebensaltern. Maja und Kilian, Mee Lan und der »Heutige«, Walter Faber und Sabeth bieten derartige Kontrastpaare. Während Maja, »stumm, jubelvoll in Erwartung« nach dem Wimpel des Bootes blickt, das sie an das andere Ufer bringen soll, fragt sich Kilian, was das andere Ufer schon Neues bringen könnte (*Bin*, S. 101). Mee Lan wieder möchte vom Heutigen erfahren, welche Zukunft er ihr aus seiner Position im zwanzigsten Jahrhundert voraussagen kann. Die unmittelbare Gegenwart am kaiserlichen Hof interessiert sie viel weniger als ihre Zukunft: »Ich sitze und warte, du siehst es, in Bangnis und Hoffnung«, beschwört sie den »Heutigen«, »mit offenen Augen, dennoch blind – nicht eine Stunde kann ich vorwärts sehen, auch nicht eine Minute! und du weißt die Zukunft zweitausend Jahre weit?« (I, *CM*, 177). An anderer Stelle, im Roman *Homo faber*, bemerkt Walter Faber zu Sabeths Zeiteinstellung: »Überhaupt zählte für sie nur die Zukunft, ein bißchen auch die Gegenwart, aber auf Erfahrungen ließ sie sich überhaupt nicht ein, wie alle Jungen« (*Hf*, S. 134).

Aus einer bedrückenden Gegenwart flüchtet auch Inge, die Köhlerstochter, in die Erwartung. Sie hofft auf die Erfüllung der alten Sage von der Wiederkunft des Rebellenführers Graf Öderland. Darum begrüßt sie den Staatsanwalt als ihren Retter und Befreier. »Ich bin froh, daß Sie gekommen sind. ... Bevor ich alt bin und sterbe« (I, GÖ, 323), sagt sie zu ihm.

Das Leben in der Erwartung selbst nach dem Ende der Jugendzeit findet sich vor allem bei Stiller. Seine Flucht in die Erwartung, von der sich Stiller – wie er selbst zugibt – auch nach der Selbsterkenntnis nicht befreien kann, widerlegt die Meinung einiger Kritiker, Stiller habe sich, zurückgekehrt als Mr. White, selbst angenommen und kämpfe nun gegen den Einfluß der Vergangenheit für diese Selbstwahl[147]. Dem widerspricht, daß Stiller-White mehrmals in seinen Aufzeichnungen im Gefängnis erwähnt, daß das Gefängnis nur in ihm selbst sei, weil er noch immer in der Erwartung lebe (*St.*, S. 22). Zugleich gesteht er sich ein, daß eine Flucht vor dem wahren Selbst der Gegenwart unmöglich sei (*St.*, S. 69).

Bezeichnend ist für die selbstentfremdeten Menschen Frischs wie Stiller ihr Wunsch nach Mitteilung, und ihr Bestreben, durch das Verständnis der anderen die Selbstzweifel zu übertönen. Dem entspricht auch die Annahme, Stiller müsse sich nach dem Tode Julikas mit seinem Selbst abgefunden haben, da er von da an seine langen Briefe (an denen Rolf ein »gewisses Maß von Verstellung« beanstandet) und seine mitternächtlichen Telephonanrufe einstellt. Es drängt ihn nicht länger, die Mitmenschen von seinen Erwartungen zu überzeugen, und er ist demnach nicht mehr von ihren Meinungen abhängig.

Diese Auslegung stimmt auch mit den sprechenden Namen überein. Stiller gibt sich bei seiner Rückkehr als Mr. White aus, als ein Mensch ohne Vergangenheit und ohne gültige Identität in der Gegen-

---

147 Eduard Stäuble, *Max Frisch. Gesamtdarstellung seines Werkes* (St. Gallen: Erker, 1967), S. 125;
Hans Mayer, »Dürrenmatt und Frisch«, *Wirkungsgeschichte*, S. 45;
Wintsch-Spieß, S. 45–46;
Dagegen:
Philip Manger »Kierkegaard in Max Frisch's Novel *Stiller*«, *German Life and Letters*, 20 (1966), 125.

wart, mit anderen Worten, ein »unbeschriebenes Blatt«[148], das sich erst langsam mit den Aufzeichnungen der Vergangenheit füllt, wobei diese allerdings noch in der distanzierten »Er«-Form verfaßt sind. Seine Schweigsamkeit in der Vergangenheit, vereinbar mit dem Namen Stiller, fällt bereits Julika bei der ersten Begegnung auf, und läßt sie anfangs an einen Spitznamen denken. Sein Verstummen am Ende des Romans entspricht nicht wie ehedem dem Minderwertigkeitsgefühl über das Versagen vor seinen Erwartungen, sondern dem Gefühl des »Sich-selbst-genügens«. Er hat erkannt, daß die »Sprache nicht Träger der Wahrheit« ist[149]. Sein wirklichkeitsnahes Leben am Ende des Romans bedarf keiner Erklärungen mehr.

Die bürgerlich-spießerhafte Variante der Gegenwartsflucht wird in der Figur Biedermann vorgestellt. Während Stiller, der Künstler, aus Zweifel am Selbst in die Erwartung auf ein besseres Ich flieht, erhebt der biedere Bürger die »Hoffnung auf das Gute im Menschen« zum Prinzip, um so der Verantwortung des Handelns enthoben zu sein, und ermöglicht durch eben diese verantwortungslose Passivität die Katastrophe. »Blinder als blind ist der Ängstliche«, klagt der Chor, weil jener, »hoffend das Beste«, solange wartet, »bis es zu spät ist« (II, B, 111). Biedermann verteidigt sich mit den üblichen Klischees gegen die Anschuldigungen des Chores, seine Pflicht versäumt zu haben. »Man solle nicht immer das Schlimmste denken«, meint er, und »ein bißchen Vertrauen, Herrgottnocheinmal, muß man schon haben, ein bißchen guten Willen« (II, B, 123). Biedermann glaubt, durch seine Erwartungen und Hoffnungen auf das Gute allein schon die Welt zu verbessern und damit seinen Anteil geleistet zu haben. So hofft er lieber auf das Beste, als sich über die Gegenwart Sorgen zu machen.

Wenn Biedermann durch seine guten Erwartungen das Unheil zu verhüten meint, so ist im Stück *Andorra* jenes Unheil bereits in den Erwartungen aller Beteiligten vorweggenommen. Die Möglichkeit eines Angriffes der »Schwarzen« ist von den Bewohnern so oft diskutiert und ausgemalt worden, daß das tatsächliche Eintreten der Erwartungen wie die Wiederholung einer Erinnerung empfunden wird. Als die Häscher schließlich um Andri kommen, sagt dieser:

---

[148] Walter Schenker, *Die Sprache Max Frischs in der Spannung zwischen Mundart und Schriftsprache* (Berlin: W. de Gruyter, 1969), S. 78.

[149] Sigfried Hoefert, »Zur Sprachauffassung Max Frischs«, *Muttersprache*, 73 (1963), 257–259.

»Was kommt, das ist ja alles schon geschehen« (II, *And.*, 289). Andri
war schon tot für seine Mitbürger, als er noch lebte.

Die Darstellung im Werk Frischs widerlegt jenen Schicksalsbegriff,
wie er im *Biedermann* und in *Andorra* zur Rechtfertigung des Geschehens von einigen Figuren angeführt wird. Ereignisse, die bereits in der
Erwartung vorweggenommen und von allen akzeptiert worden sind,
werden durch passives Danebenstehen praktisch unvermeidbar, obwohl sie andernfalls abwendbar gewesen wäre. Wie beim Erlebnis der
Erwartung in der Jugend entfremdet auch hier das alleinige Hoffen
bei gleichzeitiger schweigender Duldung des Übels von der Gegenwart
und einer Teinahme am Geschehen.

b. Leben in der Vergangenheit
Wenn für die Jugend das Leben in der Erwartung bestimmend ist, so
werden die alternden Menschen bei Frisch von den Erfahrungen ihrer
Vergangenheit oft so sehr beherrscht, daß sie darüber die Gegenwart
vernachlässigen.

Am Beispiel des pflichtbewußten Obersten in den *Schwierigen*
wird die Überschätzung der Vergangenheit auf Kosten der lebendigen Gegenwart demonstriert. Der Oberst meint dem Geist seines Landes vor allem in der Pflege der Tradition zu dienen, wie »in der
Geschichte eigener Familien, in Wappen, Zunfthäusern, in antiquari-
schen Sammlungen, wie er selber eine ganz bescheidene besaß« (*Schw.*,
S. 137). Aus der überlieferten Vergangenheit und nicht so sehr aus
eigenen Erfahrungen leitet er seine Ehrbegriffe her, die sich mit einer
verworrenen Erbtheorie verbinden, wie sie Reinhart später übernimmt. Der Oberst will Hortense, seiner Tochter, gleichfalls die Prinzipien seines Lebens aufzwingen, ohne zu bedenken, daß diese ohne
relevante Erfahrungen nur Fassade sein können.

Die Diskrepanz von Traditionsbewußtsein und erfüllter Gegenwart
kommt in jener Szene bildlich zum Ausdruck, da Hortense unter
einem brüchigen Zunfthaus verschüttet wird, das der Oberst eben
renovieren läßt. Der Oberst empfindet den Unfall als einen schicksalshaften Verweis, und »wie ein Schuldiger« sitzt er bei den Besuchen im Krankenhaus neben dem Bett seiner Tochter (*Schw.*, S.
151).

Die Entfremdung von der Gegenwart durch falsch verstandenes
Traditionsbewußtsein wird im späteren Roman *Stiller* angegriffen,
wenn sich der Titelheld gegen die Schweiz ereifert. Er findet, daß in

der Schweiz aus der Vergangenheit ein Idol gemacht worden sei, das
nun als Ersatz für gegenwärtige Leistungen herhalten müsse. »Was
heißt Tradition?« fragt er. »Ich dächte: sich an die Aufgaben seiner
Zeit wagen mit dem gleichen Mut, wie die Vorfahren ihn gegenüber
ihrer Zeit hatten. Alles andere ist Imitation, Mumifikation, und wenn
sie ihre Heimat noch für etwas Lebendiges halten, warum wehren sie
sich nicht, wenn die Mumifikation sich als Heimatschutz ausgibt?«
(St., S. 291). Stiller-White beklagt, daß bei dieser Einstellung die
geistige Freiheit – »das Wagnis des Denkens« – der Lebenden
durch mißdeutete Prinzipien der Vergangenheit unterjocht würde.
So scheint er vor allem die lebendige Idee hinter den traditions-
bewahrenden Beschlüssen der Behörden zu vermissen. Sein Eifer und
seine Forderung von neuen Ideen werden jedoch von seinem Freund
als Nihilismus und destruktives Bestreben ausgelegt.

Gemeinsam ist der Darstellung des Traditionsbewußtseins in den
Schwierigen wie im Stiller (aus der Sicht Stiller-Whites), daß auf
gegenwärtige Situationen mit starren Prinzipien reagiert wird. Ihr
Traditionsbewußtsein zeigt die Figuren mehr an Antiquitäten als am
guten Beispiel der Vorväter interessiert.

Eine ähnliche Verkehrung von vergangenen und gegenwärtigen
Werten tritt ein, wenn Erinnerung als Gegenwart erlebt wird. Kilian
versäumt beispielsweise seine Traumgegenwart, indem er einerseits
Dinge, die Gegenwart sind, für Erinnerungen hält, andererseits offen-
bare Erinnerungen als Gegenwart erlebt. Er erklärt sich das folgendermaßen:

Jemand sagte mir, daß Dinge, die wir für Erinnerung halten, Gegenwart sind. Es
überzeugt, dann wieder verwirrt es. Denn es nimmt den Dingen, die uns begegnen,
schlechterdings die Zeit. ... Ich treffe Leute, die gar nicht mehr sind, und rede mit
ihnen, liebe sie zum erstenmal ... und immer wieder begegne ich dem Mädchen,
so, wie wir uns damals verloren haben. ... Zum Beispiel denke ich oft und sage es
mir auch: Offenbar sind es Erinnerungen, was du erlebst, nichts weiter. (Bin, S.
78–79)

Seine Erinnerungen im Traum sind als Wunsch nach einer Rückkehr
in die Jugend deutbar. Immer wieder stellt sich daher die Erfüllung
heimlichster Sehnsüchte im Traum als déjà vu heraus. So steht er
auf seiner Wanderung nach Peking plötzlich vor einem See blühender Seerosen. »In den einsamen Bergen des Karstes hatten wir all
dies schon einmal erlebt«, (Bin, S. 14) bemerkt Kilian hierzu. Auch
das Peking, wie es sich den Wanderern von der Anhöhe bietet, kennt
er bereits von einer Phantasiezeichnung zu Hause, während ein ande-

res Bild aus dem Wohnzimmer zu Hause im Traum als Erlebnis
»erinnert« und »vergegenwärtigt« wird. Die Sandsteinfigur auf der
Bauerntruhe im Wohnzimmer wandelt als philosophischer Heiliger
durch seine Träume. Auch Kilians Sehnsucht nach einer Wiederbegegnung mit Maja oder nach einer Gutmachung an einem inzwischen verstorbenen lieben Menschen bezieht sich gleichfalls auf
vergangene Erlebnisse. Seine Träume bringen demnach nur seine
eigene Vergangenheit in die Gegenwart zurück.

Wie in *Bin* stellt sich auch in anderen Werken Frischs die Sehnsucht nach etwas Zukünftigem als verborgener Wunsch nach einer
Rückkehr in die Vergangenheit heraus. Dies trifft in *Santa Cruz* auf
die Wünsche des Rittmeisters und Elviras zu und ist auch bei Don
Juan im gleichnamigen Stück der Fall. In ihren Gedanken sehnt sich
das gräfliche Ehepaar nach dem Abenteuer der Jugend zurück, und
es bedarf der Begegnung mit Pelegrin, damit sie einsehen, wie un-
sinnig es ist, die Vergangenheit in der Gegenwart wiederholen zu
wollen. Auf Don Juan trifft gleichfalls zu, daß er in seinen Abenteuern das Erlebnis der ersten Liebe zurückbringen möchte, doch im
übrigen scheint sich Don Juan eher außerhalb die Zeit zu stellen, da
er die zeitlose Mathematik den Gefühlen vorzieht.

Der Vergangenheit verhaftet sind auch jene Figuren Frischs, die
sich von den Irrtümern ihrer Vergangenheit nicht freimachen können.
Als Vertreter des zwanzigsten Jahrhunderts bleibt der »Heutige« in
seinen Gedanken unter dem Einfluß geschichtlicher Überlieferung wie
auch Horst Anders unter dem Einfluß politischer Schlagworte, solange
sie zu schwach sind, nach eigenem Gutdünken zu handeln. In ihre
eigene Vergangenheit sind auch Kürmann und Enderlin verstrickt,
denn ihre vergangenen Handlungen sind zu Präzedenzfällen geworden, die nun ihre späteren Entscheide bestimmen. Wenn Kürmann,
nicht wie Stiller innerhalb seines wirklichen Lebens, sondern hinterher
in seiner Imagination [150], auch vor der Vergangenheit flieht, kommt
er doch über seine alten Gewohnheiten nicht hinaus. Enderlin kann
sich selbst nicht ändern, weshalb er, wie Kürmann, in seinen Handlungen Vergangenes wiederholt.

Jene Figuren Frischs, die aus ihrer Einstellung zur Vergangenheit
heraus die Gegenwart versäumen, glauben durch Korrekturen von
Handlungen in der Vergangenheit ihre Gegenwart umgestalten zu

---

[150] Christoph Burgauner, »Max Frisch oder die Liebe zur Dramaturgie«, *Frankfurter Hefte,* 23 (1968), 442.

können. Sie übersehen dabei – genau wie die Figuren, die in die Erwartung der Zukunft flüchten – daß sie trotz Änderungen in der Vergangenheit oder in der Zukunft sich im Grunde in der Gegenwart gleich bleiben. Solange die Figuren dazu neigen, Vergangenheit oder Zukunft unbewußt zur Gegenwart zu machen, verkennen und verfälschen sie diese [151].

B. »Der Zeit Standhalten«

Kurz vor seinem Tode vermerkt Faber als Zweck des Lebens das »der Zeit Standhalten«: »Auf der Welt sein: im Licht sein. ... aber vor allem, standhalten dem Licht, der Freude (wie unser Kind, als es sang), im Wissen, daß ich erlösche im Licht über Ginster, Asphalt und Meer, standhalten der Zeit, beziehungsweise Ewigkeit im Augenblick. Ewig sein; gewesen sein« (*Hf*, S. 247). »Auf der Welt sein« und »gewesen sein« sind in den Werken Frischs Attribute des »wirklichen Lebens«. Stiller versucht an einer Stelle seinem Verteidiger zu erklären, was er unter dem »wirklichen Leben« verstehe, doch bleibt es bei ihm wie auch bei Faber und anderen Gestalten bei Umschreibungen. Das »wirkliche Leben« ist für sie genau so wenig beschreibbar wie das Erlebnis der »Ewigkeit im Augenblick«. Dieser Ausdruck kann sich sowohl auf jene Erfahrung mancher Figuren beziehen, daß die Zeit scheinbar stillstehe, d. h. »ein Augenblick bricht über den Zeitablauf herein«, wie bei Nietzsche notiert [152], als auch auf den Eindruck, das Erlebnis eines Augenblickes umschließe Ewigkeiten. Während die Hingabe an den Augenblick charakteristisch für die romantisch empfindenden Figuren ist, gelingt es ihnen selten, die Gegenwart im Augenblick als Dauer zu erfahren.

1. Das Erlebnis des »Augenblicks«

In den Werken Frischs dominiert die Daseinserfahrung aus der Wahrnehmung des Zeitgefälles, mit anderen Worten, die Zeit wird meistens als Zeitablauf verstanden. Der einzelne Augenblick wird hier im Bewußtsein seiner Vergängnis erlebt, wie der Herbst als »Offenbarung

---

151 Brunner, S. 42.
152 Joan Stambaugh, *Untersuchungen zum Problem der Zeit bei Nietzsche* (Den Haag: Martinus Nijhoff, 1959), S. XIX.

des Daseins durch den Abschied« (*BB*, S. 28). Mit dem Aspekt der Vergängnis in jedem Augenblick verbindet sich bei Frisch gelegentlich die Frage nach einer existentiellen Lebenshaltung, »ob das bisher gelebte Leben vor der Möglichkeit eines baldigen Endes standzuhalten vermag« [153]. Von dieser Daseinsfrage ausgehend wird der Gedanke an die Vergänglichkeit zur gestaltenden Kraft für das gegenwärtige Leben – wie beispielsweise in den *Blättern* und vor allem im *Stiller*, während in den späteren Werken der Schrecken über die Vergänglichkeit nicht mehr ausreicht, um (in existentieller Manier) »wie ein letztes Gericht die Eigentlichkeit der Existenz vor die Probe« zu stellen [154].

Neben dem Erlebnis des Augenblicks als Zeitgefälle steht die Erfahrung des Augenblicks als Dauer. Die Zeit bleibt bei Frisch stehen, wenn das Zeitgefälle momentan aufgehoben scheint, und das Gefühl der Gegenwart dominiert. In den *Schwierigen* gipfelt die Beschreibung des wunderbaren Oktobertages in einer Apotheose des menschlichen Lebens, die in die Worte ausklingt: »Für Augenblicke ist es, als stünde die Zeit, in Seligkeit benommen. Gott schaut sich selber zu. Und alle Welt hält ihren Atem an, bevor sie in Asche der Dämmerung fällt« (*Schw.*, S. 290) [155]. Die Fülle des Daseins soll hier nochmals in einem rundblickenden Verweilen im Augenblick umfaßt werden [156]. »So ganz und gar ist alles voll Gegenwart« (*BB*, S. 36), heißt es in den *Blättern*, daß sich jeder Gedanke an die Vergänglichkeit der Zeit verbiete. Hier schwingt unausgesprochen der Wunsch mit, daß es immer so bleiben möge.

Die Zeit bleibt auch im Bewußtsein jener Menschen stehen, die sich trotz äußerer technischer und kultureller Fortschritte in ihrem Denken kaum von der Menschheit früherer Jahrhunderte unterscheiden. Die historische Szenerie in der *Chinesischen Mauer* veranschaulicht dies, wenn sie momentan einem Tableau gleich erstarrt, um sich hierauf wieder in Neugruppierungen in Bewegung zu setzen.

Still steht die Zeit auch für Walter Faber, nachdem er Sabeth ins Krankenhaus gebracht hat und nun nach einundzwanzig Jahren Trennung wieder mit Hanna beisammen ist. »Es war Mitternacht«, schreibt er, »schätzungsweise, ich hatte ja meine Uhr nicht mehr, aber abgesehen davon, es war tatsächlich als stehe die Zeit« (*Hf*, S. 180). Für Faber hat die Zeit schon lange stillgestanden, seit er durch seinen

---

[153] Bollnow, S. 101.   [154] Bollnow, S. 101.
[155] Dieselbe Stelle erscheint im *Stiller*, S. 417.   [156] Gassmann, S. 116.

Beruf und sein mechanistisches Denken den Kontakt mit dem Zeitablauf im menschlichen Leben verloren hat. Aber nun wünscht er insgeheim, daß der nächste Morgen nie kommen werde.

In der Freude und in der Furcht sowie in intensivster Wahrnehmung der Gegenwart hält für die Menschen Frischs die Zeit gebannt in ihrem Ablauf inne, und verdichtet sich das Erlebnis der Gegenwart zum stillstehenden Augenblick.

2. Das »wirkliche Leben«

Das »wirkliche Leben« unterscheidet sich in den Werken Frischs von der sich selbst und anderen vorgespielten Rolle durch die Hinwendung zur Gegenwart. Die Gegenwart genügt bei Frisch jenem Menschen, der mit sich selbst identisch ist (d. h. nicht etwas anderes sein will als er ist) und nicht aus der Sehnsucht nach einer verklärten Jugend oder unwahrscheinlichen Zukunft eine Ersatzidentität beziehen muß. Das »wirkliche Leben« ist nicht zu verwechseln mit jenem »anderen Leben«, das sich die Figuren so oft als die andere Möglichkeit ihres Daseins vorstellen. Nichts könnte dem Zustand des »wirklichen Lebens« ferner sein als diese selbstquälerische Sehnsucht, die so typisch für die gegenwartsfernen Figuren in den Werken ist. Kilian geht beispielsweise so weit, die Sehnsucht »das beste in unserem Leben zu nennen« (*Bin*, S. 64), und am Glück zu bedauern, daß es »uns kaum noch ein Recht auf Sehnsucht läßt« (*Bin*, S. 64).

Wenn auch bei Frisch oft das Leben in der unerfüllten Erwartung gepriesen wird, so findet sich auch gelegentlich der Lösungsversuch, der aus der Spannung zwischen den verschiedenen Möglichkeiten herausführt. Die Romanschlüsse im *Stiller* und *Homo faber* deuten auf die Möglichkeit einer Selbstverwirklichung der Hauptfigur in der Gegenwart. Jener Selbstverwirklichung geht notwendigerweise der Vorgang der Selbsterkenntnis und der Selbstannahme voraus, wie es in jenem Kierkegaard-Motto formuliert ist, das dem Roman Stiller vorausgestellt ist.

Stiller geht durch die Erfahrung des Todes zur Selbstannahme und zum »wirklichen Leben«. Es trifft auf ihn zu, was Heinrich Geisser über das »wirkliche Leben« bei Frisch schreibt:

Das richtig gelebte Leben ist bei Frisch die Voraussetzung, daß ein wirklicher Tod stattfinden kann. ... Der Mensch muß erst einmal er selber geworden sein, er muß seine Identität erreicht haben; er darf seine Existenz nicht vom einzelnen Augenblick her beurteilen, sondern muß sie im Gefühl der Zeit kontinuierlich entfalten. ...

Das Gefühl, ein einziges Mal verstanden zu haben, was Leben bedeutet, das Glück eines Daseins erfahren zu haben, das nicht mehr nach Pflicht oder Sinn des Lebens fragt, weil der Sinn schon in diesem Leben selbst begründet ist, darin sieht Frisch die höchste Gunst des Lebens [157].

Gegenwärtigkeit, Selbstgenügen und Resignation charakterisieren den letzten Abschnitt von Stillers Leben, wie es auch in seinem Brief an den Staatsanwalt zum Ausdruck kommt. »Ich hänge am Leben wie noch nie«, schreibt er, »dann hat man immer so ein Gefühl, der Tod sei einem auf den Fersen, das ist natürlich, dieses Gefühl, ein Zeichen von Leben. Im Ernst, ich habe das noch selten erlebt: ich freue mich fast immer auf den Morgen und bitte nur darum, daß der morgige Tag so sei wie der eben vergangene, denn die Gegenwart genügt mir in einem manchmal bestürzendem Maße« (St., S. 463–464). Mit dem Leben in der Gegenwart stellt sich bei Stiller auch die Annahme der Vergänglichkeit des Menschen ein und die Erkenntnis, daß Tod und Leben untrennbar sind.

Faber bringt es im Leben nur bis zur Selbsterkenntnis, d. h. zu jenem Punkt, wo Stillers Aufzeichnungen ansetzen. Für Faber ist die Selbsterkenntnis das höchste, das ihm erreichbar ist – Tod und Selbsterkenntnis bedingen einander in seinem Fall. Der Gedanke der Selbsterkenntnis durch die Todeserfahrung wird auch angedeutet, wenn Faber bei seinem Flug über die Alpen feststellt: »Wenn ich jetzt noch auf jenem Gipfel stehen würde, was tun? Zu spät, um abzusteigen; es dämmert schon in den Tälern. ... Man sieht das Gipfelkreuz, weiß, es leuchtet, aber sehr einsam, ein Licht, das man als Bergsteiger niemals trifft, weil man vorher absteigen muß, Licht, das man mit dem Tode bezahlen müßte« (Hf, S. 244). Faber bezahlt seine Selbsterkenntnis mit dem Tode, und sein Leben bricht mit der Vision des »wirklichen Lebens« ab.

Bei allen Überwindungsversuchen der Zeit stellt sich in den Werken Frischs der Tod immer als jener absolute Maßstab heraus, »an dem die Gestalten ihr Leben zu messen haben« [158]. Die Diskrepanz zwischen den Sehnsüchten der Figuren und der letzten Instanz des Todes findet bei Frisch nur eine bedingte Lösung in der Beschränkung auf ein einfaches Leben in der Einsamkeit.

---

[157] Geisser, S. 28–29.

[158] »Er [der Tod] wird anstelle eines sinngebenden übergeordneten Prinzips zum absoluten Maßstab, an dem die Gestalten ihr Leben zu messen haben. Er wird – in der Folge der Romane in immer stärkeren Ausmaß – zur absoluten Instanz einer weltimmanenten Lebensauffassung.« Eisenschenk, S. 387.

Kapitel V

DIE FIGUREN ALS »TYPEN« IN DER DARSTELLUNG DES ZEITERLEBNISSES UND DES ZEITPROBLEMS

Analog zu den in Kapitel IV beschriebenen typischen Verhaltensformen gegenüber der Zeitproblematik im Leben der Figuren Frischs
sollen auch hier vier Kategorien unterschieden werden, ohne hingegen die Figuren in ein künstliches Schema pressen zu wollen. Als
»Vergangenheitsmenschen« wären jene Gestalten ansprechbar, die
sich überwiegend von den Werten der Vergangenheit leiten lassen und
ohne Beziehung zur Gegenwart leben. »Zukunftsverbundene« sind
bei Frisch alle, die mehr in der Erwartung als in der Erfüllung ihrer
Wünsche leben. »Ohne erlebte Zeit« versuchen jene Gestalten zu
existieren, für welche die »objektive« Uhrzeit wirklicher ist als die
erlebte »innere« Zeit. »In der Gegenwart leben« – nach der in den
Werken formulierten Ansicht – nur jene, denen ein erfülltes Dasein
der Selbstverwirklichung in einer Synthese von Erwartung und Vergangenheit gelingt. Der jeweilige Wandel in der Einstellung zur Zeit
bei den Figuren ist in den Werken einerseits auf das allmähliche
Altern, andererseits auf ein einschneidendes Erlebnis zurückführbar.

A. Der »Vergangenheitsmensch«

So verschieden nach außen hin die Figuren in dieser Kategorie auch
angelegt sind, geht aus ihren Aussagen doch immer der empfundene
Zwiespalt zwischen einem Leben in der Vergangenheit und einem
beziehungslosen Dasein in der Gegenwart hervor. Die Vergangenheit
tritt als vergegenwärtigte Erinnerung auf. Bei Kilian in *Bin* und beim
Rittmeister in *Santa Cruz* ist das Erlebnis von Erinnerungen in Form
von Träumen gezeigt. Kilian wird durch seinen Reisegefährten Bin

darauf aufmerksam gemacht, und er erlebt es später bewußt, wie sehr seine Träume eigentlich nur Erinnerungen nachvollziehen. Aus den Gesprächen zwischen Bin und Kilian erkennt der Leser, daß Kilian nicht so sehr bestrebt ist, sein Traumziel Peking so rasch wie möglich zu erreichen, sondern vielmehr seine Erinnerungen noch einmal vergegenwärtigen möchte. Die weiteren Erlebnisse auf der Traumreise sind bildliche Darstellung dieser Beobachtung.

Personen und räumlicher Hintergrund bleiben in der Erzählung *Bin* undeutlich. Eine äußere Beschreibung Kilians oder Bins fehlt, und vom Alltagsdasein Kilians erfährt man nur, er sei Architekt, verheiratet und etwa dreißig Jahre alt. Als erzählerisches Ich offenbart sich Kilian vornehmlich am Vergleich mit Bin in verschiedenen Denkens- und Verhaltensweisen. Der Autor schaltet sich nur am Ende der Erzählung ein, um den Wechsel des Schauplatzes vom Traum zum Wachsein zu dokumentieren.

Wenn Kilian sich von Erinnerungen aufhalten läßt, während Bin auf die Fortsetzung der Wanderung nach Peking drängt, wird im Vergleich mit Bins gegenwartsverbundener Einstellung Kilians damit kontrastierendes vergangenheitsausgerichtetes Verhalten verdeutlicht. An den Figuren Kilian und Bin findet sich demnach der Konflikt zwischen Alltagszeit und erlebter Zeit in zwei Kontrastfiguren aufgeteilt, und eine Synthese der beiden Zeiteinstellungen wird hier als unmöglich vorgeführt.

Kilian am nächsten steht in der Darstellung des Vergangenheitsbewußtseins in den Werken Frischs der Rittmeister in *Santa Cruz*. Auch hier bleibt die Beschreibung äußerer Merkmale der Figur spärlich, es läßt sich nur aus Andeutungen schließen, daß der Rittmeister um die vierzig Jahre alt ist. Wie Kilian hält auch er sich ein Tagebuch, doch hier ist es nicht ein Traumbuch, sondern ein dienstliches »Diarium«. Daneben raucht er Pfeife (wie die meisten männlichen Frisch-Figuren) und sammelt Kunstgegenstände. Auch bei ihm ist die Wirklichkeit in Traum und Wachsein geteilt. Bewußter erlebt als bei Kilian und zum Hauptthema des Stückes erhoben ist hier der Wunsch nach einer Vergegenwärtigung vergangener Jugendsehnsüchte. Die Rolle des kontrastierenden Zeitbewußtseins fällt hier Pelegrin, dem Vaganten zu, der Frischs Wunschbild vom Leben ohne Bindungen und des ewigen Abschiednehmens verkörpert, während der Rittmeister die Erfahrung der Pflichterfüllung und Ordnung vertritt, demnach jeweils das Leben in der »inneren« und in der »äußeren« Zeit darstellend.

Der Rittmeister und Pelegrin haben trotz äußerer Unterschiede vieles gemeinsam, wie das gleichfalls auf Kilian und Bin zutrifft, und was sie in beiden Fällen als zwei verschiedene Aspekte eines Ichs charakterisiert. Die geringen Abweichungen in diesen Gemeinsamkeiten charakterisieren die Gestalten. Beide Figuren lieben es beispielsweise, Dinge zusammenzutragen. Während aber der Rittmeister Kupferstiche sammelt, legt sich Pelegrin eine Kollektion von getrockneten Menschenköpfen an. Beide lieben auch dieselbe Frau, wenn Pelegrin Elvira zur Mutter macht, so heiratet sie der Rittmeister und bietet ihrem Kind ein Heim. Beide leiden schließlich an Selbstentfremdung, doch während der Rittmeister sich selbst fremd bleibt, weil er in seinem Ordnungsleben auch immer zugleich die Möglichkeiten seines anderen Ichs verkörpern möchte, so braucht Pelegrin die Abwechslung, um sich selbst gleich zu bleiben. Am Ende beschreiben sie beide mit denselben Worten die niederdrückende Wirkung des ununterbrochenen Schneefalls, weil sich ihre Zeiteinstellungen einander annähern und die zwei Ich-Aspekte zu einem Ganzen vereinen.

In seiner Haltung zu Elvira und Pelegrin markiert der Rittmeister seine charakteristische Zeiteinstellung. So spricht sich die Sehnsucht nach dem versäumten Jugenderlebnis einerseits im Abschiedsbrief an seine Frau Elvira aus und wird andererseits in den jeweiligen traumhaften Rückblenden der Begegnung mit Pelegrin und Elvira vor siebzehn Jahren veranschaulicht[159]. Diese Darstellung erreicht eine Gegenüberstellung von Gegenwart und Vergangenheit des Rittmeisters, wie auch die Gespräche mit den anderen Gestalten im Stück von der Gegenwart ausgehend in jene Vergangenheit zurückführen. Sie vergleichen dergestalt das hier und jetzt mit dem damals und bereiten in Anspielungen auf den Ausbruchsversuch des Rittmeisters aus dem verschneiten Winterschloß und aus seinem Leben der Pflichterfüllung vor. Einsicht und Wandel des Rittmeisters wird durch den mit der Vergangenheit versöhnenden Tod Pelegrins, der Verkörperung seiner anderen Ich-Möglichkeiten, begründet. Pelegrin bereute nichts Vergangenes, wünschte aber auch nichts vom vergangenen Geschehen zurück, und diese Haltung wird dem Rittmeister und Elvira zum Vorbild für ihr eigenes Dasein.

159 Schäfer, S. 76.

An der Figur des Rittmeisters wird als der einzigen in der Kategorie des »Vergangenheitsmenschen« demonstriert, wie man sich von der gefühlsmäßigen Bindung an die Vergangenheit so weit befreien kann, daß eine erlebte Gegenwart zur Möglichkeit wird. Faktisch ist zwar der Bruch mit der Vergangenheit nach außen hin schon am Anfang des Spiels vollzogen, doch führt das Stück vor, wie sich die einstige Entscheidung des Rittmeisters und Elviras an der Begegnung mit Pelegrin bewähren muß und nach dem Lippenbekenntnis nun innerlich bestätigt wird.

Eine weitere Variation des Lebens in der Vergangenheit scheint durch den Obersten in den *Schwierigen* verkörpert, der die Gegenwart aus einer traditionsgebundenen Haltung heraus beurteilt. Es verwundert auch hier, wie wenige äußere Merkmale der Figur gegeben werden, und wie klar man als Leser trotzdem die Figur zu sehen meint. Nicht so sehr physiognomische Merkmale scheinen diese Figur für den Leser zu vergegenwärtigen, als wenige bezeichnende Gesten und in indirekter Rede berichtete Erinnerungen. Es wird hier auf ein Klischee in der deutschen Literatur zurückgegriffen: der selbstbewußte Mann, der ein Leben der Ehre und Pflichterfüllung nach altüberlieferten Prinzipien geführt hat und dasselbe nun von der Jugend fordert. Hier wird offensichtlich ein Typ vorgeführt, der keiner weiteren physiognomischen Beschreibung bedarf, denn des Obersten Einstellung zur Zeit geht völlig ausreichend aus den wenigen Bemerkungen des Erzählers über ihn hervor: er sei Sammler von Antiquitäten, eifriger Befürworter der Restaurierung alter Zunfthäuser, patriarchalischer Betreuer seines Landgutes und seiner Familie und streng jeder Abenteuerlust abgeneigt.

Der Leser sieht den Oberst bei zwei charakteristischen Beschäftigungen: beim Öffnen seiner Post und beim Rundgang über die Felder in Begleitung seiner Tochter Hortense. Bei der Bearbeitung seiner Dienstbriefe tritt er als verkörperte Institution auf und ist traditionsbewußt und sorgfältig. Ähnlich beeindruckt er beim Gang über die Felder vor allem als Bewahrer von Ererbtem. Die negative Seite dieses Traditionsbewußtseins kommt in des Obersten Einstellung zur Gegenwart zum Ausdruck. Erbdünkel wird bei ihm zum sozialen Vorurteil, vor allem Reinhart gegenüber. Der Bruch zwischen den Generationen ist in seinem Verhalten gegenüber Hortense angedeutet, wenn er beispielsweise unbedingten Gehorsam von ihr fordert, ohne je eine Begründung seiner Anordnungen nötig zu finden.

Als Typus des verkörperten Traditionsbewußtseins erfüllt diese Figur im Roman die Funktion eines Kontrastes zum Zeitgefühl der Jugend, wie es an Reinhart und Hortense erkennbar ist. Wo er starrsinnig auf der Bewahrung von Ererbtem und Verbürgtem besteht, dort verlangt die Jugend Freiheit der Selbstentscheidung. Seine Reden am Eßtisch und beim Gang über die Felder unterstreichen das Statische seines Charakters und treiben die Handlung des Erzählwerkes nicht weiter, weshalb diese Ausführungen auch oft an äußere Geschehen angeknüpft werden, um so den Anschein von Handlung in jenen Absätzen aufrechtzuerhalten.

Innerhalb dieser Kategorie des »Vergangenheitsmenschen« findet dieser Typ sein negatives Gegenstück in den Spießbürgern bei Frisch, in deren Darstellung sich das Traditionsbewußtsein in passiven Fatalismus und die Prinzipientreue in Vorurteile aller Art verkehrt hat.

Dem Einfluß der Vergangenheit im Jetzt verfallen zeigen sich gleichfalls die Figuren Enderlin und Kürmann. Enderlin ist nur eine der hypothetischen Gestalten, deren sich der Erzähler bedient, um eigene Erfahrungen zu »möglichen Geschichten« auszuspinnen. Er personifiziert – laut Erzähler – den Typ, »der keine Rollen spielen kann«. Die Vergangenheitsgebundenheit Enderlins wird durch folgende Bemerkungen des Erzählers betont: Enderlin sehe die Welt »als Fassaden von gestern« (*Gant.*, S. 109), »es verwirrte ihn, daß heute nicht gestern ist« (*Gant.*, S. 110), und, so bemerkt der Erzähler, »ich verstehe seine Flucht vor der Zukunft« (*Gant.*, S. 195), denn »die Zukunft entpuppt sich als Vergangenheit« (*Gant.*, S. 197–198). Der Erzähler malt sich aus, wie es wäre, wenn Enderlin alle Geschehnisse seiner Affaire mit Lila nochmals durchleben müßte: Er verurteilt ihn im Geiste zur Wiederholung. Neben den Bemerkungen des Erzählers über diese Figur erscheint ihre Vergangenheitseinstellung auch noch aus den Reflexionen Enderlins über die Zeit. So fallen ihm im Roman jene klinischen Beobachtungen des Alters zu, die ihn als einen der vielen alternden Frisch-Helden erkennen lassen.

Kürmann wirkt im Stück *Biografie* als dramatisiertes Gegenstück zu Enderlin, doch wo Enderlin vor allem durch die Einschübe des erzählerischen Ichs charakterisiert wird, ist eine ähnliche Funktion im Stück von der Figur des Registrators übernommen. Aus den objektivierenden Bemerkungen des Registrators kann sich der Zuschauer seine eigene Meinung über das Geschehen bilden. Wo das Erzähler-Ich im Roman noch persönliche Mutmaßungen über Enderlin anstellt, tritt in der Figur des Registrators auf der Bühne ein strenger und sachlicher Beobachter auf.

Enderlin und Kürmanns Kampf gegen die Wiederholung der Vergangenheit findet vor einem zeitgeschichtlichen Hintergrund statt, den im Roman die eingeschalteten Zeitungsnachrichten, im Stück verlesene politische Nachrichten aus dem Dossier bilden, welche zeitlich mit dem erzählten oder geprobten Geschehen zusammenfallen. In beiden Fällen erzielt der Autor hierbei eine Kontrastierung von überpersönlichem Zeitgeschehen mit individuellem Zeiterlebnis. Bemerkenswert ist an jenen Stellen, wo in den Werken diese Teichoskopie eingesetzt wird, die Interesselosigkeit der Helden für das Weltgeschehen, weil sie zu sehr mit eigenen Problemen beschäftigt sind, wodurch die Darstellung der äußeren Zeit hinter das Zeiterlebnis zurücktritt. Daneben rückt in den beiden Werken der Gegensatz von objektiver Wahrheit und subjektiver Erinnerung in den Vordergrund. So wirft der Registrator einmal Kürmann vor: »Ihre Erinnerung, Herr Kürmann, hat gedichtet« (*Bio.*, S. 62). Auch bei Enderlin fehlt es nicht an Hinweisen, daß es hauptsächlich seine Art ist, sich zu erinnern, die ihm jede Gegenwart zur Wiederholung der Vergangenheit werden läßt.

In den Werken Frischs ist es vor allem der Typ des an sich selbst zweifelnden Intellektuellen, an dem der Aspekt der Repetition veranschaulicht wird. Auch Stiller gehört teilweise in die Kategorie, da er die Wiederholung fürchtet, so lange er noch in seinen Zukunftserwartungen lebt, doch im allgemeinen geht seine Zeitproblematik über die Wiederholung einzelner Episoden hinaus [160]. Er ist mehr als nur ein Typ zur Darstellung einer Verhaltensform, wie das eher bei Enderlin und Kürmann zu vermuten ist.

Hier ist zu ergänzen, daß die Annahme nahe liegt, daß Figuren, die bei Frisch einseitig eine Kategorie von Zeiterlebnis zu verkörpern scheinen und »eine Geschichte ohne Wandel« veranschaulichen, mehr Typen und nicht so sehr Charakterporträts sind. Jeder Typus dieser Art bietet in der Ausgeprägtheit seines Zeitbewußtseins zugleich eine Parodie dieser Kategorie, da er einem verzerrten Spiegelbild gleicht. Es ist wohl kein Zufall, daß der Autor seine Figuren den Zeitablauf

---

[160] »Im *Stiller* geht es nicht mehr nur um die Wiederholung eines einzelnen Erlebnisses, sondern um die Gesamtheit der Erlebnisse, des Erlebnisses von Jahren, es geht im tiefsten Wesen um das eigene Selbst, das Stiller einmal verkörpert hat oder zumindest zu verkörpern schien.« Wintsch-Spieß, S. 45.

nicht so sehr an der Umwelt, sondern am kritisch geschauten Spiegelbild ablesen läßt. Der Spiegel ersetzt beim Obersten und bei Enderlin
die Funktion des objektiven Kommentators, wie er als *dramatis persona* im Stück *Biografie* auftritt. Immer wieder müssen die Figuren
an ihrem eigenen Spiegelbild feststellen, daß die Zeit – trotz gegenteiliger Wünsche ihrerseits – nicht stehengeblieben ist. Wenn im
objektiven Spiegelbild der Mensch von außen gezeigt wird, so geben
seine Gedanken und Handlungen über seine Gefühle Bescheid. Wo es
den Zwiespalt von Gefühlen und äußerer Rolle nicht gibt, wie bei
den Jugendgestalten [161], dort erübrigt sich die Spiegelmethode.

Neben dem Leben in der Tradition, in der Sehnsucht nach der Vergangenheit und im Leben in der Wiederholung reiht sich in die Rubrik
des Vergangenheitsmenschen noch jene Gestalt bei Frisch ein, die
unbedingt den *Status quo* der Dinge behaupten möchte. Nach Errei-
chung aller Ziele wünscht sich dieser Typ, daß es von nun an für alle
Zeiten so bliebe. An der Figur des chinesischen Tyrannen Hwang Ti
in der *Chinesischen Mauer* wird zugleich angedeutet, daß vor allem die
Mächtigen den *Status quo* wünschen, während die Unterdrückten ihre
Hoffnung immer auf die Zukunft setzen. Die Zeiteinstellung der Figur wird hier in Zusammenhang mit der sozialen Klasse gebraucht,
wobei den Wandel immer der fürchtet, der von den gegenwärtigen
Zuständen profitiert. Dies trifft nicht nur auf die Mächtigen, sondern
auch auf alle jene Spießbürger bei Frisch zu, wie sie als ewige Mitläufer der Macht erst die Unterdrückung der sozial minder Privi-
legierten ermöglichen. Die jeweilige Einstellung zur Zeit ist zum
Unterschied von den anderen Typen hier nicht auf individuelle, sondern soziale Erfahrungen zurückgeführt. Die Art der Darstellung der
geschichtlichen Machthaber (Hwang Ti, Napoleon, Philipp von Spanien) sowie der Mitläufer der Macht (Biedermann, die Bürger von
Andorra) läßt somit auf eine gesellschaftlich bedingte Einstellung zur
Zeit schließen.

---

161 Vor allem gemeint sind hier die Figuren: Maja (*Bin*), Hanswalter (*Die Schwierigen*), Maria und Benjamin (*Nun singen sie wieder*), Mee Lan (*Die Chinesische Mauer*) und Sabeth (*Homo faber*).

B. Der »zukunftsorientierte Mensch«

Gedacht ist hier vor allem an jene jugendlichen Gestalten, die als
Kontrastfiguren zu den alternden Helden dienen. Hanswalter in
den *Schwierigen* erscheint als Weiterführung und Kontrast zu Reinhart; seine Art des Zeiterlebens ist typisch für den jugendlichen Helden bei Frisch. Die Begegnung mit der kindlichen Maja in *Bin* bringt
für Kilian die Erkenntnis seines eigenen Alters, während die gleich-
altrigen Figuren, Maria und Bejamin, sich in der übereinstimmenden
Beschreibung der Frühlingserwartung finden. Mee Lan, die chinesische
Kaiserstochter, hat mit den genannten Figuren das Gefühl der Erwartung gemeinsam, das wieder der Resignation des älteren »Heutigen«
widerspricht. Der Altersunterschied und die damit verbundene verschiedene Zeiteinstellung erweist sich in der Begegnung von Walter
Faber und Sabeth als unüberbrückbar. Der Leser sieht hierbei Sabeth
nur aus der Darstellung durch Faber, der zwar präzise Beobachtungen
anstellt und den Altersunterschied objektiv diagnostiziert, ohne hingegen Sabeth und ihr jugendliches Lebensgefühl je verstehen zu
können.

Allen obigen jugendlichen Figuren sind Charakteristika gemeinsam, die sie als »Typus der Jugend« erkennen lassen [162]. Die Jugendzeit ist in dieser Darstellung als anscheinend problemfreie Zeit gezeichnet und als eine Lebensphase, die ausschließlich auf die Zukunft
hin ausgerichtet ist. Bemerkenswert ist, daß sich dieses typische Jugendgefühl, mit Ausnahme Jürg Reinharts, vor allem in Mädchengestalten verkörpert findet. Die Mädchengestalten Maja, Viola, Mee
Lan und Sabeth bleiben Traumgestalten, weil sie von dem Helden
oder dem Erzähler beschrieben werden, ohne daß man ihre inneren
Gedanken erfährt; sie verbleiben in ihrer Rolle in den Werken und
in ihrer Darstellung demnach Symbole der Jugend.

Die indifferenzierte stereotype Beschreibung derartiger Jugendgestalten erweckt den Eindruck, daß sich die von der Furcht vor dem
Alter gequälten Figuren weniger mit den jungen Menschen der nächsten Generation selbst auseinandersetzen, als vielmehr mit jenem Gefühl der Jugend, wie sie es in ihre eigene Jugendzeit hineindichten.
Zum Zeitproblem wird das Jugendgefühl, wenn ihr inneres Gefühl

---

[162] Vgl. Kapitel 4 dieser Arbeit, »Leben in der Erwartung«.

nicht mehr den äußeren Lebensjahren der Figuren entspricht. Durch die Figur Pelegrins, des Vaganten, erscheint die jugendliche Lebensform veranschaulicht und zugleich widerlegt, denn im Typ des Vaganten ist das Leben in der Abwechslung und in der Ausrichtung auf die Zukunft hin bis zu seinem logischen Ende durchgeführt und zugleich parodiert.

Ein Bild der vagantenhaften Unrast findet sich im Charakterporträt des Staatsanwalts im Stück *Graf Öderland*. Ordnungstrieb und Freiheitsdrang werden in diese Figur als zwei sich widersprechende Eigenschaften gelegt; diesen entsprechen auch zwei verschiedene Zeiteinstellungen. Allseits als pünktlich und pflichtbewußt in Erledigung seiner Aufgaben gezeichnet, fühlt sich der Staatsanwalt in einem Wachtraum zur Verwirklichung seiner Sehnsucht nach einem freien Vagantenleben getrieben. Der Traum ist hier ein Mittel, seine andere Zeiteinstellung zu verdeutlichen. Im Traum erfährt er die Unmöglichkeit absoluter Freiheit. Hier wie in *Bin* und *Santa Cruz* dient der Traum als Beweisführung, daß verschiedene Einstellungen zur Zeit, zur objektiven und erlebten Zeit, weder vermischt noch einseitig unter Ausschluß der Alternative erlebt werden können, sondern nur im Nebeneinander zu bemeistern sind.

Die Aussichtslosigkeit des Ausbruchs aus dem gewohnten Leben zur Verwirklichung von Zukunftserwartungen wird in den Werken Frischs am Typ des Vaganten (Pelegrin), am Ordnungsmenschen (Rittmeister, Staatsanwalt) und schließlich am Flüchtling vor der eigenen Vergangenheit (Stiller) demonstriert. Während der »zukunftsorientierte Mensch« den Frisch'schen Jugendgestalten gleichgesetzt werden kann, weist bei den alternden Frisch-Figuren ein allzulanges Verweilen in dieser jugendlichen Einstellung auf eine Flucht vor der Gegenwart und dem Erwachsenwerden hin.

C. Der »Mensch, der außerhalb der Zeit lebt«

An den Vertretern einer sachlich-wissenschaftlichen Weltanschauung wird das Leben »außerhalb der Zeit« verdeutlicht. Einem erstarrten Bildnis von der Welt kommen die materialistische Weltanschauung des Altertumsforschers Hinkelmann in den *Schwierigen* sowie das

mechanistische Weltbild Walter Fabers und Don Juans Flucht in die
Geometrie gleich. Charakteristisch für alle drei Figuren ist, daß sie
sich nach der mathematisch-objektiven Zeit ausrichten.

Als »außerhalb der Zeit« existierend sind auch Gantenbein und
Andri ansprechbar. Gantenbein entzieht sich durch seine Blindenrolle
der sichtbaren Gegenwart und verkörpert dadurch das Verhalten der
anderen Figuren, wenn sie sich der Wirklichkeit gegenüber »blind
stellen«. Gleichzeitig ist Gantenbein froh, nicht für immer in der
verinnerlichten Welt der Erinnerungen und Ahnungen eines wirklichen Blinden leben zu müssen. Diese Darstellung zeigt ihn hiermit
zwischen zwei Zeitpositionen. Andri ist zunächst auf den Stereotyp
der jugendlichen Figur bei Frisch angelegt. Doch entwickelt er sich
vom Typ der Jugend durch Annahme des ihm aufgedrängten Selbstbildnisses als Jude zur Verkörperung eines allgemeinen Vorurteils. Er
wird zum Bildnis, das sich die anderen von ihm machen – die Andorraner haben »ihren Juden«.

Hinkelmann, Don Juan und Walter Faber stellen sich durch ihre
Weltanschauung »außerhalb der Zeit«. Die Beschäftigung mit der
Wissenschaft dient in diesen Figuren als Hinweis auf die Entfremdung
von der Zeit, denn mit dem mathematischen Zeitverständnis verbindet sich bei Frisch jeweils das Mißtrauen allen Gefühlen gegenüber.
Wie die Frau bei Frisch meistens als ganz in der Gegenwart aufgehend
und ihren Gefühlen folgend geschildert wird, ist der männliche Typ
in der Beschäftigung mit den »objektiven Wissenschaften« gezeigt[163]. Hinkelmann, Don Juan und Faber sind daher Varianten
desselben Typs und teilen die gleiche Furcht vor dem Unberechenbaren und dem Alter, weil beide ihre mathematische Zeitauffassung
widerlegen.

163 Vgl. Kapitel 4 dieser Arbeit, »Leben gegen die Zeit«.

D. Der »Gegenwartsverbundene«

Das »wirkliche Leben« in der Gegenwart trifft man in den Werken Frischs nur bei zwei Arten von Protagonisten: bei der mütterlichen Frau und beim männlichen Helden, der sich in der Selbstbescheidung genügt. Die erste Gruppe spiegelt in der Darstellung die klischeehaften Vorstellungen von der Frau in den Werken Frischs [164]. Wenn sich bei den Frauen in den Werken Frischs das Leben in der Gegenwart als Selbstverständlichkeit versteht und sich so eine Beschreibung der Zeitproblematik für Frisch erübrigt, so bricht bei der Darstellung der männlichen Figuren das Werk dort ab, wo der Durchbruch zum wahren Selbst und zur Möglichkeit des »wirklichen Lebens« vollzogen ist – wie bei Balz, dem Rittmeister, Faber und Stiller. Dem Leser bleibt es überlassen, sich das »Leben in der Gegenwart« der Figuren auszumalen, mit anderen Worten, das »Leben in der Gegenwart« kommt nie zur eigentlichen Darstellung. Auch die Schlußszene im *Gantenbein* kann wohl kaum als Beschreibung des »wirklichen Lebens« verstanden werden, obschon es heißt: »schon wieder September: aber Gegenwart« (*Gant.*, S. 496). Auch diese Erzählerfigur ist noch nicht am ersehnten Ziel und scheint noch auf der Suche nach der erfüllten Gegenwart [165].

Bereits im ersten größeren Erzählwerk, *Die Schwierigen*, finden sich die Typen für die hier angeführten Kategorien des Zeiterlebens, denen man in Abwandlungen in den nachfolgenden Werken immer wieder begegnet. In die Vergangenheit gerichtet ist das Denken des Obersten, und nach der Begegnung mit ihm trifft dies auch auf die Gedanken Reinharts zu. Ihr von der Vergangenheit Besessensein findet sich wieder beim Rittmeister in *Santa Cruz*. Der Zukunft abgeneigt sind auch die Machthaber und Biedermänner dieser Welt, und zur charakteristischen Dominanz der Erinnerung in dieser Kategorie des Vergangenheitsmenschen fügt sich später das Moment der Wiederholung.

---

164 Doris Fulda Merrifield, *Das Bild der Frau bei Max Frisch* (Freiburg i. Br.: E. Beckmann, 1971).
165 Gerd Hillen, »Reisemotive in den Romanen von Max Frisch«, *Wirkendes Wort*, 19 (1969), 133.

Der Typ des in der Zukunft lebenden Menschen ist in den *Schwierigen* durch den jugendlichen Reinhart, durch Hortense sowie Hanswalter vorgegeben, und dieser Typ tritt mit denselben stereotypen Eigenschaften ausgestattet auch in den späteren Romanen und Stücken auf, wo immer ein jugendlicher Charakter dargestellt werden soll.

Flucht aus der erlebten Zeit in die Zeit, »wie sie die Uhren zeigen«, findet sich durch mathematisch begabte männliche Figuren dargestellt. Weibliche Figuren scheinen Frisch für die Veranschaulichung dieser Zeiteinstellung ungeeignet, weil sie meist als instinkthaft handelnde Gestalten auftreten müssen.

Kapitel VI

STRUKTURELLE UND FORMALE ASPEKTE IN DER DARSTELLUNG DES ZEITERLEBNISSES UND DER ZEIT

Während das vorgehende Kapitel aufzeigte, wie Zeit und Zeiterlebnis in den Figuren zum Ausdruck gebracht werden, zeigt dieses Kapitel, wie sie sich in der Struktur der Werke abzeichnen.

Die Untersuchung betrachtet zuerst (A) Zeit, wie sie in Erzählhaltung, Zeitebenen, Zitaten und Wiederholungen sichtbar ist; hierauf (B) prüft sie spezifischere Zeithinweise in Rolle, Sprache, Namen, Daten und Beleuchtungseffekten. Abschnitt C erläutert Zeitmotive im allgemeinen (1), einerseits jene, die mit Naturerscheinungen verbunden sind, andererseits jene, die mit der Zivilisation in Verbindung stehen. Im zweiten Teil dieses Abschnitts (2) werden »persönliche« Zeitmotive und Bilder besprochen, die charakteristische Motive für Zeit und Zeiterlebnis sind. Die Untersuchung schließt mit einer Analyse der zeitlichen Funktion von Träumen in Prosa- und Bühnenwerken.

A. Zeit in der Struktur

Das Zeitelement bestimmt die Struktur des einzelnen Werkes in Erzählhaltung und Handlungsebenen sowie im literarischen Zitat und der Anordnung von erzählerischen oder dramaturgischen Wiederholungen.

1. Erzählhaltung

Während in den Frühwerken Frischs, *Jürg Reinhart* und *Die Schwierigen*, mehr die personale Erzählsituation bestimmend ist[166], so wei-

[166] »Verzichtet der Erzähler auf seine Einmengung in die Erzählung, tritt er so weit hinter den Charakteren des Romans zurück, daß seine Anwesenheit dem Leser nicht mehr bewußt wird, dann öffnet sich dem Leser die Illusion, er befände sich selbst auf dem Schauplatz des Geschehens oder betrachte die dargestellte Welt mit den Augen einer Romanfigur, die jedoch nicht erzählt, sondern in deren Bewußtsein sich das Geschehen gleichsam spiegelt. Damit wird

sen alle darauf folgenden Prosawerke Tagebuchcharakter auf. Diese
Form eignet sich wie keine andere zur Darstellung der Auseinandersetzung des Ichs mit seinen eigenen Vorstellungen in der Kontrastierung des »erzählenden« mit dem »erlebenden« Ich. Gleichfalls wird
in dieser Erzählsituation der Zwiespalt der Figuren zwischen der
erlebten Zeit und der chronologisch geregelten Alltagszeit offenbar.
F. K. Stanzel führt zu dieser spiegelnden Funktion des Ich-Erzählers
aus: »Überall im quasiautobiographischen Ich-Roman, wo das erzäh-
lende Ich sich soweit kundgibt, daß der Leser seine geistige Physio-
gnomie auszumachen vermag, wird dieses dialektische Verhältnis zwischen erzählendem und erlebendem Ich wirksam. Es ist ein echtes
typenbildendes Merkmal des Ich-Romans [167].« Gleichfalls trifft auf
die Darstellung der inneren Konflikte der Frisch-Figuren zu, was
Stanzel über die Konvention des Ich-Ich Schemas sagt. »Schließlich
ist für den Nachweis der Relevanz des Ich-Schemas auch daraus etwas
zu gewinnen«, bemerkt er, »daß es Ich-Romane gibt, in denen die
Identität von erzählendem Ich und erlebendem Ich entweder als pro-
blematisch begriffen wird oder aber ironisch unterhöhlt wird [168].« Das
Identitätsproblem steht vor allem im *Stiller* als Konflikt zwischen
Erinnerung und Gegenwart im Vordergrund. Ironische Elemente finden sich gelegentlich im *Homo faber,* wenn beispielsweise Walter
Faber seine eigene Telephonnummer wählt und den Unbekannten am
anderen Ende fragt: »Are you Walter Faber?«

Die Ich-Darstellungen bei Frisch treten entweder unter der konventionellen Fiktion eines Herausgebers (im Fall Stillers ist es der
Freund-Staatsanwalt), als Rechtfertigungsbericht gegenüber einer
anderen Person (Walter Faber gegenüber Hanna), oder als für den
persönlichen Gebrauch geschriebenes Skizzenbuch eines fiktiven
Erzählers (*Bin, Mein Name sei Gantenbein*) auf [169]. Zwischen den
fiktiven Tagebüchern und den persönlichen Tagebüchern Frischs

---

diese Romanfigur zur persona, zur Rollenmaske, die der Leser anlegt.« Franz
Karl Stanzel, *Typische Formen des Romans* (Göttingen: Vandenhoeck und Ruprecht, 1965), S. 33.

[167] Stanzel, *Typische Formen des Romans,* S. 33.

[168] Stanzel, *Typische Formen des Romans,* S. 35.

[169] Daneben sind noch seine Tagebücher 1946–1949 und 1966–1971 zu erwähnen.
Sie sind als literarische Tagebücher zu verstehen, d. h. dichterisch gestaltet. Der
Erzähler ist in diesen Tagebüchern mit dem Autor Max Frisch identisch, der
in Berichten, kalendarischen Eintragungen, Aphorismen, Fragebögen und Erzählungen Stellung zu zeitgenössischen Ereignissen bezieht.

dürfte das Bändchen *Blätter aus dem Brotsack* stehen, denn zum Unterschied von Frischs persönlichen Tagebüchern, die verschiedene Genres und Themen unter dem Sammelbegriff des Tagebuchs abhandeln, berührt *Blätter* als Stilisierung eines einzigen Erlebniskreises, des Wehrdienstes zu Ausbruch des Krieges. Weiters wirkt auch in diesem Werk die Distanz des Autors vom Erzähler größer als in den anderen Tagebüchern.

Vom »Traumbuch« *Bin* (wo noch ein Autor-Erzähler mit Kommentaren in die Aufzeichnungen des fiktiven Tagebuchführers Kilian eingreift) bis zu den skizzenhaften Entwürfen des Erzähler-Ichs in *Gantenbein* zeigt sich die Neigung, die chronologische Folge der Geschehnisse durch eingestreute Erzählungen und Erinnerungen zu durchbrechen und dabei in den Aufzeichnungen entfernte und jüngste Vergangenheit mit den Tagesereignissen zu mischen. Bereits in den autobiographischen *Blättern* dienen die eingeschobenen Traumberichte, Briefexzerpte und Erinnerungen zur Verknüpfung von Vergangenheit, Gegenwart und Zukunft. In *Bin* bewirkt ein ähnliches Vorgehen, Kilians Traumerlebnisse allgemein als Nachvollziehung von Erinnerungsbildern zu entlarven. Im *Stiller* ergibt sich aus den eingefügten Zeugenberichten, die separate Handlungssträhnen bilden und einen Wechsel des Erzählerstandpunktes bringen, aus dem Kommentaren sowie den scheinbar willkürlich eingefügten Geschichten des Mr. White ein in zahlreiche Facetten aufgesplittertes Bild Stillers. Erst am Ende des ersten Teiles werden diese Teilaspekte der Hauptfigur durch eine Synthese von Mr. White, dem Chronisten, und Stiller, dem Objekt der Reflexionen, verschmolzen. Der zweite Teil bringt schließlich die Zusammenfassung durch ein Nachwort des Staatsanwaltes.

Während im *Stiller* zahlreiche subjektive Einzelbilder das wahre Wesen der Hauptfigur »umkreisen«, ist Walter Fabers »Bericht« als eine scheinbar objektive Wiedergabe einer Reihe von Geschehnissen angelegt, deren innerzeitliche Zusammenhänge zwar Faber verborgen bleiben, doch dem Leser klar werden.

Im Roman *Gantenbein* sind die im *Stiller* noch als Anspielungen auf die innere Wirklichkeit der Hauptfigur zu verstehenden »geflunkerten Geschichten« nun zum Selbstzweck geworden. Die Erzählerwirklichkeit bleibt im ganzen Roman hinter den Geschichten fiktiver Figuren verborgen, wobei alle spielerisch entworfenen Darstellungen

einer Erfahrung schließlich wieder an den Ausgangspunkt der Erzählersituation (die verlassene Wohnung) zurückführen.

Die Aufsplitterung der äußeren Handlung und der damit verbundene Wechsel der Erzählersituation in den Romanen erscheint auch in
der Struktur von Frischs dramatischen Werken. Die kommentierende
und synthetisierende Funktion, die in den Prosawerken einem Nachwort oder der Meinung des Lesers zugefallen war, ist in den Dramen
einer Art Seherfigur vorbehalten. Diese ist zwar in das Geschehen ein-
bezogen, doch fungiert sie zugleich als Vermittler zwischen den Zeitdimensionen der dargestellten Bewußtseinszustände der Figuren.

In *Santa Cruz* ist es der Dichter Pedro, der als Sprecher des Autors
zum Publikum und Rittmeister hingewandt, das Wesen und die Funktion der Erinnerung im Leben des Rittmeisters und im Stück selbst
erklärt. Er erfüllt eine ähnliche Funktion wie der Chor in der klassischen Tragödie.

Während in den Parabelstücken *Biedermann* und *Andorra* die
Überbrückung der Zeitgrenzen durch räumliche Gruppierung (Vor-
derbühne in *Andorra)* oder durch einen Chor (*Biedermann*) angezeigt wird, findet sich vor allem in den »Bewußtseinsstücken« (*Die
Chinesische Mauer, Biografie*) eine Vorliebe für eine zeitsynthetisie-
rende Figur [170]. In *Nun singen sie wieder* erfüllt diese Funktion jener
Mönch, der zwischen dem Reich der Lebenden und dem Reich der
Toten amtet. Im Fragment *Als der Krieg zu Ende war* erfährt der
Zuschauer aus Agnes' Monolog Einsichten, die eher vom Autor ausgesprochen sein könnten. In der *Chinesischen Mauer* tritt der »Heutige« als Spielleiter, Mitspieler und Opfer der historischen Farce auf,
und wird damit zum Symbol des heutigen Intellektuellen, der immer
wieder den Vorstellungen der Vergangenheit erliegt. In *Graf Öderland* wird das Dienstmädchen Hilde im Traum des Staatsanwaltes
zur Traumbegleiterin. Diese gehört demnach sowohl der äußeren
Wirklichkeit wie auch dem Reich der Fabel, der Allegorie und des
Traumes an. Im *Don Juan* ergibt sich der Gegensatz zwischen Wirklichkeit und Legende durch die Polarität in der Anlage der Figur,
da der mythologische Don Juan der Literatur stets mit der Figur, wie
sie im Gegensatz zur Legende vom Autor gesehen wird, kontrastiert.

In *Biedermann* und *Andorra* verbindet sich aufgrund der Parabel-
form die Zeitlosigkeit der Aussage mit strenger zeitlicher Kausalität.

---

170 Weise, S. 122–126.

Von dieser Methode scheint Max Frisch aber bald wieder Abstand genommen zu haben, weil die Kausalität des Geschehens der Darstellung von zeitlichen Variationen keinen Spielraum ließ.

Ausdruck der Überwindung von Zeit und Raum durch die Hauptfigur ist bei Frisch die »Dramaturgie der Permutation«. Das Stück *Biografie* verwirklicht dramaturgisch die Darstellung einer Gleichzeitigkeit von Vergangenheit, Gegenwart und Zukunft im menschlichen Bewußtsein, wie sie in den Prosawerken durch die Verwendung von Träumen und der Facettentechnik im *Stiller* unternommen wurde. A. Weise spricht im Zusammenhang mit diesem Stück von einer »Allgegenwart des Möglichen«:

In dem Stück *Biografie* wird die Allgegenwart des Möglichen als das Gedankenexperiment eines Menschen, Kürmann, auf die Bühne gestellt. Die durchgängige Zeitdimension des Stückes ist die Gleichzeitigkeit, jede Szene ist
a) Vergangenheit – Kürmanns Biografie,
b) Gegenwart – Kürmanns Wiederholung der Biografie,
c) Zukunft – Kürmanns Möglichkeit einer anderen Biografie zugleich.
Kürmann darf alle Möglichkeiten seines Lebens auf einmal überblicken und die Zeitstufen gegeneinander austauschen durch ein Zurückgehen in die Vergangenheit und ein Vorwärtsgehen in die Zukunft, um auf diese Weise die Wahrheit seiner Existenz zu ergründen [171].

Die chronologische Kausalität des traditionellen Dramas der Fügung soll in *Biografie* durch die Auflösung jedweder progressiver Handlung vermieden werden. Was Kürmann aber – laut Heinrich Geisser – nicht verhindern kann, ist der Ablauf der Zeit, und demgemäß beunruhigt ihn auch jedes Anzeichen der Vergängnis [172].

Der äußere objektive Rahmen des Stückes bleibt durch die Figur des Registrators gewahrt, wobei Geisser die Ansicht vertritt, er könnte als »Außenansicht der Innenansicht von Kürmann bezeichnet werden«[173]. Die Funktion des Registrators gleicht der des »Heutigen« in der *Chinesischen Mauer*, doch ist er dem Geschehen zeitlich und weltanschaulich nicht opponierend gegenübergestellt, sondern als Vermittler anwesend. »Er bietet keine Interpretation des Spiels«, notiert Geisser, »sondern registriert das Faktische und sammelt quasi Material für die Varianten. Er ist auch nicht ausgesprochen beteiligt an Kürmanns Schicksal. ... Damit zeigt es sich wiederum, daß es sich vor allem um ein rationales und weniger emotionales Experiment

---

171 Weise, S. 123–124.
172 Geisser, S. 76.
173 Geisser, S. 79.

handelt [174].« Der Registrator arrangiert somit den Wechsel von zeitlichen und räumlichen Schauplätzen. Tatsächlich verkörpern der Registrator und Kürmann zwei verschiedene Aspekte ein und derselben Person, wobei der Registrator Kürmanns objektiv registrierendes Bewußtsein oder der Wissenschaftler in Kürmann geteilt von seinem anderen Ich, dem Gefühlsmenschen, ist. Bezeichnend ist, daß es der Registrator ist, der die Führung in diesem wissenschaftlichen Experiment der Verhaltensforschung übernimmt; mit anderen Worten, der unwissenschaftliche Teil Kürmanns, sein subjektives Ich, tritt an das rationale Ich die Überwachung und Inszenierung des Experiments ab, denn allein dessen Spielleiter-Position garantiert die objektive Distanz zur Vergangenheit. Obwohl Geisser dem Registrator jene interpretierende Funktion abspricht, die der des »Heutigen« in der *Chinesischen Mauer* gleichkäme, erkennt er dessen spieltechnische Leitung an. »Immerhin zeigt sein Eingreifen in einzelne Varianten«, so gibt er zu, »das Aufdecken von Kürmanns Fehlern, das Vorspielen von möglichen Verhaltensweisen ihn auch in der Funktion des Theatermannes. Seine Anweisungen, die über Spiellicht oder Neonlicht bestimmen, deuten in dieselbe Richtung [175].«

Die Ich-Erzähler und Hauptfiguren in den Werken Frischs leiden allgemein unter dem Pluralismus ihrer Charakteranlage. Dies findet häufig in der dialektischen Struktur der Werke Ausdruck sowie in der Andeutung und dem Durchprobieren anderer Verhaltensmöglichkeiten [176]. So wird oft Traum-Ich mit Alltags-Ich kontrastiert (wie in den *Blättern, Bin, Stiller, Santa Cruz* und *Graf Öderland*), also die Identität dem jeweiligen Zeitbewußtsein nach gespalten. Die innere Zerrissenheit der Person wird auch bildlich in einer tatsächlichen Aufspaltung der Figur in zwei Gestalten ausgedrückt. Dies mag tatsächlich im Werk vorgeführt oder auch nur in den Vorstellungen der

---

[174] Geisser, S. 79.

[175] Geisser, S. 79.

[176] »Die Form, in der Frisch das Problem der Identität gestaltet, ist stark dialektisch. ... Die dialektische Bewegung wird dadurch verstärkt, daß sie sich nicht nur in der großen Linie von Stillers Entwicklung vollzieht, sondern daß durch den Wechselrhythmus der einzelnen Kapitel Gegenwart und Vergangenheit, White und Stiller auch in kleineren Romaneinheiten immer wieder gegenübergestellt werden und im einheitlichen Bewußtsein des Tagebuchschreibers eine ständige weitere Synthese erfahren. Dadurch, daß der Eindruck von zwei gegensätzlichen Wirklichkeiten bis zm Ende des 7. Heftes erhalten bleibt, da Stiller-White die Fiktion der Nicht-Identität aufrechterhält, entsteht eine Objektivierung des verschollenen Stiller.« Eisenschenk, S. 225.

Hauptfigur durchgeführt sein [177]. So wird in den Werken eine »Gleichzeitigkeit verschiedener Ich-Möglichkeiten« demonstriert, die im *Gantenbein* zur Gleichzeitigkeit zahlreicher Varianten von Geschichten zur Darstellung einer »Erfahrung« führt. Die strukturelle Konsequenz dieser Gleichzeitigkeit beschreibt Ute Eisenschenk folgendermaßen: »Anstelle eines kontinuierlichen Zeit- und Handlungsablaufs treten einzelne Szenen, die durch ein Netz von Beziehungen zu einem erzählenden Ich und untereinander den Umriß einer Person erkennen lassen [178].«

Es fällt auf, daß derartige Varianten eines Erzähler-Ichs, wie sie am konsequentesten im Roman *Gantenbein* durchgeführt werden, sich auch in früheren Werken finden. Teilaspekte einer Erzählerfigur sind Bin und Kilian sowie der Rittmeister und Pelegrin. Zwar nicht räumlich aber immerhin zeitlich von der anderen Ich-Möglichkeit geschieden, d. h. gespalten in das vergangene und das gegenwärtige bzw. erwünschte Ich, sind auch der Staatsanwalt (*Graf Öderland*), Don Juan, Stiller, Faber und Kürmann. Mit Ausnahme Stillers, dem die Synthese zwischen vergangenem und gegenwärtigem Ich schließlich zu gelingen scheint, bleibt bei den anderen Figuren der innere Konflikt sowohl in der Person als auch in der Struktur des Werkes unaufgehoben. Die häufigen offenen Schlüsse in den Werken deuten auf die Ausführung anderer Ich-Möglichkeiten.

Die Zeit kommt nicht nur in der Struktur der Werke zum Ausdruck, sondern wird vom Erzähler-Ich und von den Figuren auch im Werk diskutiert. In den *Blättern* ist es die Bemerkung, »wie doch die Zeit vergeht«, welche die Betrachtungen über den Ablauf der Zeit einleitet. In den *Schwierigen* werden Reinhart vom personalen Erzähler Betrachtungen über das Erlebnis der Zeit in den Mund gelegt, die eher auf den Tagebuchverfasser Max Frisch deuten, als mit dem im Roman geschilderten Weltbild der Figur vereinbar sind. Für jedes Menschenalter, so meint Reinhart in den *Schwierigen*, bedeute die Zeit ein gelindes Entsetzen. Ähnlich nimmt auch Stiller Stellung zum Eindruck der Vergängnis, als er die Herbstlandschaft um Zürich betrachtet.

In derartigen reflexiven Passagen befassen sich Frischs Ich-Erzähler auffallend oft mit dem Zeitproblem. Stiller und Faber begreifen

---

177 Jurgensen, *Dramen*, „Entwicklung zu einer Dramaturgie der dialektischen Vorherrschaft", S. 48–55.
178 Eisenschenk, S. 226.

ihr Selbst schließlich als eine Synthese von Vergangenem und Gegenwärtigem. Dem Erzähler-Ich in *Gantenbein* läuft hingegen jede neue
Geschichte auf eine Wiederholung derselben Erfahrung hinaus [179].

Was bei den epischen Figuren in einer schriftlichen Auseinandersetzung mit sich selbst zum Tagebuch wird, ist in den Stücken in
Handlung und Dialog umgesetzt. Während in *Santa Cruz* die Zeit-
reflexionen des Rittmeisters in Form eines Briefes gefaßt sind, den er
an seine Frau diktiert, ergibt sich hierbei für den Autor die Gelegenheit, seine *dramatis personae* zu den eigenen Reflexionen Stellung
nehmen zu lassen. Demnach kommentiert der Rittmeister seinen eigenen Brief und läßt auf diese Weise den Zwiespalt zwischen seinem
Alltags-Ich und seinem Traum-Ich erkennen.

In der *Chinesischen Mauer* definiert und interpretiert der »Heutige« das Weltbild vergangener Epochen, wie sie durch Masken und
als literarische Stilisierungen personifiziert auftreten. In *Nun singen
sie wieder* schwingt die Handlung zwischen den Lebenden und den
Toten, ohne daß es hingegen zu einem Dialog zwischen den beiden
Bereichen käme. In *Graf Öderland* bleibt im Traum jeder Verstän-
digungsversuch zwischen den Vertretern der äußeren Wirklichkeit und
dem Staatsanwalt als Vorkämpfer des freien Lebens vergeblich. Die
Handlung in *Don Juan* bringt die Gegenüberstellung des legendenhaften mit dem – nach Frisch – rollenhaften Don Juan, der weder
seiner Rolle (gefühlsfeindlicher Rationalist) noch der schließlichen
Literarisierung entkommen kann. Nach der Darstellung Frischs muß
dieser Don Juan der Legende verfallen, da er ihr nichts besseres als
ein unerfülltes Dasein entgegenzusetzen hat.

Biedermann und *Andorra* zeigen, wie die Figuren in den beiden
Stücken einer »gewissen Aktualität« erliegen. Sie lassen sich mit
anderen Worten vom »Zeitgeist« steuern, statt sich selbst ein Urteil
zu bilden. Die Reflexionen über die Zeitproblematik werden im *Biedermann* dem Chor und Chorführer in den Mund gelegt. In *Andorra*
»kommentiert« Andris Verhalten seine Umwelt, wenn er durch den
Einfluß der Andorraner allmählich das Gehaben des typischen Juden
ihres Vorurteils annimmt. Kommentar und Reflexionen zur Zeitein-

---

[179] »Somit haben wir in diesem Roman weder einen zeitlichen Ablauf noch eine
kontinuierlich fortschreitende Handlung, sondern wir befinden uns jederzeit
in der Erzählgegenwart, im Erlebnis der ablaufenden Zeit, im Schnittpunk
zwischen Ahnung und Erinnerung. ... Die Welt ist in dieser Erzählstruktur
nur noch eine Reihe von Spiegeln, die das Ich umstellen und es auf sich selbst
zurückwerfen.« Geisser, S. 51.

stellung der Hauptfigur findet im Stück *Biografie* außerhalb der eigentlichen Handlung statt. So spiegelt sich der Denkprozeß Kürmanns, zwischen Gefühlen und objektiver Beobachtung schwankend, im Dialog zwischen ihm und dem Registrator wider.

Verhältnismäßig gleich bleibt sich in den meisten Werken Frischs des Erzähler-Ichs Einstellung zur Zeit. So ist es ohne Stilbruch möglich, daß Stiller Passagen aus den *Schwierigen* zitieren kann, und Bemerkungen im Stück *Biografie* aus dem Roman *Gantenbein* übernommen werden können.

2. Zeitebenen

In der Darstellung der Geschehnisse folgt Frisch in seinen Werken dem Vorbild der Erinnerung, die durch Assoziationen angeregt vereinzelte oft weit auseinanderliegende Episoden aus der Vergangenheit heraushebt. So heißt es in den Schwierigen: »Es gibt keine Zeit, wie die Uhren sie zeigen; es gibt nur, mitten durch alles hindurch, den glühenden Blitz der Vergängnis, der das Leben erhält, und am Rande des Blitzes − eine Weile noch leuchten die Gärten der Erinnerung, ... Dann nimmt die Nacht wieder alles zurück« (*Schw.*, S. 297). Bereits in seinem Traumbuch *Bin* wird der Wunsch ausgesprochen, so erzählen zu können, »wie man wirklich erlebt« (*Bin*, S. 36), und in jedem der nachfolgenden Werke tritt demzufolge neben die äußere Chronologie der Ereignisse auch die »Zeit der unbewachten Seele«.

Die Zeitebenen werden in den Romanen durch Einschübe, im Drama und Roman gelegentlich durch über die Gegenwart hinausweisende Motive überbrückt. Es liegt hier nahe, E. Lämmert zu zitieren, der von einer »Durchtönung des erzählten Augenblicks mit bestimmten, außer ihm liegenden Beständen des Gesamtvorganges« spricht [180]. Es können dies auf die Vergangenheit oder die Zukunft verweisende Motive sein; Träume erfüllen beispielsweise diese Funktion. Erinnert sei hier vor allem an die Träume im *Stiller*, welche die Synthese von Vergangenheit und Gegenwart in der Person von Stiller-White vorwegnehmen. Weiterhin spielen sie Varianten durch, wie sie Stiller-White in sich selbst nie eingestandenen Wünschen vorschweben.

---

[180] Lämmert, S. 243.

Auch Symbole spielen eine ähnliche Rolle der Zeitüberbrückung in den Werken. Zum Beispiel deutet der Schatten eines Hundes auf einer Photographie Yvonnes in den *Schwierigen* auf drohendes Unheil. Auch musikalische Motive können der Zeitüberbrückung dienen. Der Gesang der Matrosen begleitet Erinnerungen und Szenen aus der Vergangenheit in *Santa Cruz*, und der Gesang der Geiseln in *Nun singen sie wieder* ertönt immer, wenn neuerdings ein Mensch getötet wird. Die Axt, ein friedliches Werkzeug nun im Dienst der Gewalt eingesetzt, verbindet in *Graf Öderland* die Zeitebene des Mordes an einem Hauswirt mit der überzeitlichen Sage vom Grafen Öderland. Sie wird zum Abzeichen der Rebellion gegen die gesellschaftliche Unterdrückung und schließlich zum Symbol der brutalen Gewaltherrschaft. Auch eine so unwichtige Nebensächlichkeit wie Julikas Schoßhund beim Lokalaugenschein Stiller-Whites – sie hatte einen ebenso aussehenden Hund während ihrer Ehe mit Stiller – wird zum zeitverbindenden Motiv. Sein Auftauchen in dieser entscheidenden Szene ist ein Hinweis darauf, daß Julika ihre Ehe wieder dort aufzunehmen gedenkt, wo sie Stiller verlassen hatte. Sie hat nichts gelernt und wird darum wieder in ihrer alten Rolle beharren. Frisch liebt es, derartige scheinbare Nebensächlichkeiten allmählich im Laufe der Handlung zu wichtigen Motiven zu entwickeln. Beispielsweise treten die Streichhölzer aus der ersten Szene im *Biedermann* wiederholt als unwichtiges Requisit auf, bis sich ihr Symbolwert endlich in der Bitte des Brandstifters um Streichhölzer offenbart. Auch in Fabers Bericht läßt sich Ähnliches erkennen. Seine Aufzeichnungen sind voll der Todessymbole, die allein schon durch Fabers Voreingenommenheit für diese Motive auf eine unterdrückte Faszination mit dem Tode hindeuten. Seine Todesahnungen werden durch den Ausbruch seiner Todeskrankheit schließlich bestätigt. Auch die Katastrophe in *Andorra* ist in zahlreichen Vorzeichen, Voraussagungen, Metaphern und halben Drohungen bereits vorweggenommen. Eingangs ist vom großen Platzregen die Rede, der alle weiße Tünche von den Häusern der Andorraner heruntergewaschen werde; dazu vermerkt Peter Pütz treffend: »der Pater wünscht sich ein ›schneeweißes Andorra‹, des Soldaten Hinweis auf den Platzregen deutet aber bereits auf die späteren atavistischen Instinkte, die unter der Tünche der Anerziehung bei den Andorranern auftreten«[181]. Auch der Pfahl, der übernacht auf

---

[181] Peter Pütz, *Die Zeit im Drama* (Göttingen: Vandenhoeck und Ruprecht, 1965), S. 146.

dem Marktplatz dasteht, weist von Anbeginn auf die spätere Hinrichtung Andris.

Die mythologische Figur Hermes spielt im Roman *Gantenbein* in der Charakterisierung von Enderlins Zeiterlebnis eine wichtige Rolle. Er ist der Götterbote, Gott des richtigen Augenblicks und auch der Todesstunde. Sein Abbild im Museum – »Die Haltung des Kopfes ist umstritten« (*Gant.*, S. 119) – verweist auf die Erzählsituation, die unentschieden zwischen der Furcht vor der Zukunft und der Furcht vor der Wiederholung der Vergangenheit hin und her pendelt. Im Leben Kürmanns wieder verkörpert jene Möwe, auf deren außergewöhnliches Verhalten er seine Verhaltenstheorie gründete, die Rolle des Zufalls bzw. des Schicksals in seinem Leben.

Requisiten mögen auf der Bühne gleichfalls zur Vermittlung zwischen den Zeitebenen dienen. Eine Versteinerung wird zum Beispiel in *Nun singen sie wieder* zum symbolischen Bindeglied zwischen den Toten und den Lebenden. In der *Chinesischen Mauer* demonstriert die Mischung von modernen und historischen Ausstattungsstücken ein ähnliches Kunterbunt der Stile und Epochen im menschlichen Bewußtsein. Die wiederkehrende Polonäse der Masken ist, wie Geisser bemerkt, der chinesischen Handlung und der Handlungsebene des »Heutigen« im Stück wie ein ständiger Spiegel vorgesetzt[182]. Der innere Wandel Mee Lans von der chinesischen Kaiserstochter vor zweitausend Jahren zur modernen Frau ist äußerlich durch den Kostümwechsel markiert. Am »Heutigen« hingegen wird das Anhaften geschichtlicher Einflüsse durch die verhöhnende Verleihung des kaiserlichen Narrenordens betont. Auch Horsts (*Als der Krieg zu Ende war*) Wehrmachtsuniform ist trotz abgeschnittener Epauletten Veranschaulichung einer Gesinnung, die auch nach dem Kriege von den Schlagworten des Krieges geprägt bleibt. Der geschenkte Zivilanzug in der letzten Szene des Stückes paßt ihm ebensowenig wie seine vorgetäuschte Unschuld an der Erschießung der Juden in Warschau. Wie Horst offensichtlich seine Kriegsmentalität auch im Frieden nicht ablegen kann, so trägt auch der Staatsanwalt in *Graf Öderland* in der letzten Szene noch jene Schlammstiefel aus der vorhergehenden Traumszene. Es ist noch etwas vom Traum »an ihm hängengeblieben«, d. h. obwohl es nur ein Traum war, hat das Traumerlebnis seine Einstellung zur Umwelt beeinflußt. Stiller hat dagegen noch

---

182 Geisser, S. 58.

jene Narbe von seinem Selbstmordversuch her, der als seelische Wasserscheide zwischen dem Stiller der Vergangenheit und dem Stiller-White der Gegenwart liegt. Wie Stiller durch diesen Selbstmordversuch ein »Gezeichneter« geworden ist, so ist auch Faber durch das Erlebnis der Notlandung in der Wüste für alle Zeit gezeichnet, auch wenn er es sich anfangs nicht eingestehen will. Er nimmt aus diesem Erlebnis die dauernde Vorstellung mit sich, von Dämonen umgeben zu sein.

Wenn in *Andorra* am Anfang des Stückes der Pfahl als Vermittlung zwischen Gegenwart und Zukunft dient, so mahnt am Ende des Stückes das Paar Schuhe auf dem Marktplatz die Andorraner an die Mitschuld am Tode Andris. Darüber hinaus deuten Andris zurückgelassene Schuhe gleichfalls auf die Wahrscheinlichkeit, daß sich in der Zukunft wieder jemand finden wird, der als Sündenbock für die Andorraner in Andris Schuhe treten wird. Der Ausklang des Stückes dürfte hierbei auf die Repetition der Geschichte hinweisen. In *Biografie* wird der Zeitunterschied zwischen den einzelnen geprobten Varianten von Kürmanns »Biografie« dadurch überbrückt und als imaginär gekennzeichnet, daß Requisiten von einer Szene in die nachfolgende übernommen werden. So behält Kürmann beispielsweise sein Whiskyglas während mehrerer Szenen in seiner Hand, oder der Registrator nimmt die Rosen aus der Vase am Bett der sterbenden Mutter Kürmanns und gibt sie der Braut in der nächsten Szene in den Arm. Auch Antoinette platzt trotz wiederholter Proteste Kürmanns mehrmals in Ereignisse, die eigentlich chronologisch außerhalb ihrer Handlungsebenen liegen. Hellmuth Karasek schließt daraus, daß es von Frisch mehr als ein komödiantischer Trick ist, »daß er die Frau auch immer wieder in die Szenen stolpern läßt, in denen sie zeitlich nichts verloren hat. Frisch deutet damit an, daß es in der Tat nur um Erinnerung geht, nicht um ein wirkliches Zurückdrehen der Zeit«[183].

Zeit- und raumverfremdend wirkt in den Stücken die Überspielung der Rampe wie zum Beispiel im Sketch von der *Großen Wut des Philip Hotz*. Philip Hotz ist Hauptfigur und zugleich Conferençier des Geschehens, wenn er, außerhalb der Szene stehend, sich ans Publikum wendet. »Jetzt, meine Damen und Herren«, spricht er von der Rampe, »hören Sie, was ich nicht hören kann – ich bin unten bei Frau Poppikofer – aber ich kann es mir vorstellen« (II, *Hotz*,

183 Karasek, S. 10.

176). Hier wird auf der Bühne eine Variante durchgespielt, wie sie nur in Hotz' Vorstellung existiert, aber trotzdem von ihm als tatsächlich geschehen behandelt wird. Auch der »Heutige« wendet sich in der Geschichtsfarce an die Zuschauer und bezieht sie zeitlich wie im späteren Stück Hotz in das Spiel ein. »Meine Damen und Herren«, deklamiert er, »Sie sehen die Chinesische Mauer, das größte Bauwerk der Menschheit. ... Ort der Handlung: diese Bühne (oder man könnte auch sagen: unser Bewußtsein), ... Zeit der Handlung: heute abend« (I, *CM*, 156). Im Laufe der Vorstellung wenden sich auch andere Figuren direkt an das Publikum und durchbrechen so ihre historischen Zeitgrenzen oder besser, sie demonstrieren dadurch die Allgegenwart der verschiedenen historischen Epochen im menschlichen Bewußtsein. Geisser vermerkt zu der Durchbrechung von räumlichen und zeitlichen Grenzen in diesem Stück:

[Es] wird einerseits die chinesische Fabel in gewohntem Kausalschema durchgespielt. Andererseits wird durch die Gestalt des Spielleiters das allwissende Bewußtsein dem einlinigen Handlungsverlauf gegenübergestellt, womit die Handlung vor diesem Bewußtsein relativiert und der Zwang des Faktischen gebrochen wird. Es wird fortwährend darauf hingewiesen, daß die Handlung, die sich vor dem Publikum abspielt, durchaus nicht die einzig mögliche ist, sondern daß sich auch ein anderes Verhalten denken ließe und daß es deshalb notwendig ist, ein anderes Verhalten zu fordern [184].

Im *Don Juan* wird das Publikum gleichfalls auf die Möglichkeit einer anderen Darstellung auf der Bühne hingewiesen, wenn Pater Diego zu Don Juan bemerkt: »Denken wir uns bloß ein Publikum, das den wirklichen Don Juan sehen könnte: hier auf dieser herbstlichen Loggia in Ronda!« (II, *DJ*, 83). Die Hinwendung an das Publikum findet sich im *Biedermann* und in *Andorra*. In beiden Fällen wird damit bezweckt, die Zeitebene der Bühnenhandlung zu durchbrechen und den Zuschauer als Zeitgenossen und Mitverantwortlichen anzusprechen, wie es oft dem Charakter eines Parabelstückes entspricht.

Während Einschübe von Vergangenheitshandlung in das Gegenwartsgeschehen in den Prosawerken meistens durch Wechsel des Tempus vom Präsens zum Präteritum markiert werden, findet sich im *Homo faber* die Präsensebene auch im Druckbild gekennzeichnet. Im zweiten Teil des Berichtes sind die Aufzeichnungen des Gegenwartsgeschehens im Krankenhaus von Athen und die Gespräche mit Hanna in kursiv gesetzt.

[184] Geisser, S. 58–59.

Verbunden mit den verschiedenen Zeitebenen in den Werken ist die dialektische Gegenüberstellung von Themen. Traum wird hierbei gegen Wachsein ausgespielt, weiters bricht die Vergangenheit in die Gegenwart der Figuren ein, und der Frühling der Lebenden wird mit dem Frühling der Toten kontrastiert (*Nun singen sie wieder*). Jede Figur lebt praktisch auf ihrer eigenen Zeitebene. So bemerkt auch A. Mendilow in seiner Studie: »There are as many time-series as there are selves who perceive things as in time. ... Strictly speaking, no time can be common to two selves«[185]. Jede Auseinandersetzung einer Figur mit einer anderen bringt notwendigerweise ein Überschneiden verschiedener Zeitebenen mit sich – wie im *Stiller* und auch in *Biografie* unter anderem demonstriert wird. Wenn im Stück *Nun singen sie wieder* die Toten von den Lebenden gleichsam wie durch eine Glaswand getrennt sind[186], so erscheinen auch viele der anderen Gestalten Frischs wie durch unsichtbare Trennwände voneinander geschieden, was wieder durch ihr verschiedenes Zeiterleben zum Ausdruck kommt.

Max Frischs fiktive Tagebücher (vor allem aber *Stiller*) sind reich an Einschaltungen, die in die Vergangenheit zurückgreifen oder das Wort an verschiedene Personen abgeben, um deren Standpunkt zu zeigen. So wird im *Stiller* die Gegenwartshandlung in direkter Rede dargestellt, während die Vergangenheitsepisoden meist in indirekter Rede erscheinen. Da jene Ich-Erzählungen Geschehenes beschreiben, so ist der Bericht bereits Kommentar. Die Art der Präsentation der Ereignisse charakterisiert den Erzähler daher ebenso wie seine Handlungen[187]. Zum Zeitpunkt, da die Ereignisse der Vergangenheit bis an die Gegenwart herangeführt sind, hat sich auch im Erzähler ein Selbsterkennungsprozeß abgespielt, der in den letzten Aufzeichnungen des fiktiven Tagebuches seinen Ausdruck findet. Faber gelingt es, sich schreibend dem Gegenwartserlebnis zu nähern. »Seinen letzten Bericht schreibt er gewissermaßen mit der Zeit, er schreibt in der Ge-

---

[185] A. A. Mendilow, *Time and the Novel* (New York: Humanities Press, 1965), S. 63.

[186] Stäuble, *Grundzüge*, S. 87.

[187] Chronologische Strukturen der Romane werden in folgenden Werken besprochen:
Braun, *Stiller;*
Holl, *Stiller;*
Geulen, *Homo faber;*
Fritsching, *Homo faber.*

genwart und nicht mehr in der Erinnerung«[188]. Er begreift seine
Gegenwart aus »einer vom Tod überschatteten Zukunft«, bemerkt
Hans Geulen, »indem jenes ›spiegelnde Wachsein‹ sich ereignet«[189].

In den Dramen bringen Rückblenden eine Aufklärung der Vor-
geschichte. Vergangenheit und Gegenwart werden hierbei in der *Chinesischen Mauer* und in *Biografie* als simultan gezeigt; in der *Chinesischen Mauer*, weil die Gegenwart zwar äußerlich gelebt wird, die
Vergangenheit aber im Unterbewußtsein weiterlebt; in *Biografie*
dagegen, weil die wirkliche Handlung nicht gezeigt wird, sondern nur
Variationen dieser Wirklichkeit zu sehen sind[190].

Trotz Darstellung der verschiedenen Zeitebenen in den Werken,
ist Frisch doch immer bemüht, die Gleichzeitigkeit von Vergangenheit,
Gegenwart und Zukunft im Bewußtsein der meisten Figuren zu veranschaulichen. Strukturell wird äußere Zeit mit innerer Zeit mit Hilfe
von Teichoskopie kontrastiert, d. h. äußeres Zeitgeschehen, wie es
in den Zeitungen berichtet wird, bildet den zeitlichen Hintergrund zu
den Konflikten der jeweiligen Figur. In Prosa und Drama finden sich
gleicherweise die Vorliebe für Einschaltung von Tagesnachrichten in
das Geschehen. Diese Montage rückt die Handlung im Werk im Vergleich mit dem internationalen Weltgeschehen in eine objektive Perspektive.

3. Zitat

Auf weitere über die zeitlichen Grenzen des Geschehens hinaus-
gehende Zusammenhänge verweisen Zitate als Anspielungen auf ana-
loge Vorkommnisse in der Geschichte und Literatur. Wenn beispielsweise in den *Schwierigen* die Sonntagsnachtmittagsszene den Obersten
mit seiner Familie zeigt, der »über ferne Kriege sprechend, gemütlich
beim schwarzen Kaffee« (*Schw.*, S. 137) sitzt, so wird hier Spieß-
bürgerlichkeit in Anlehnung an Goethes *Hermann und Dorothea*
parodiert.

In der *Chinesischen Mauer* sind es maskierte literarische Zitate
aus der westlichen Kulturgeschichte, die mit der chinesischen Handlung und der Bewußtseinsebene der Moderne kontrastiert werden.
Das literarische Zitat wird durch Figuren repräsentiert wie Romeo
und Julia (in Shakespeare-Versen sprechend), Philipp von Spanien,

---

[188] Geisser, S. 64.
[189] Geulen, S. 94.
[190] Geisser, S. 74.

Maria Stuart (von Schiller) und Don Juan, wobei letzterer über seine Interpretation durch Brecht und Frisch räsoniert: »Was aber wissen Brecht und sein Ensemble von mir? ... Spiele ich Schach, schon hält man mich für intellektuell, Liebe zur Geometrie!« (I, *CM*, 166). Im Stück von Don Juan werden Zitate in Übersetzung (Tirsa) und Originaltexte (Molière) übernommen, um das Gemisch von literarischen und geschichtlichen Vorbildern, wie in der *Chinesischen Mauer*, im Bewußtsein der Menschen zu demonstrieren [191].

Biedermann enthält dagegen Anspielungen auf das Jedermann-Spiel von Hofmannsthal [192]. Doch neben den zahlreichen Jedermann-Anklängen (Jedermann-Biedermann Rufe, der Tod beim Abendessen in der Gestalt von Schmitz, die guten Freunde, die guten Taten) finden sich weiterhin auch Bibelparallelen. Beispielsweise will Biedermann den Eßtisch für das große Dinner einfach und ohne kostbares Tischtuch haben: »ein hölzerner Tisch, nichts weiter, wie beim Abendmahl« (II, *B*, 138). Der Verbrüderungskuß wird im Zusammenhang mit den späteren Ereignissen zum Judaskuß, und im Biedermann-Nachspiel erinnert das »Gerettet!« (II, *BN*, 339) an *Faust I*. Fabers Verstrickung wird durch Anspielungen in eine Verbindung mit der griechischen Mythologie gebracht – die Ödipussage und Klytemnästratragödie sowie Parallelen zur Heimkehr des Odysseus [193]. Die Zitate kontrastieren Vergangenes mit dem Gegenwartsgeschehen und verweisen auf Zusammenhänge, die über die persönliche Problematik der Figur hinausgehen und sie ins Mythologische überhöhen.

4. »Wiederholung« in der Komposition

Wie die Zitate in Sprache und Bildlichkeit eine Anspielung darauf sind, daß bestimmte geschichtliche Vorstellungen durch die Literatur überliefert werden, so wird durch andere strukturelle Mittel in den Werken gezeigt, wie sehr sich im Laufe eines Lebens typische Erlebnisse wiederholen. Dem oft ausgesprochenen Prinzip von der »ewigen Wiederkehr des Gleichen« in den Werken Frischs entspricht häufig die strukturelle Komposition der Werke, die Anordnung des Inhalts und der Einsatz von szenischen und erzählerischen Effekten.

---

[191] Pütz, »Die Maske: Funktion von Andeutung und Verhüllung«, S. 125.
[192] Paul Riegel, »*Biedermann und die Brandstifter*: Max Frischs ›Jedermann‹ «, *Blätter für den Deutschunterricht*, 5 (1961), 5–16.
[193] Vgl. Kapitel II, »Mythos«.

Viele der Erzählungen enden, wie bereits erwähnt, bei jener Erzählerposition, von der sie ihren Ausgang nahmen. Yvonne wählt, wie ihre Mutter, eine Verstandesehe (*Die Schwierigen*). Jeder neue Aufbruch mit Bin führt Kilian wieder in die Erinnerung zurück. Auch Stiller, Faber und das Erzähler-Ich im *Gantenbein* kehren zu ihrer Ausgangsposition zurück. Daneben findet sich eine ähnliche kreisförmige Anordnung der Handlung auch bei den Stücken [194]. In *Santa Cruz*, *Graf Öderland* und *Biografie* ergibt sich durch die Wiederkehr gleicher Szenen, gleicher Worte und auch gleicher Geräuscheffekte »der Eindruck von kleinen Kreisen« [195].

In Prosa und Drama finden sich innerhalb der Struktur nicht nur der Inhalt, sondern auch die bildhaften Elemente wiederholt. Der immer wiederkehrende Traum Elviras (*Santa Cruz*) und des Rittmeisters Sehnsucht führen sie immer wieder vor dieselbe Wahl wie vor siebzehn Jahren. Wiederkehr des Themas wird auch durch die Leitmusik und durch von verschiedenen Personen wiederholte Sätze betont. In der *Chinesischen Mauer*, die das Thema der »Wiederholung« in Inhalt und Struktur betont [196], beginnt nach Beendigung des Stückes »die ganze Farce von neuem«. Die mechanische Wiederholung in der Komposition wird hierbei am Reigen der Masken und an ihren abgezirkelten Bewegungen, Spielfigurinen gleich, sichtbar.

In *Nun singen sie wieder* dient vor allem der Gesang der Geiseln dazu, die gleichbleibende Tendenz auf der Welt zu betonen, daß Stärkere willkürlich Schwächere töten. Jeder neue Mord im Stück wird durch diesen Gesang angekündigt.

Das Motiv der »Wiederholung« im *Graf Öderland* wird durch die Bemerkung des Staatsanwaltes unterstrichen, daß es immer zwei oder drei Gesichter seien, denen man wiederbegegnet, das Kind und der Gendarm oder Gefängniswärter, »der wissen muß, wohin und woher« (I, GÖ, 325). Das Stück beginnt und endet im Schreibzimmer des Staatsanwaltes und markiert hierbei das dazwischen liegende Geschehen als Traumhandlung.

[194] »1. Entweder ist das gesamte Stück wie ein Kreis konstruiert, so daß die letzte Szene an die erste wieder anknüpft;
2. oder es kehren, im Sinne von Leitmotiven, die gleichen Szenen, die gleichen Worte oder die gleiche Musik in gewissen Abständen wieder, so daß das Stück in kleine Kreise eingeteilt zu sein scheint, in Stationen.« Weise, S. 124.
[195] Weise, S. 124.
[196] Geisser, S. 58.

Don Juan wird durch die Wiederholung gleich unbefriedigender Affären das ganze Leben zum Überdruß. Das Biedermann-Nachspiel endet mit der Rückkehr der Teufel auf die Erde, um wieder von Leuten wie Biedermann in ihrer Brandstiftung unterstützt zu werden. *Andorra* endet mit dem Eindruck, daß sich die Katastrophe ohne weiteres wiederholen könne, weil die Menschen aus der Katastrophe nichts gelernt hatten.

Das Stück *Biografie* demonstriert die Macht der Repetition, wie sie selbst in den verschiedenen Bühnenvarianten von der Hauptfigur nicht überwunden werden kann [197]. Die Spieluhr symbolisiert hierbei Kürmanns Gefängnis der Gewohnheit, während wiederkehrende Geräuscheffekte (Klavier, Schlagen von Uhren, Musik der Spieluhr) und Sätze (»Ich kenne das«) viele Male wiederholt, die Wiederkehr der gleichen Situation markieren. Nicht wiederholbar ist für die Figuren hingegen das Glück, da jedwede Vorkenntnis des späteren Ausganges das spontane Erlebnis auslöscht.

B. Zeit in den erzählerischen und dramaturgischen Mitteln

Während »Rolle«, »Sprache« und »Namen« die Figuren in ihrer Zeiteinstellung charakterisieren, markieren »Daten« die zeitlichen Fakten im Leben eines Menschen. Der zeitlichen Wechselwirkung der Handlung in den Erzählwerken durch eingeschobene Geschichten entsprechen auf der Bühne Beleuchtungseffekte, die Tag und Traum, Leben und Tod, Gegenwart und Erinnerung durch Lichtwechsel kenntlich machen.

1. Rolle, Sprache, Namen

Verbunden mit der Darstellung der äußeren Zeit und des Lebens gegen den Zeitablauf tauchen in den Werken immer wieder »Bildnis«, »Maske« und »Rolle« auf, die sich die Figuren in ihrer Entfremdung von der »erlebten Zeit« zu eigen machen. Daneben findet sich auch die »Marionette«, deren Bewegungen zum Unterschied von der »Maske« und »Rolle« durch äußere Kräfte gesteuert werden.

---

197 Geisser, S. 76.

Sprache und »Rolle/Marionette« bedingen einander in den Werken, denn jede Aussprache ihres Selbst drängt die Figuren unwillkürlich in eine »Rolle«. Stiller spricht für die anderen Figuren, wenn er sich fragt: »Kann man schreiben, ohne eine Rolle zu spielen? Man will sich selbst ein Fremder sein. ... Wir haben die Sprache, um stumm zu werden. Wer schweigt, ist nicht stumm. Wer schweigt, hat nicht einmal eine Ahnung, wer er nicht ist« (*St.*, S. 391).

Die Sprache wird bei Frisch zu jenem Zwang, der die Figuren in ihrer »Rolle« festhält, weil ihnen – wie Stiller – eine »Sprache für ihre Wirklichkeit« (*St.*, S. 98) fehlt. Die Sprache kann der Veränderlichkeit der Persönlichkeit nicht Rechnung tragen und, verbunden mit der »Rolle«, gibt sie den Menschen den Anschein einer gleichbleibenden Identität.

Der Marionettencharakter wählt sich seine »Rolle« und die ihr angepaßte Sprache nicht selbst, sondern wird darin von der Umwelt bestimmt. Seine Sprache ist, wie an der Begegnung Stiller – Sturzenegger und am Beispiel Biedermanns gezeigt wird, von Schlagworten und Klischees geprägt. Biedermanns Sprache wird als »Phrasendrescherei« entlarvt, sobald seine unheimlichen Gäste »ihn beim Wort nehmen«, »denn jemand, der in der Biedermannschen Gesellschaft die Sprache nicht als Mittel der Verstellung gebraucht, ist den anderen überlegen«[198].

Die Übereinstimmung von »Rolle« und Sprache wird auch an der Figur Gantenbein demonstriert. Es beginnt damit, daß er sich eine Blindenbrille kaufen will und absichtlich mit der Verkäuferin Hochdeutsch spricht, denn, so sagt er: »Ich habe stets ein Gefühl von Rolle, wenn ich Hochdeutsch spreche, und damit weniger Hemmungen« (*Gant.*, 36). Von da an ist es seine einzige Sorge, nicht aus der Rolle des Blinden zu fallen, die ihm als einzige die Gefahr der Wiederholung im Eheleben mit Lila zu bannen scheint.

Eingefügt in die Beschreibung Enderlins (*Gantenbein*), »der keine Rolle spielen kann«, findet sich die Geschichte eines Mannes, dessen ganzes Leben nur eine Rolle war (*Gant.*, S. 181). In Verbindung mit Gantenbeins Rollenlosigkeit ist mit dieser Geschichte angedeutet, daß ein gesellschaftliches Auskommen mit dem Nächsten nur unter Festhalten an einer »Rolle« möglich ist.

---

[198] Hoefert, S. 259.

Gelegentlich entsprechen den jeweiligen »Rollen« auch sprechende Namen. Der Name Hinkelmann (*Die Schwierigen*) dürfte zum Beispiel darauf hinweisen, daß der gegenwartsfremde Gelehrte hinter der Wirklichkeit nachhinkt oder seelisch benachteiligt ist. Das Paar Erzähler-»Ich« und »Bin« symbolisiert in dem kleinen Traumbuch *Bin* den Zeitbruch, der durch das Wesen des Menschen selbst hindurchgeht, ihn dergestalt in sein rollenhaftes »Ich« und sein wesentliches »Bin« spaltend. Graf Öderland bezieht seinen Namen aus jenem Bereich der Ordnung, der in diesem Werk so öd und freudlos erscheint. Der Name Bohnenblust (Stillers Verteidiger) läßt auf einen pedantischen Menschen schließen. Mr. White verkörpert die vergangenheitslose Hälfte Stillers, der allmählich durch Zwang der Umstände eine Vergangenheit »zugeschrieben« wird. Walter Faber als »homo faber« vertritt den Typus des Handwerkers und Technikers, der sich durch praktische Arbeit verwirklicht, während der »homo ludens« sich durch Kunst ausspricht. Der Name Andri wie der Agnes Anders' deutet auf die Andersartigkeit der Figur verglichen mit dem Mitmenschen. Biedermann parodisiert den nicht so biederen entfremdeten Spießbürger. In *Biografie* weist der Name Kürmann schließlich auf den ironischen Widerspruch hin, daß sich der Verhaltensforscher selbst sein Verhalten nicht wählen – »erküren« – kann, sondern immer seinen Gewohnheiten erliegt [199].

In den späteren Werken Frischs dominiert die Aufsplitterung der Persönlichkeit in verschiedene Rollen. Nur die Liebe könne nach der Darstellung in den Werken »Bildnis« und »Rolle« überwinden, doch »mit fortschreitendem Rollen- und Grenzbewußtsein [wird] eine positive Wendung durch die Liebe immer schwächer, in späteren Stücken, *Biedermann, Andorra,* kaum vorhanden, in *Biografie* negativ gestaltet«[200].

Die Machtlosigkeit des einzelnen gegenüber der Gesellschaft zeigt sich in den Werken Frischs darin, daß der Intellektuelle vor den Forderungen der Gegenwart hinter eine Maske flüchtet, während der Bürger sich zu einer Marionette der herrschenden Mächte machen läßt.

[199] Geisser, S. 69.
[200] Weise, S. 137.

2. Daten

Wo Daten in den Werken Frischs erwähnt werden, bezeugen sie, daß der Mensch unweigerlich nach einiger Zeit eine Biographie vorzuweisen hat. Diese Daten erfassen die Fakten im Leben eines Menschen, beweisen aber – auch mit Fotoalbum nicht, wie Stiller betont –, daß jener Mensch ein »wirkliches Leben« gelebt hat.

Wie die kalendarischen Angaben den chronologischen Hintergrund der Werke bilden, so erlauben sie dem Autor gleichzeitig, dem Nacheinander der Kalenderdaten das Ineinander der Bewußtseinszeiten gegenüberzusetzen. Auf diese Weise läßt sich, wie Geisser bemerkt, »eine Spannung zwischen öffentlicher und privater Sphäre erkennen«[201].

3. Beleuchtung

Wie in den Prosatexten eingeschobene Geschichten Licht auf einen bestimmten Handlungsaspekt werfen, so dienen in den Stücken Beleuchtungseffekte dazu, zeitliche Momente herauszustellen. In *Santa Cruz* versinkt in der Schlußszene die Gegenwart des Zimmers um Pelegrin im Dunkel, und die Scheinwerfer beleuchten nur ihn und die symbolischen Gestalten aus seinem Leben und Sterben, von denen die letzte, sein Kind Viola, »alles von neuem erfährt« und »alles noch einmal beginnt« (I, SC, 84). Sein Leben erscheint von dieser Schlußfolgerung her als ein Modell, das sich immer wieder in den Nachkommen wiederholt.

Im letzten Bild des Stückes *Nun singen sie wieder* ist die Bühne in einen hellen Vordergrund der Lebenden und den halbdunklen Hintergrund der Toten geschieden. Trotz dieses Nebeneinanders kommt es zu keinem Kontakt zwischen den beiden Bereichen. Die scheinbar »gläserne Wand«, wie E. Stäuble sie nennt [202], zwischen ihnen wird durch den Lichtunterschied veranschaulicht.

Es ist augenscheinlich, daß zu Beginn des Stückes *Graf Öderland* der Staatsanwalt gedankenverloren beim schwachen Schein der Arbeitslampe am Schreibtisch steht, sobald er jedoch die Stimme seiner Frau hört, diese verlöscht. Die grelle Deckenbeleuchtung, die sie bei ihrem Eintritt in das Zimmer andreht, reißt ihn jäh aus dem schützenden Dunkel. Das schwache Licht dürfte dem Wachtraum entsprechen,

---

201 Geisser, S. 67.
202 Stäuble, *Gesamtdarstellung*, S. 87.

in dem sich der Staatsanwalt zu verlieren droht. Die Finsternis entspricht, wie M. Jurgensen erwähnt, bei Frisch dem Nichts und dem
Tod[203]. Der Staatsanwalt stellt sich »tot«, um von den Vorwürfen
seiner Frau nicht gestört zu werden. Das grelle künstliche Licht scheint
dem Bildnis zu entsprechen, das sich seine Frau von ihm gemacht hat,
denn sie sieht ihn nur im künstlichen Licht ihrer Vorstellungen. Dagegen entspricht in den Werken Frischs das natürliche Tageslicht dem
wirklichen Leben.

Die Folge von Tag und Nacht im *Don Juan* markiert nicht nur
den Zeitablauf, sondern auch die symbolische Anonymität der Ge-
schlechter in der Dunkelheit der Nacht. Im *Biedermann* wird bei
Stückbeginn der winzige Feuerschein eines Zündholzes beim Anzün-
den einer Zigarre im dunklen Raum zur flackernden Feuersbrunst in
der Brandnacht am Ende des Stückes, und in *Andorra* wird durch die
Beleuchtung der Zeitunterschied zwischen dem Geschehen auf der
Szene und dem Kommentar auf der Vorderbühne markiert. Während
die Figur an die hell beleuchtete Zeugenschranke im Vordergrund
tritt, bleibt die dahinterliegende Szene im Halbdunkel. Es wird hier
augenscheinlich, daß sich die Figur bei der Zeugenaussage an die vergangene Handlung erinnert. Bewußtsein und äußerliche Wirklichkeit
werden durch Lichtabstufungen visuell voneinander geschieden und
als gleichzeitig vorgeführt.

Im letzten Stück, *Biografie,* ist Beleuchtung als zeitmarkierender
Effekt besonders wichtig. Da das Stück auf drei verschiedenen Zeitebenen spielt, nämlich der Arbeitsbühne, dem Bewußtsein und der
illusorischen Szene, zeigt der Lichtwechsel die jeweilige Ebene der
Handlung an. So entspricht das Arbeitslicht der Bühnengegenwart,
während das Neonlicht am Lesepult des Registrators zeigt, daß das
Bewußtsein der Hauptfigur wieder in den Verlauf der Probe eingreift,
und das Spiellicht darauf hinweist, daß eine neue Variante zur Kürmanns »Biografie« auf der Bühne durchgespielt wird. Die Realität
wird nie auf der Bühne gezeigt, »insofern bleibt das Stück immer
Probe« (*Bio., Anm.,* .S 110), wie Frisch hierzu passend ausführt.

---

[203] Jurgensen, *Dramen,* S. 13–16.

C. Zeitmotive

Bestimmte Motive erlangen bei Frisch in ihrer wiederholten Verbindung mit dem Zeiterlebnis den Charakter von Zeitmotiven.

1. Unendlichkeit und Natur

Der äußeren Einschränkung durch die Uhrzeit werden in den Werken immer wieder Symbole der zeitlichen Unendlichkeit entgegengestellt. Symbole der Sehnsucht sind in ihrer Unbegrenztheit das Meer [204], ferne Inseln, die Ferne selbst, welche oft mit dem Motiv der Bläue verbunden ist – sei es die Bläue eines Frühlingshimmels oder des Meeres. Schiffe dienen als Symbol der Freiheit von der äußeren Alltagszeit. Koralle und Muschel spiegeln das Geheimnisvolle aller Frisch'schen Sehnsuchtsträume und ihre Romantik wider. Das Meer und der fließende Strom stehen für das Leben, das eine für die unermeßliche Weite der Zukunft in der Jugend, der andere für die verrinnende Zeit und die Vergängnis.

Dem Strom entlang führt Kilians Reise in das Traumland Peking, und an einer Meeresbucht findet er die Tonne seiner Erinnerung. Die fließende Bewegung des Stromes drängt in den Werken immer wieder zu Vergleichen mit der Veränderlichkeit und Vergänglichkeit des menschlichen Lebens. Walter Faber badet beispielsweise zweimal im Rio Usumancinta und muß beim zweiten Mal feststellen, daß sich dieser verändert hat, so wie sich auch Faber selbst in seiner Einstellung zur Zeitlichkeit verändert hat.

Die Gestirne erinnern gleichfalls an die Zeitlichkeit des Lebens, eben weil sie in ihrem Kreislauf sich in so viel weiter gemessenen Bahnen als es das menschliche Leben ist, bewegen. Der Überschwang des Erlebens in den *Blättern* wird effektvoll mit den starren Sternen und ihrer lautlosen gläsernen Stille kontrastiert. Befremdet die Ruhe und Kälte der Sternbilder den Erzähler, so wird der Mond ironisch poetisiert. »Wie ein silberner Lampion hinter den schwarzen Stämmen«, schreibt der Erzähler, »immer wieder ist es schön. Ich lege auf den Mond an« (*BB*, S. 69). Der Mond wird hier dem Ästhetischen gleichgesetzt, das in der bewegten Zeit der allgemeinen Kriegserklärungen zu einem Gewehrschuß herausfordert.

[204] Jurgensen, *Dramen*, S. 19–20.

Die Relativität aller Werte, darunter der menschlichen Zeit, wird in der *Chinesischen Mauer* am Vergleich mit der Lichtgeschwindigkeit, der einzigen absoluten Größe, demonstriert. Angesichts der Gestirne, beispielsweise beim Auftauchen des Kometen und der unerwarteten Mondesfinsternis, schwindet auch Fabers Hybris und es ergreift ihn ein Gefühl der Todesangst, das er sich als Ehrfurcht vor der kosmischen Mathematik zurechtlegt. »Die bloße Tatsache«, schreibt er, »brachte mich aus der Ruhe, als wisse ich nicht ziemlich genau, was es mit einer Mondesfinsternis auf sich hat. Ich redete von Tod und Leben, glaube ich, ganz allgemein« (*Hf*, S. 152–153). M. Jurgensen spricht in diesem Zusammenhang von der »kosmologischen Belanglosigkeit« des menschlichen Lebens [205].

2. Epochen

Obwohl der Autor in den *Blättern* bekennt: »Wie schemenhaft bleibt mir alle Geschichte« (*BB*, S. 32), setzt er sich doch mit der geschichtlichen Bedeutung einschneidender Ereignisse wie dem Kriegsausbruch und dem Abwurf der Atombombe auseinander. Daneben wird der Einfluß geschichtlicher Epochen auf den Menschen unserer Zeit vor allem in seiner historischen Farce *Die Chinesische Mauer* demonstriert.

In den *Blättern* wie in der *Chinesischen Mauer* stehen sich die Forderungen der zeitlichen Gegenwart und die Wiederholung geschichtlicher Vorstellungen polar gegenüber. So wie in den *Blättern* die Landkarten vor der neuen Zeit ungültig geworden sind, so steht der »Heutige« den allegorischen Verkörperungen vergangener Epochen durch »Lemuren der Vergangenheit« defensiv gegenüber.

Daneben findet sich in den Werken als Vertreter vergangener Epochen der Oberst in den *Schwierigen*, sowie der Künstler in der abendländischen Kultur mit einem Vertreter einer jungen Kultur verglichen. »Einen Abend nur saß er unter uns [der Amerikaner]: nachher hatten wir alle das Gefühl, Greise zu sein« (*Schw.*, S. 238), bemerkt Reinhart, dem der eigene Unternehmungseifer schon lange vor seinem Kulturpessimismus vergangen ist.

Hingegen beeindruckt Faber die viel jüngere Sabeth als Vertreter einer vergangenen geschichtlichen Epoche, von der man in Schul-

[205] Jurgensen, *Dramen*, S. 15.

büchern liest: »Was ihr am meisten Eindruck macht an mir: daß ich mich an den ersten Atlantikflug von Lindbergh (1927) noch persönlich erinnere, indem ich damals zwanzig war. ... An meinem Alter, von Sabeth aus gesehen, würde es nichts mehr geändert haben, glaube ich, wenn ich im gleichen Ton auch noch von Napoleon erzählt hätte« (*Hf*, S. 101).

Epochen werden demnach bei Frisch durch historische Figuren, Kostüme, Prinzipien und den Kontrast mit der jüngsten Gegenwart gekennzeichnet.

3. Uhren

Während die Daten und Zeitangaben in den Werken zur Feststellung der äußeren Zeit dienen, bezweckt die oftmalige Erwähnung von Uhren und von Glockengeläute zu bestimmten Zeiten des Tages eine bildhafte Darstellung der Zeit. Der häufige Blick auf die Armbanduhr veranschaulicht die Gehetztheit im Alltag. Die Uhr macht die Menschen zu »Sklaven der Zeit«. Die Uhrzeit ist auch Voraussetzung für das Gefühl der »Wiederholung« und Selbstentfremdung in der Masse. Heiddegger spricht im Zusammenhang mit der Uhrzeit von »öffentlicher Zeit«, die »verfügbar« sei und auf die Welt der Dinge (»Zeugwelt«) eingeschränkt sei. »Das geworfene Sein bei Zuhandenem gründet in der Zeitlichkeit. Sie ist der Grund der Uhr«, konstatiert er [206].

Bemerkenswert ist, daß Faber und Biedermann bei jeder passenden und unpassenden Gelegenheit auf die Uhr sehen, wahrscheinlich, um sich in die meßbare Zeit zu flüchten. Faber zieht seine Uhr auf, nachdem er sich in Houston bei der Rückkehr zum Flugzeug verspätet hatte; ebenso bei der Notlandung in der Wüste. Auf dem Weg von der Unglücksstätte am Golf von Korinth zum Spital büßt er als erstes seine Uhr ein. Die Tage nach dem Unfall Sabeths ist er daher ohne Uhr und auch bildlich »ohne Zeit«. Die gesprungene Wanduhr in Hannas Wohnung ist gleichfalls ein Hinweis auf die Relativität der meßbaren Zeit im Vergleich zur strömenden Zeit des menschlichen Lebens. Hannas archaische Uhr wird hierbei zum Symbol der Vergänglichkeit, während sonst bei Frisch die Uhren vergangenheitslose Gegenwart messen. Heidegger spricht davon, daß »das auf die Uhr sehende Sichrichten nach der Zeit wesenhaft ein Jetzt-sagen« sei:

---

[206] Martin Heidegger, *Sein und Zeit* (Tübingen: Max Niemeyer, 1965), S. 413.

In der Zeitmessung vollzieht sich daher eine Veröffentlichung der Zeit, dergemäß diese jeweils und jederzeit für jedermann als ›jetzt und jetzt und jetzt‹ begegnet. Diese allgemein an den Uhren zugängliche Zeit wird so gleichsam wie eine vorhandene Jetztmannigfaltigkeit vorgefunden, ohne daß die Zeitmessung als solche gerichtet ist. ... In der wesensnotwendig jetzt-sagenden Zeitmessung wird über der Gewinnung des Maßes das Gemessene als solches gleichsam vergessen, so daß außer Strecke und Zahl nichts zu finden ist [207].

An einer Stelle gibt Faber zu erkennen, daß er die Uhren nicht nur als Zeitmesser, sondern auch als Zeitaussteller betrachtet. Er »nimmt sich Zeit«, wenn er von seinem Terminkalender abweicht. So kann er auch über Uhren sprechen, die imstande wären, die Zeit rückwärts laufen zu lassen (*Hf*, S. 191).

Biedermann sieht hingegen immer ungeduldig auf die Uhr, wenn er vom Chor zur Rechenschaft gezogen wird (II, *B*, 104, 121). Er klammert sich gleichsam an die Gegenwart als das Äußere und Greifbare, um die Zusammenhänge zwischen bereits Geschehenem und Zukünftigem nicht sehen zu müssen.

Die Uhren sind bei Frisch ein Bild für die meßbare äußere Zeit, wogegen die Glocken bei Frisch nicht nur läuten, um die Zeit anzumerken, sondern um vor allem die Menschen zu mahnen. Besonders deutlich tritt die mahnende Funktion des Glockengeläutes im *Stiller* hervor, wo die Hauptfigur mehrmals das betäubend laute Geläute vom Großmünster erwähnt (*St.*, S. 489). Die Glocken läuten hier, um Stiller-White an seinen Vorsatz, sich nicht in eine »Rolle« drängen zu lassen, zu mahnen. Sie läuten wieder, wenn Stiller-White dem Staatsanwalt von seiner Engelsbegegnung spricht, sowie beim Lokalaugenschein im Atelier.

Mahnend erklingen die Glocken auch in den *Blättern* zur Stunde der Einberufung, und auch die Begegnung Kilians mit Bin auf der Brücke ist von Glockengeläute begleitet. Zeitregistrierende und warnende Funktion verbindet sich im Schlagen der Turmuhr in *Biedermann*. Zu Beginn des Stückes am Donnerstagabend vor Pfingsten schlägt die Turmuhr die neunte Stunde. Am Samstagabend erklingt lange anhaltendes Glockengeläute als letzte und verzweifelte Mahnung, und die Bedeutung dieses Läutens wird durch die Worte Babettes unterstrichen: »Ich werde so eine dumme Ahnung nicht los: daß sie vielleicht zum letzten Mal so läuten die Glocken unserer Stadt« (II, *B*, 134).

---

[207] Heidegger, *Sein und Zeit*, S. 416–418.

Neben der warnenden Funktion ist das Glockengeläute, das Elf-
uhrläuten, »Zürichs heiterste Einrichtung« und kehrt in den Werken
Frischs als humoristisches Charakteristikum dieser Stadt öfters wieder.

4. »Ordnung«

Starre Ordnungssysteme – wie das mechanistische Weltbild Fabers
oder eine bürokratische Gesellschaftsordnung – widersprechen bei
Frisch der »erlebten Zeit«, weil sie das Leben nicht als veränderlich
behandeln. Die Motive der Ordnung sind in den Werken immer im
Zusammenhang mit der äußeren Zeit angeführt. Unter »Ordnung«
versteht man bei Frisch den geregelten Tagesablauf, der zur Routine
wird, die präzise Trennung von verschiedenen Zeiterlebnissen und ein
Ordnungssystem, in dem der Mensch als manipulierbarer Teil der
Masse behandelt wird.

Ein geregeltes Leben nach einem äußeren Ordnungssystem macht
die Handlungen der Menschen, wie es von Kilian betont wird, voraus
bestimmbar. »Sklaven der Zeit« im Sinne Kilians sind auch Hinkelmann, der Oberst in den *Schwierigen,* der Rittmeister in *Santa Cruz,*
der Staatsanwalt in *Graf Öderland* und Walter Faber, denn ihnen
allen ist die »Ordnung« zum Zwang geworden.

Dieser äußere Zwang der »Ordnung« erscheint durch die Gitter-
stäbe, hinter denen sich die Figuren tatsächlich oder in ihren Vorstellungen eingesperrt finden, veranschaulicht. Auf dem Meer fühlen
sich dagegen die Menschen Frischs frei, während auf dem Land, sei
es ein Landgut, ein Schloß, ein nach eigenen Plänen erbautes Haus,
hinter einer gigantischen Mauer oder in einer Gefängniszelle, alle von
ihnen Gefangene der »Ordnung« sind. Demnach ist bei Frisch ein
Mensch immer dann »gefangen«, wenn die freie Entfaltungsmöglich-
keit durch inneren oder äußeren Zwang beschränkt wird. In den *Blättern,* den *Schwierigen,* in *Bin* und *Santa Cruz* wird vor allem der
geregelte Tagesablauf als einengend betont, denn ein Leben nach der
Uhr und dem Kalender scheint Frisch des Menschen unwürdig.

In *Nun singen sie wieder* findet das politische Ordnungssystem
seine Verkörperung in der Figur des Luftschutzwartes. Die *Chinesische Mauer* bezeugt bildlich, wie sehr die Untertanen innerhalb der
Staatsordnung »eingemauert« sind, und in *Andorra* verstößt die
Andersartigkeit Andris gegen die gesellschaftliche Forderung der Anpassung an die Mehrheit. Schließlich wird im *Gantenbein* durch die

Geschichte vom vermeintlich Totgeglaubten demonstriert, daß ein
Mensch als Glied der Gesellschaft sich nur durch den Tod aus der
Zwangsjacke des Systems befreien kann.

5. »Wiederholung«

Wenn zuvor die Darstellung der Wiederholung in der Struktur der
Werke verdeutlicht wurde, verdienen hier Ausdrücke besprochen zu
werden, die das Gefühl der Wiederholung veranschaulichen. Hierzu
gehört vor allem die Erwähnung der »Wiederholung« selbst, wie es
zum Beispiel in den *Blättern* der Fall ist. Weitere Besuche in der Gastwirtschaft nach zwei Wochen Militärdienst werden als »Wiederholungskurs« abgelehnt (*BB*, S. 44). Personifikation des abstumpfend
monotonen Militärdienstes ist der ums Militärquartier herumlun-
gernde Dorfidiot. So »gibt es auch hier einen Idioten«, notiert der
Erzähler, »der stets zugegen ist und mit einem unerschöpflichen
Stumpfsinn den täglich wiederkehrenden Ereignissen zugafft« (*BB*,
S. 51). Ein weiteres Bild für das Gefühl der »Wiederholung« ist ein
»endloser Marsch«, der im Kreise herumzuführen scheint (*BB*, S. 66).

Die geschichtliche Wiederholung scheint für die Figur Brutus (*Chinesische Mauer*) in der ewigen Wiederkehr der Volksausbeuter gegeben. »Und wenn man euch in dieser Stund erdolcht«, sagt er zu den
Wirtschaftsmagnaten, »Getrost! – als Sorte bleibt ihr an der Macht«
(I, *CM*, 240). Wie ein Brutus immer wieder dem Antlitz der Unterdrückung begegnet, so sieht der Staatsanwalt (*Graf Öderland*) seine
Wiederholung darin verkörpert, daß er immer wieder auf dieselben
Gesichter trifft. »Woher kennen wir uns?« und »Sind Sie nicht Bie-
nenzüchter?« fragt er den Gendarmen wie früher den Gefängniswärter. Die Menschen sind ihm im Rahmen der Massengesellschaft zu
wenigen Ordnungstypen zusammengeschmolzen.

Stiller fürchtet die Wiederholung in jedem Wort, jeder Miene,
jeder Landschaft, die ihn an etwas erinnert (*St.*, S. 80). Vor allem
Lokalaugenscheine scheinen ihm die erlebnisentleerte Wiederholung
der äußeren Dinge zu demonstrieren. Faber tut mit nicht geringer
Genugtuung die meisten Begebenheiten in seinem Leben mit »wie
üblich« ab, somit seine Erfahrung immer wieder bestätigt findend.
Sein Weltbild bejaht die Wiederholung, weil es sich nach den Gesetzen
der Physik richtet.

Als Hölle stellt sich der Erzähler in *Gantenbein* die Wiederholung eines einzigen Lebensjahres vor. Er vergleicht die Erfahrung, wie sie sich mit den Jahren einstellt, mit dem Gefühl der Wiederholung: »Erfahrung ist ein Vorgeschmack davon, aber nur ein Vorgeschmack; meine Erfahrung sagt ja nicht, was kommen wird, sie vermindert nur die Erwartung« (*Gant.*, S. 193). Symptomatisch für Kürmanns Einstellung zum Leben als einer ständigen Wiederholung ist sein stereotypisches »Ich kenne das« (*Bio.*, S. 8, 10, 15, 24, 25).

Das Gefühl, in einem Bannkreis der Wiederholungen zu leben, wird den Frisch-Figuren zur fixen Idee, so daß sie gerade deshalb nicht mehr anders können, als sich dauernd zu wiederholen. Wie der Registrator zu Kürmann bemerkt, sie »meinen die Zukunft schon zu kennen«.

6. Aufbruch und Reise, Selbstmord und Tod

In seiner Studie über den Epiker Max Frisch erkennt Gerd Hillen die Darstellung des einzelnen Ich auf der Suche nach dem ihm gemäßen Lebensvollzug und im Scheitern auf diesem Weg »das zentrale Thema aller Romane von Max Frisch«[208]. Er sieht durch die Thematik die Verbindung Frischs mit der Existenzphilosophie hergestellt und ergänzt: »Insbesondere erscheint bei Frisch in den Metaphern von Aufbruch, Reise und Ziel die den verschiedenen existenzphilosophischen Richtungen gemeinsame Problematik von Selbstfindung und Erhöhung des Daseins zur Existenz[209].« Es wird in der Besprechung auf das »Gefühl unerfüllter Hoffnung« hingewiesen, das die Romangestalten zum Aufbruch dränge[210].

Obwohl Hillen bemerkt, die Helden Frischs würden »anstatt ihr Ziel zu erreichen, ... zurückgeführt zu ihrem Ausgangspunkt«[211], entgeht ihm, daß im Grunde Aufbruch und Reisen der Figuren Frischs nicht in eine unbestimmte Sehnsucht in die Zukunft, sondern in die Vergangenheit gerichtet sind[212]. Ihre Unrast tritt spätestens um die »Mitte ihres Lebens« ein, wenn sich Enttäuschung über das Nichteintreffen der Jugenderwartungen einstellt.

---

208 Hillen, S. 126.
209 Hillen, S. 127.
210 Hillen, S. 127.
211 Hillen, S. 127.
212 Vgl. S. 104 und 145 dieser Arbeit.

Die Unmöglichkeit des Ausbruchs aus der Zeitlichkeit veranschaulicht ein Pferdekopf, den das Erzähler-Ich in *Gantenbein* aus der grauen Wand des Morgens hervorbrechen sieht. Der Ausdruck der Verzweiflung und des Wahnsinns in den Augen des Tieres beweist, daß es verdammt ist, für immer in seinem grauen Gefängnis bleiben zu müssen. Auch den Ausbruchsversuchen der Figuren haftet immer der Geruch von verzweifelter Flucht an.

Als letzter Fluchtversuch vor der Wirklichkeit bleibt den Figuren der Selbstmord, und die Vielzahl von Selbstmordgeschichten ist augenfällig. So erwägt Kilian an einer Stelle Selbstmord, und Hinkelmann wie auch Reinhart vollziehen ihn, während Stiller noch rechtzeitig vor dem Tod durch Selbstmord gerettet wird. Selbst Faber gibt den Gedanken an Selbstmord zu, wenn er inmitten seiner betrunkenen Freunde von der Verzweiflung über sein Leben gepackt wird. Im Roman *Gantenbein* wird ein Selbstmörder beschrieben und ein Selbstmord geplant, und Kürmann schließt unter den zahlreichen Varianten in seiner Biographie auch den Selbstmord ein. In *Bin* wird am augenfälligsten beschrieben, wie ein Selbstmörder als »Sklave der Zeit« über den Banalitäten seines Lebens nie zur Ausführung seines geplanten Selbstmordes kommt. Der Tod ist bei Frisch das große Nichts, das in den Werken hinter allem Geschehen steht (*BB*, S. 55). In den *Schwierigen* wird er als der letzte Schreck bezeichnet – »der Schreck ist unsterblicher als der Mensch« (*Schw.*, S. 297). Doch selbst die Todesnähe befreit die Figuren nicht von ihrer Unrast. Kürmann und Enderlin machen noch im Krankenhaus Reisepläne, obwohl sie annehmen müssen, daß es für sie nie mehr einen neuen Aufbruch geben wird. Trotzdem studiert Kürmann noch im Krankenbett Italienisch, um für seine geplante Sommerreise gerüstet zu sein. Bis zu ihrem Ende weigern sich die Figuren, die Unumstößlichkeit des Todes in ihr Weltbild einzuschließen.

7. Traum

»Das Ineinander von Vergangenheit, Gegenwart und Zukunft kann«, nach Weise, vom Menschen »nur im Traum oder als Vision, d. h. im irrationalen Bereich erfahren werden, während er mit seinem Bewußtsein das zeitliche Nebeneinander seines Lebens aufnimmt«[213]. Während Träume in fast allen Werken Frischs wiederkehren, können

[213] Weise, S. 119.

die Stücke *Santa Cruz* und *Graf Öderland* als ausgesprochene
»Traumspiele« verstanden werden. Ihnen entspricht in der Prosa
das »Traumbüchlein« *Bin*. Dagegen stellen die Stücke *Die Chine-*
sische Mauer und *Biografie* den Eindruck der Gleichzeitigkeit im
wachen menschlichen Bewußtsein dar. Vorstellungen aus verschiedenen Zeiten und Epochen mischen sich in den Gedanken und vermitteln
das Erlebnis der Gleichzeitigkeit auch im Wachsein, was A. Weise zu
übersehen scheint, wenn sie in den »Bewußtseinsspielen« (*Chine-*
sische Mauer, Biografie) den Versuch sieht, »das Ineinander der Zeit
wieder in ein Nacheinander aufzulösen«[214].

Ist *Bin* eine Traumerzählung mit märchenhaften Zügen, so werden in den anderen Prosawerken Träume nur als Einschübe in das
Geschehen gebracht, um Einblick in das Unterbewußtsein der Figuren
zu gewähren. Alle diese Träume sind visionär und zeigen eine Wahrheit, die dem Erzähler-Ich oder der Hauptperson erst später im Laufe
der Geschehnisse bewußt wird. Im Traum wird somit oft in verschlüs-
selter Form die Zukunft vorweggenommen.

Eine Mittelstufe zwischen Traum und Wachsein halten jene Wachträume, wie sie in den *Blättern* und in *Gantenbein* geschildert werden.
Sie sind als bildliche Vorstellung unausgesprochener Gedanken zu verstehen. Hierher mag auch die Geschichte vom Zweikampf in der
Tropfsteinhöhle gerechnet werden, die Stillers Kampf mit seinem rollenhaften Ich versinnbildlicht und eine Art von Traumallegorie zu
seinem tatsächlichen Selbstmordversuch darstellt.

Frisch bezieht sich auf die erlebte Zeit im Traum als die »Zeit der
unbewachten Seele« (*BB*, S. 38). Sie kommt zu ihrem Recht, wenn
sich der Mensch nicht von der äußeren Wirklichkeit täuschen läßt.
Nur dem Blinden scheint es bei Frisch gegeben, die innere Wahrheit
auch im Wachsein zu sehen, da er nicht durch die äußere Wirklichkeit
in seinen Urteilen beeinflußt sei. »Ein Blinder«, heißt es im *Ganten-*
bein, sei »eins mit seinem Traum« (*Gant.*, S. 163).

Im Traumbuch *Bin* sieht sich das Erzähler-Ich in zwei Personen
aufgespalten. Das eine Ich steht am Fenster und blickt seinem anderen
Ich zu, wie es sich vor der Macht demütigt und ihr schmeichelt. Das
beobachtende Ich ist in dieser Szene in der Begleitung Bins, während
das andere Ich im Hause Konversation macht. Diese Darstellung
bedeutet auch für die anderen Träume in den Werken Frischs, daß sie

214 Weise, S. 120.

als Selbstkonfrontation der Figur mit seinen verschiedenen Ich-Möglichkeiten verstanden werden können.

Durch strukturelle und bildhafte Elemente wird in den Werken
Frischs das zeitliche Ineinander im Bewußtsein des Menschen gezeigt,
hingegen bietet die äußere Chronologie, die aber selten der Hand-
lungschronologie entspricht, den dialektischen Kontrast von äußerer
und innerer Zeit, wie er auch in der Gegenüberstellung von Motiven
der äußeren und inneren Zeit ausgeführt erscheint.

Kapitel VII

STELLUNGNAHMEN FRISCHS ZUM THEMA »ZEIT«

Dieses Kapitel schließt die Untersuchung der Zeitproblematik mit einem Überblick über jene Äußerungen Max Frischs ab, die auf Aspekte Bezug nehmen, wie sie in den vorgehenden Kapiteln analysiert wurden.

Die einschlägigen Zitate aus den zwei größeren derzeit vorliegenden Tagebüchern (1946–1949; 1966–1971), dem *Dienstbüchlein*, aus Nachworten zu Stücken sowie aus Prosasammlungen, veröffentlichten Briefwechseln, Interviews und Vorträgen sind derart angeordnet, daß sich eine allgemeine Definition des Zeiterlebnisses sowie eine Stellungnahme zu spezifischen Zeitaspekten in den Werken erkennen läßt.

A. »Äußere« und »Innere Zeit«

Im ersten Tagebuch differenziert Frisch zwischen Uhrzeit und »erlebter Zeit«[215]: »Vielleicht müßte man unterscheiden zwischen Zeit und Vergängnis: die Zeit, was die Uhren zeigen, und Vergängnis als unser Erlebnis davon, daß unserem Dasein stets ein anderes gegenübersteht, ein Nichtsein, das wir als Tod bezeichnen« (*T1*, S. 178–179). Diesem Ausspruch entspricht in den Werken die Zeichnung aller jener Figuren, die sich durch die Orientierung nach der meßbaren Zeit in Widerspruch zur Erfahrung der Vergängnis und des Todes setzen. In Fortführung des obigen Arguments beschreibt Max Frisch die Wahrnehmung des Todes an Hand des Zeitablaufes in der Natur. »Wir leben und sterben jeden Augenblick«, vermerkt er im Tagebuch 1, »wir spüren dieses immerwährende Gefälle zum Nichtsein, und darum den-

---

[215] Max Frisch, *Tagebuch 1946–1949* (1950; Nachdruck Frankfurt a. M.: Suhrkamp, 1965). Fortan als *T1* angeführt.

ken wir an den Tod, wo immer wir ein Gefälle sehen, das uns zum Vergleich wird für das Unvorstellbare, irgend ein sichtbares Gefälle von Zeit: Ein Ziehen der Wolken, ein fallendes Laub, ein Wachsen der Bäume, ein gleitendes Ufer, eine Allee mit neuem Grün, ein aufgehender Mond« (*T1*, S. 179).

Die Dialektik in der Gegenüberstellung von Tod und Leben in den Tagebüchern und anderen Werken Frischs findet sich auch in seiner Ansicht vom Erlebnis des lebendigen Daseins vertreten, das sich – – seiner Meinung nach – nur aus dem Gefälle zum Tode begreifen läßt: »Erst aus dem Nichtsein, das wir ahnen, begreifen wir für Augenblicke, daß wir leben, ... Ohne dieses spiegelnde Wachsein, das nur aus der Angst möglich ist, wären wir verloren; wir wären nie gewesen« (*T1*, S. 179). Diese Todesahnung, aus welcher der Mensch erst das Leben erfahren lernt, korrespondiert mit dem Erlebnis des »Zeitsprungs« und der »Gefährdung« in den Werken[216]. Mit dem Erlebnis des »Zeitgefälles« verbindet sich das »Erlebnis des Zeitablaufes«[217], wie es sich dem Menschen an der Folge der Jahreszeiten und der Generationen visuell aufdrängt.

Wie in den obigen Zitaten von Frisch der kreisförmigen Zeit (des Zifferblattes) der zeitlich lineare Lebensablauf des Menschen als ein »Gefälle« dem Tode gegenübergestellt wird, so kontrastiert der Autor an anderer Stelle seines Tagebuches in dialektischer Darstellungsweise chronologisches Nacheinander von Ereignissen mit dem Gefühl der Gleichzeitigkeit im Zeiterlebnis.

> Sie [die Zeit] wäre damit nur ein Zaubermittel, das unser Wesen auseinanderzieht und sichtbar macht, indem sie das Leben, das eine Allgegenwart alles Möglichen ist, in ein Nacheinander zerlegt; allein dadurch erscheint es als Verwandlung, und darum drängt es immer wieder zur Vermutung, daß die Zeit, das Nacheinander, nicht wesentlich ist, sondern scheinbar, ein Hilfsmittel unserer Vorstellung, eine Abwicklung, die uns nacheinander zeigt, was eigentlich ein Ineinander ist, ein Zugleich, das wir allerdings nicht wahrhaben können, so wenig wie die Farben des Lichtes, wenn sein Strahl nicht gebrochen und zerlegt ist. (*T 1*, S. 22–23)

Die hier wiedergegebenen Ansichten über das Wesen der Zeit sind mit der Themenstellung und Struktur in den Werken durchaus vereinbar. Sie formulieren Frischs Theorie der Allgegenwart, wie sie dichterisch in den Frühwerken in den Figuren Reinhart und Kilian veranschaulicht werden, welche die Gegenwart als Ineinander von Vergangenheit und Zukunft empfinden. In dieses Gefühl der Allgegen-

---

[216] Vgl. vor allem mit den Ausführungen in den *Blättern*.
[217] Vgl. Kapitel 2, »Erlebnis des Zeitablaufes«.

wart wird bei Reinhart und Kilian auch die Erinnerung an Tote ein-
bezogen.

Erzählerisch und dramaturgisch kommt dieses Gefühl der Allgegenwart der Zeiten in Erinnerung und Traum sowie in geschichtlichen und mythischen Vorstellungen zum Ausdruck. Die »Allgegenwart alles Möglichen« spricht sich auch im pluralistischen Charakter
der Figuren aus, der durch die Spannung zwischen der Begrenzung
auf ein Ich in der Gegenwart und der Sehnsucht nach anderen Ich-
Möglichkeiten zum Zeitproblem wird.

Auf der Theorie von der »Gegenwart alles Möglichen« basiert
auch Frischs »Theater der Permutation« sowie sein erzählerisch
durchgeführtes Gegenstück zu letzterem im »Anprobieren von Geschichten« im Roman *Gantenbein*. Seine Menschen werden nicht
gezeigt, wie sie sind, sondern wie sie auch sein könnten. Obwohl die
Darstellung der pluralistischen Persönlichkeitsstruktur in der modernen Literatur kein Novum mehr ist[218], so scheint sie doch bei Frisch
im Mittelpunkt seiner Reflexionen zur erlebten Zeit zu stehen. Das
Gefühl der Allgegenwart trägt zur Entfremdung von der Gegenwart
bei, gerade weil es Erinnerungen und Erwartungen in der Gegenwart
vereint.

Während im Zeiterlebnis die lineare Zeit aufgehoben scheint, bleibt
hingegen die physische Natur des Menschen daran gebunden. Dies
kommt im folgenden Ausspruch Frischs zum Ausdruck, der den
Widerspruch zwischen gefühlsmäßigem und physischem Verhältnis
zur Zeit betont:

Wenn es stimmt, daß die Zeit nur scheinbar ist, ein bloßer Behelf für unsere Vorstellungen, die in ein Nacheinander zerlegt, was wesentlich eine Allgegenwart ist;
wenn alles das stimmt, was mir immer wieder durch den Kopf geht, und wenn es
auch nur für das Erleben stimmt: warum erschrickt man über jedem Sichtbarwerden der Zeit?
Als wäre der Tod eine Sache der Zeit. (*T 1*, S. 172)

Durch die sichtbaren Zeichen des Zeitablaufs in der Natur wird der
Mensch bei Frisch an seine eigene Zeitlichkeit gemahnt. Obwohl der
individuelle Tod nicht statistisch auf einen bestimmten Zeitpunkt fest-
legbar ist, fühlt sich bei Frisch der einzelne durch jede Art von Zeit-
symbol an seine zeitlich bemessene Lebensspanne erinnert. Nur aus
dem Wissen, daß ihm nur eine beschränkte Lebenszeit zugemessen ist,

218 Hermann Boeschenstein, *Der neue Mensch* (Heidelberg: W. Rothe, 1958), S.
57–72.

begreifen die Figuren das Geschenk des Lebens. Diese Einstellung
zum Leben findet sich, erzählerisch verarbeitet, in der Erzählung
Antwort aus der Stille, in den *Blättern* sowie im *Stiller* und *Homo
faber*. Die gefühlsmäßige Allgegenwart weicht angesichts des Todes
dem Gefühl intensivster Gegenwartsnähe. Dies erklärt sich aus der
Tatsache, daß bei Frisch jeder flüchtige Augenblick das Gefälle von
Zeit einbegreift, und jedes Erlebnis der Gegenwart daher auch immer
an die Vergangenheit gemahnt. In Anbetracht dieser Darstellung vermittelt die Allgegenwart das Gefühl der Zeitüberwindung, das Erlebnis des gegenwärtigen Augenblicks hingegen den Eindruck der Vergänglichkeit.

1. Erlebnis des Augenblicks

Zur weiteren Erläuterung des Begriffes »Augenblick« ziehen wir
folgende Bemerkungen Frischs heran, welche zur zeitlichen Diskrepanz zwischen Ereignis und Erlebnis Stellung nehmen:

> Man fragt sich manchmal, inwiefern eine Gegenwart überhaupt erlebbar ist. Könnte
> man unser Erleben darstellen, und zwar ohne unser Vorurteil, beispielsweise als
> Kurve, so würde sie sich jedenfalls nicht decken mit der Kurve der Ereignisse;
> eher wäre es eine Welle, die jener anderen verwandt ist, die ihr vorausläuft und
> wieder als Echo folgt; nicht die Ereignisse würden sich uns darstellen, sondern die
> Anlässe der Ahnung, die Anlässe der Erinnerung, welche die eigentlichen Räume
> unseres Erlebens sind; die Gegenwart als bloßen Durchgang; die bekannte Leere,
> die man sich ungern zugibt. (*T I*, S. 123)

Die unpersönliche Anrede »man« läßt hier – vielleicht mit Absicht –
offen, ob Frisch eine persönliche Erfahrung beschreibt oder für die
Allgemeinheit zu sprechen vorgibt. Die Entfremdung vom gegenwärtigen Augenblick, »als bloßem Durchgang«, gehört zu den her-
vorstechendsten Eigenschaften des mit sich selbst zerfallenen Menschen.
Die Selbstentfremdung wird durch die dauernde Selbstbespiegelung
(auch Erinnerung und Ahnung bieten hierzu Gelegenheit), wie sie
von Frisch auch an anderer Stelle im Zusammenhang mit seiner Vorliebe für die Tagebuchform offen zugegeben wird, noch verstärkt.
Der bei Frisch ununterbrochene Prozeß der Selbstbeobachtung macht
die spontane Hingabe an den Augenblick unmöglich.

Wie Kilian das Glück der Gegenwart in die Erinnerung verlegen
muß, weil er dem unmittelbaren Erlebnis nicht gewachsen ist, so
bezieht sich Frisch in einer nachfolgenden Tagebuchnotiz auf einen
ähnlichen Vorgang der zeitlichen Transponierung des Gegenwartserlebnisses.

Glück als das lichterlohe Bewußtsein: Diesen Anblick wirst du niemals vergessen. Was aber erleben wir jetzt, solange er da ist? Wir freuen uns auf eine Reise, vielleicht jahrelang, und an Ort und Stelle besteht die Freude größtenteils darin, daß man sich um eine Erinnerung reicher weiß. ... Der Anblick ist da, das Erlebnis noch nicht. Man gleicht einem Film, der belichtet wird: entwickeln wird es die Erinnerung. (*T I*, S. 122)

Diese Eintragung bescheinigt, daß ein Erlebnis nicht nur in der Erinnerung nachvollzogen, sondern bereits in der Erwartung vorweggenommen werden kann. Was hat die Wirklichkeit noch an Erlebnis zu einem derartig vorbelichteten Film hinzuzufügen?

Selten können die Phantasiebilder der Erwartung von der Wirklichkeit übertroffen werden, wie auch in den Träumen die Erfüllung eines Wunsches immer reicher erscheint als im Alltag. Selbst das blaueste Meer der Wirklichkeit »stinkt«, wie der Diener Kilian in *Santa Cruz* desillusionierend einwirft. In der Erwartung und Erinnerung tritt das Negative der Wirklichkeit – auch wenn es das eigene Ich ist, das sich zwischen Wirklichkeit und Erlebnis stellt – in den Hintergrund. Die Phantasie aber legt sich die erwartende oder erinnerte Erfahrung immer als eine »Geschichte« zurecht [219].

Die für Frisch symptomatische Flucht vor der Gegenwart spiegelt sich in der folgenden Bemerkung: »Der Ort, wo man ist, gibt den Angelpunkt, damit wir die Ferne in unser Erleben heben können« (*T I*, S. 123). Das Gegenwärtige und Nahe beflügelt nicht das Erlebnis, sondern dient ihm nur als Angelpunkt für die Sehnsucht. Das heißt soviel, man wäre in der Gegenwart, um sich daraus entfernen zu können: »Gehe fort, damit ich bei dir sei!« (*T I*, S. 123).

Eine weitere Form der Flucht aus der Gegenwart scheint auch im oft ausgedrückten Widerwillen gegen alles »Fertige, das nicht länger Gehäuse unserer Gedanken« sei, vorzuliegen. Die Bilder der Erwartung und Erinnerung können willkürlich von der Phantasie gestaltet und auch erweitert werden; nur die Gegenwart ist ein fertiger Tatbestand, an dem sich nicht rütteln läßt. Zur Gegenwart fällt den Hauptfiguren Frischs meistens nichts ein.

---

[219] Max Frisch kommentiert im *Dienstbüchlein* den Zwiespalt zwischen der Darstellung in den *Blättern* und den Eindrücken aus der Militärzeit und wie er sich nach fünfunddreißig Jahren daran zu erinnern meint: »Unseren Fahneneid leisteten wir am 3. 9. 1939 bei Arbedo, Tessin; darüber schrieb ich in einem kleinen Tagebuch. ... Ein Vorkommnis an jenem Tag, in meinem treuherzigen Tagebuch nur beiläufig erwähnt, nimmt sich im Gedächtnis anders aus; offenbar wollte ich damals einen Schock nicht zugeben...« *Dienstbüchlein*, S. 22.

Gegenüber der Gegenwart bleiben den Figuren nur zwei Entscheidungen offen: man hält der zeitlichen Realität der Gegenwart stand oder man entzieht sich gefühlsmäßig dem Erlebnis der Gegenwart. Der selbstentfremdete Charakter wählt unweigerlich die zweite Alternative.

2. Geschwindigkeit

Eine der Möglichkeiten, sich dem »der Zeit-Standhalten« zu entziehen, ist bei Frisch die Geschwindigkeit. Wie bereits teilweise in einem der angeführten Zitate angedeutet[220], wird auch in der folgenden Bemerkung bekräftigt, daß der Mensch in seiner Erlebnisfähigkeit hinter den Geschehnissen nachhinke. Zuvor war es eine Zeitspanne, die Anblick und Erlebnis trennte, hier ist es die Bewegung, welche das Erlebnis »verdünnt«. Frisch spricht vom

Tempo, das die Natur uns nicht zudachte, und wenigstens bisher sehen wir kein Anzeichen, daß unsere Natur sich wesentlich anpaßt; die bekannte Leere bei unseren Ankünften; weil unser Erleben, wenn ein gewisses Tempo überschritten wird, nicht mehr folgen kann; es wird dünner und dünner. ... In der Hoffnung aber, das verlorene Erlebnis einzuholen, geben wir nochmals Gas. ... Es gibt, so scheint es, einen menschlichen Maßstab, den wir nicht verändern, sondern nur verlieren können. (*T I*, S. 57)

Man fragt sich an dieser Stelle, wie weit Geschwindigkeit selbst zum Zeiterlebnis werden kann. Es fällt an diesem Tagebuchvermerk auf, daß sich die Leere vor allem erst beim Ankommen einstellt, nicht während der Bewegung.

Die Entfremdung von Raum und Zeit kommt besonders im *Homo faber* und *Gantenbein* zur Darstellung. Augenfällig ist, wie oft in den Werken Frischs längere Flugreisen von noch längeren Wartezeiten abgelöst werden, als müßte der Reisende am Ankunftsort warten, bis sich seine langsamer reisende Erlebnisfähigkeit wieder mit seinem Ich vereint hätte. Zusammenfassend heißt Geschwindigkeit demgemäß bei Frisch Verdünnung der Gegenwart durch Bewegung, Warten hingegen Verdichtung der Gegenwart durch Stillhalten.

3. Traum

Der Traum spielt in den Werken Frischs wie gezeigt eine wichtige thematische und strukturelle Rolle. In zeitverbindender Funktion ein

220 Vgl. S. 165 (*T I*, S. 122) dieser Arbeit.

Mittler zwischen innerer und äußerer Wirklichkeit, dient der Traum
in den Werken dazu, Erinnerungen und Ahnungen als Gleichzeitigkeit darzustellen. Diese Funktion des Traumes in den Werken stimmt
mit der in den Tagebüchern ausgesprochenen Ansicht überein, daß der
Traum als »andere Linse« zu gelten habe, die unser Leben wieder
in sein Urganzes sammele (*T1*, S. 23). Max Frisch sammelt in seiner
Dichtung, dem Traumerlebnis gleich, das Nacheinander von Eindrük-
ken in ein Erlebnisganzes zusammen. Er geht darüber hinaus, wenn
er daneben auch versucht, die Vielfalt der Möglichkeiten in einem
Menschen darzustellen – entweder durch die Kontrastierung der All-
tagsrolle mit dem individuellen Traum-Ich wie in *Santa Cruz* und
Graf Öderland, oder im Durchprobieren verschiedener Varianten
wie in *Gantenbein* und *Biografie*.

Im Traum ist der Mensch bei Frisch seinem schöpferischen Ich
näher – was nicht nur in den Werken veranschaulicht wird (*Bin*,
Blätter), sondern auch aus einer Tagebuchstelle hervorgeht: »Wieder
einmal geträumt: die Lösung für ein Stück. Erwacht vor Glück ...
könnte ich die Sätze einfach hinschreiben – Lösung für ein Stück,
das es nicht gibt, das ich nie in Arbeit genommen habe und das ich
nicht einmal von der Lösung her, die der Traum geschenkt hat, zu
erraten vermag«[221].

Dem Traum am nächsten kommt im Wachzustand der Hellseher,
der mit traumhafter Sicherheit unglaubliche Behauptungen aufstellt.
Nach Frisch sieht der Hellseher ein Bild, aber nicht die Zeit, »er sieht
nicht das Nacheinander« (*T1*, S. 24). Während das wache Bewußtsein
die äußere Zeit als ein Nacheinander von Ereignissen im Raum registriert, so spiegeln dagegen der Traum und der Hellseher das Sein im
Ich-Erlebnis wider.

B. Das »Werden« und »Verwandeln«

Analog zur Auffassung vom Menschen als einer Ganzheit von vielen
Möglichkeiten seines pluralistischen Ichs, lehnt Frisch auch die her-
kömmliche Auffassung von der Verwandlung in der Zeit ab. »Wir

---

[221] Max Frisch, Tagebuch 1966–197 (Frankfurt a. M.: Suhrkamp, 1971) S. 307.
Fortan als *T 2* angeführt.

leben auf einem laufenden Band«, bemerkt Frisch im Tagebuch 1,
»und es gibt keine Hoffnung, daß wir uns selber nachholen und einen
Augenblick unseres Lebens verbessern können. Wir sind das damals,
auch wenn wir es verwerfen, nicht minder als das Heute – Die Zeit
verwandelt uns nicht. Sie entfaltet uns nur« (*T 1*, S. 21–22). Die
Allgegenwart der »Zeitekstasen« im Zeiterlebnis bildet die Grund-
lage für die Kontinuität der individuellen Identität. Auch wenn bei
Frisch ein Namenswechsel stattfindet wie im *Stiller* und in der Geschichte vom fälschlich Totgesagten im *Gantenbein*, erhält die Erinnerung trotzdem die Verbindung mit der Vergangenheit aufrecht. Diese
Kontinuität, obschon von den Frisch-Figuren häufig als Gefängnis
empfunden, bewahrt sie dennoch davor, jeden Tag eine andere ihrer
Ich-Möglichkeiten verkörpern zu wollen. Ohne Vergangenheit – »das
damals« – wären sie ohne Identitätsbewußtsein.

C. »Erfahrung« und »Einfall«

Frischs Ansicht von der Gleichzeitigkeit wird durch die Ausführungen über das Verhältnis zwischen »Erfahrung« und Vergangenheit
erweitert. »Die Erfahrung ist ein Einfall, der Einfall ist das wirkliche Ereignis, Vergangenheit eine Erfindung, die nicht zugibt, eine
Erfindung zu sein, ein Entwurf rückwärts [221].« Die »Erfahrung«
hält demnach nicht das äußere Geschehen fest, sondern den »Einfall«,
den ein Mensch angesichts eines Geschehens hat. Da ein Geschehen
einen Menschen zu verschiedenen »Einfällen« inspirieren kann, bestimmt – wenn man Frisch hier richtig versteht – nicht so sehr das
Geschehen, sondern eher die Persönlichkeit des Individuums die
»Erfahrung«. »Erfahrungen« dieser Art können sich auch aus bloß
vorgestellten Ereignissen ergeben, solange sie einen »Einfall« pro-
duzieren. Derartige »Einfälle« können sich demzufolge ohne äußere
Ereignisse einstellen, wobei sie nicht länger an die äußere Zeit gebunden sind, denn die Verbindung zur äußeren Zeit wird erst durch die
Geschichten, die um derartige »Einfälle« gesponnen werden, her-

---

222 Max Frisch, *Ausgewählte Prosa* (Frankfurt a. M.: Suhrkamp Verlag, 1967), S.
    10–11.

gestellt. Jeder Mensch ist demgemäß der Erfinder seines eigenen Selbstbildnisses und seiner Biographie.

I. »Einfall«

Vom obigen Standpunkt aus ist die Rekonstruktion einer fiktiven
Vergangenheit aufgrund eines »Einfalles« für das Individuum wich-
tiger als die äußere Wirklichkeit. In einem Interview mit Horst
Bienek erklärt Frisch näher, was er unter »Einfall« versteht:

> Sie werden zugeben, daß entscheidende Wendungen in einem Leben, genau besehen,
> auf Vorkommnissen beruhen, die nie vorgekommen sind, auf Einbildungen, erzeugt
> von einer Erfahrung, die da ist, bevor eine Geschichte sie zu verursachen scheint.
> Die Geschichte drückt sie nur aus. Der bekannte Vorwurf, daß die Menschen aus
> der Geschichte nichts lernen, ist in dieser Hinsicht so unsinnig wie aufschlußreich.
> ... Nur die Erfahrung ändert alles, weil sie nicht ein Ergebnis der Geschichte ist,
> sondern ein Einfall, der die Geschichte ändern muß, um sie auszudrücken. Die
> Erfahrung dichtet, und die Dichtung ändert die Welt, wenn auch nicht im vorder-
> gründigen Sinne [223].

Es bedeutet natürlich immer einen großen Schock für ein Individuum,
wie dem im *Gantenbein* erwähnten Pechvogel, erfahren zu müssen,
daß seine Erinnerungen falsch sind. Dies stößt beispielsweise auch
Kürmann zu, als er die Szene »Frühstück mit Antoinette« in einer
neuen Variante probiert. Ebenso weichen Stillers Erinnerungen an
seine Mutter stark von den Erinnerungen seines Stiefbruders ab. Zum
Ausdruck kommt die täuschende Erinnerung auch im *Stiller,* wenn
eine Auseinandersetzung zwischen Sibylle und Rolf einmal aus der
Erinnerungsperspektive Sibylles, hierauf aus Rolfs Sicht gezeigt wird.
Die den Selbstvorstellungen der Figuren entsprechenden Abweichungen werden in dieser Gegenüberstellung deutlich.

Das Leben der Figuren ist demnach nicht so sehr das Produkt ihrer
Erlebnisse, sondern ihre Erlebnisse sind eher das Ergebnis ihres Selbstbildnisses. Frisch spricht hierbei von »Entwürfen in die Vergangenheit zurück«, die er auch mit Ortsnamen und Daten belege [224]. Die
verhältnismäßige Irrelevanz der Daten für die tatsächlichen Lebenserfahrungen wird im *Stiller* demonstriert, wenn Stiller-White seinen
Verteidiger davon zu überzeugen sucht, daß auf denselben Daten die
verschiedensten Lebenserfahrungen aufgebaut sein könnten.

---

[223] Horst Bienek, *Werkstattgespräche mit Schriftstellern* (München: Carl Hanser,
1962), S. 26.
[224] *Ausgewählte Prosa,* S. 10.

Interessant ist in diesem Zusammenhang ein Vergleich zwischen Max Frischs Militärtagebuch *Blätter aus dem Brotsack* und seiner jüngst erschienenen »Erinnerung an eine Erinnerung«, das *Dienstbüchlein* [225]. Fünfunddreißig Jahre nach den *Blättern* wird zu Erlebnissen Stellung genommen, wie sie vom jugendlichen Frisch dichterisch verarbeitet dargeboten worden waren. Die Daten sind die gleichen, doch der Eindruck auf den Leser ist verschieden. »Indem ich mich erinnere«, vermerkt der ältere Frisch heute, »wie es damals so war, sehe ich es natürlich nach meiner Denkart heute. Ich wundere mich, wieviel man hat erfahren können, ohne es zu sehen« (*Dienst.*, S. 44). Wäre es möglich, daß sich der Dichter Max Frisch eine »Geschichte« von seiner damaligen Vergangenheit zurechtgelegt hat?

Die folgende Bemerkung attestiert, wie der Autor Max Frisch sich zum Wesen seiner eigenen Erinnerungen stellt:

Indem ich mir vorstelle, was sein könnte, beispielsweise wenn ich nochmals auf die Welt käme, also indem ich erfinde, was nie gewesen ist und nie sein wird, zeigt die Erfahrung sich reiner, genauer, offener. Vielleicht sind es zwei oder drei Erfahrungen, was man hat, eine Angst und sieben Hoffnungen, eine nicht unbegrenzte Summe von Gefühlen, die sich wie ein Rosenkranz wiederholen, so daß die Welt zu einem Muster der Erinnerung wird, dazu die tausend Ansätze zu einem Gedanken, der eigen wäre, das ist es, was man hat, wenn man von seinem Ich erzählt: Erlebnismuster – aber keine Geschichten [226].

Wird das ganze Leben nur als auf wenigen Erfahrungen basierend verstanden, so ist eine Wiederholung von Handlungen unvermeidlich, dies nicht so sehr, weil sich tatsächlich die Ereignisse wiederholen, sondern vielmehr, weil das Individuum alles Geschehen immer wieder in die Zwangsjacke seiner Selbstinterpretation drängt. So stellt sich der in den Werken oft erwähnte »Fluch der Wiederholung« eigentlich als ein Fluch der Wahrnehmungsbeschränkung heraus. Aus dieser Auffassung Frischs ist es verständlich, daß er seinen Figuren die Möglichkeit zur Verwandlung in der Zeit abspricht. Ihre Erlebnismuster sind im Laufe der Jahre so erstarrt, daß sie keine Verwandlung mehr erlauben, es sei denn der Betreffende ist bereit, sein ganzes Leben aus einer veränderten Perspektive zu sehen.

Dieses Zurechtlegen von Ereignissen nach eigenen Vorstellungen ist nicht nur auf seine dichterischen Werke beschränkt, sondern schließt

---

[225] Max Frisch, *Dienstbüchlein* (Frankfurt a. M.: Suhrkamp, 1974). Fortan als *Dienst.* angeführt.
[226] *Ausgewählte Prosa*, S. 8–9.

auch die persönlichen Tagebücher mit ein[227]. Auf das zweite Tagebuch
trifft hier gleicherweise zu, was er von seinem ersten Tagebuch fest-
stellte: es gehe über ein »Logbuch der Ereignisse« hinaus, weil es
»die Wirklichkeit nicht in den Fakten sucht, sondern gleichwertig
in Fiktionen«[228]. So trifft auf die persönlichen Tagebücher gleichfalls
zu, was Max Frisch über sein Erzähler-Ich in den dichterischen Werken zu sagen hat: »Natürlich ist das Erzähler-Ich nie mein privates
Ich, natürlich nicht, aber vielleicht muß man Schriftsteller sein, um
zu wissen, daß jedes Ich, das sich ausspricht, eine Rolle ist. Auch im
Leben, auch in diesem Augenblick«[229].

Während für Max Frisch »jedes Ich, auch das Ich, das wir leben
und sterben, eine Erfindung ist«[230], dünkt ihm die Wahrheit erzählerisch nicht erfaßbar, denn »die Wahrheit ist keine Geschichte, sie ist
da oder nicht da, die Wahrheit ist ein Riß durch den Wahn«[231]. Aus
dieser Selbstdeutung Frischs als Tagebuchverfasser und aus seiner
Deutung des Erzähler-Ichs in den Romanen wird auch die Art seines
Zeiterlebnisses in den Werken verständlicher. Wem jede Erfahrung
zur erfundenen Geschichte ausartet, und wem sein Ich zur Fiktion
wird, der kann die Gegenwart nur aus der subjektiv formenden Perspektive der Erinnerung oder Ahnung darstellen. Das Erlebnis des
Augenblicks wird hierbei nicht ausgeschlossen, doch entzieht es sich der
Beschreibung.

2. »Zufall«

Wenn das ganze Leben nur als eine Fabrikation gesehen wird, so wird
auch dem Zufall in dieser Fiktion eine Rolle zugeschrieben. Im ersten
Tagebuch findet sich hierzu folgender Vermerk:

Der Zufall ganz allgemein: was uns zufällt ohne unsere Voraussicht, ohne unseren
bewußten Willen ... auch wer ein Tagebuch schreibt, glaubt er nicht an den Zufall,
der ihm die Fragen stellt, die Bilder liefert, und jeder Mensch, der im Gespräche
erzählt, was ihm über den Weg gekommen ist, glaubt er im Grunde nicht, daß es
in einem Zusammenhang stehe, was immer ihm begegnet? Für mich aber, wo immer

---

227 Horst Steinmetz, *Max Frisch: Tagebuch, Drama, Roman* (Göttingen: Vanden-
    hoeck und Ruprecht, 1973), S. 12–33.
    Gegen Steinmetz' Ansichten zum Thema ließe sich verschiedenes einwenden,
    vor allem, wenn er die Frisch-Tagebücher auf dieselbe Stufe stellt wie *Stiller*
    und *Homo faber*.
228 Bienek, S. 24.
229 Bienek, S. 24–25.
230 Bienek, S. 25.
231 Bienek, S. 25.

ich gehe und stehe, ist es nicht das vorhandene Alles, was mein Verhalten bestimmt, sondern das Mögliche, jener Teil des Vorhandenen, den ich sehen und hören kann. An allem übrigen, und wenn es noch vorhanden ist, leben wir vorbei. ... Ohne dieses einfache Vertrauen, daß uns nichts erreicht, was uns nicht angeht, und daß uns nichts verwandeln kann, wenn wir uns nicht verwandelt haben, wie könnte man über die Straße gehen, ohne in den Irrsinn zu wandeln? ... Am Ende ist es immer das Fälligste, was uns zufällt (T 1, S. 463–464)

Glaube an sinnvollen Zufall als Schutz vor der Absurdität des Lebens und daher Zufall als Schicksal? Das Gefühl des Autors Max Frisch weigert sich hier gegen die scheinbare Zufälligkeit und Unbestimmbarkeit des Lebens, und diese Zwiespältigkeit gegenüber der Rolle, die er dem Zufall einräumt, kommt auch in seinen Werken zum Ausdruck. Einerseits wird dort die gängige Auffassung vom Schicksal angegriffen, die entschuldigt, was sich vermeiden ließe, andererseits zeigt er die schicksalshafte Verkettung zwischen Selbstbildnis und relativer Handlungsbeschränkung. Hier trifft der Vermerk zu: »Am Ende ist es immer das Fälligste, was uns zufällt.« Das Fälligste ist hier die der Persönlichkeit entsprechende Erfahrung, denn nicht der Zufall bestimmt, heißt es in Biografie, sondern der Mensch, der am Zufall erkennt.

Diese Darstellung des Zufalls hat bei Max Frisch nicht nur die Themengestaltung beeinflußt, sondern auch seine Dramaturgie. Durch seine unkonventionelle »Dramaturgie der Permutation« will er die Doktrin des traditionellen »Theaters der Fügung« widerlegen [232]. Frisch hebt das dramaturgische Fatum auf. Anläßlich der Schillerpreisverleihung bemerkt er, daß man sich vom Theater, nur weil es noch keine Dramaturgie für den Zufall habe, nicht hinters Licht führen lassen solle [233]. Hierauf erklärt er seine Theorie vom Zufall im Drama mit einer Anspielung auf das Hitler-Attentat, das fehlschlug:

Hätte der 20. Juli nicht auch gelingen können und zwar mit den gleichen Figuren? Kein Stückeschreiber heute könnte es als Peripetie verkaufen, daß jene Bombe, die richtig plaziert und dann zufälligerweise um einige Meter verschoben worden ist, vergeblich krepierte. So war es halt. Und dasselbe gilt für jede Geschichte, ein Sowar-es-halt; es gilt genauso für die fiktive Geschichte. Jeder Versuch, ihren Verlauf als den einzig möglichen darzustellen und sie so daher glaubhaft machen zu wollen, ist belletristisch; es sei denn, man glaube auch außerhalb des Theaters an die Vorsehung und somit, unter anderen, auch an Hitler. Tue ich es aber nicht, so bleibt, damit eine Fabel trotz ihrer Zufälligkeit überzeugt, nur die Suche nach einer Dramaturgie, die eben die Zufälligkeit akzentuiert; wenn Sie wollen: eine Drama-

---

232 Max Frisch, »Schillerpreisrede«, in Öffentlichkeit als Partner (Frankfurt a. M.: Suhrkamp, 1967), S. 90–99.
233 »Schillerpreisrede«, S. 99.

turgie des Unglaubens; eine Dramaturgie der Permutation – vielleicht. Ich weiß es nicht [234].

Die »Dramaturgie der Permutation« scheint sich bei Frisch aus dem Bestreben nach einer möglichst lebensgetreuen Darstellung des Erlebens zu ergeben, und er widerlegt hierbei die literarische Tradition des einsträhnigen Schicksalsweges der Figur in Epik und Drama. »Tatsächlich sehen wir«, stellt er in seiner Schillerpreisrede fest, »wo immer Leben sich abspielt, etwas viel Aufregenderes: es summiert sich aus Handlungen, die oft zufällig sind, und es hätte immer auch anders sein können, es gibt keine Handlung und keine Unterlassung, die für die Zukunft nicht Varianten zuließe. Der einzige Vorfall, der keine Variante mehr zuläßt, ist bekanntlich der Tod« [235].

Das »Theater der Fügung« unterstellt dem Zufall einen Sinn, während Frisch die Anwesenheit eines derartigen »tieferen Sinnes« in allem Geschehen leugnet:

Wir erleben ihn [den tieferen Sinn] nirgend, und was wir erleben, ist das Gegenteil: es geschieht etwas, und etwas anderes, was ebenso möglich wäre, geschieht nicht, und es liegt eigentlich nie an einer einzelnen Handlung oder einem einzigen Versäumnis; wo wir Entscheidungen treffen, erweist es sich als Gebärde eines Gesteuerten, der nicht weiß, was ihn steuert, und wir wissen nur, daß alles, was auf die Gebärde des Entscheidens folgt, auch anders verlaufen könnte; was der letzte Akt uns zeigt, ergibt sich nicht zwingend aus einer Peripetie, sondern aus einer Summe von Zufällen, und eine Gesetzmäßigkeit, die sich freilich erkennen läßt für die große Zahl, hat Wahrscheinlichkeitswert, aber nicht mehr; auch das Unwahrscheinliche ist möglich im Einzelfall, der auf der Bühne steht, lebendig nur als Einzelfall, als Sonderfall [236].

Erst wenn die Summe der Zufälle und Handlungen im Ablauf der Zeit einen Zusammenhang erkennen lassen, läßt sich im Rückblick ein Sinn unterstellen, der jedoch immer von außen an das Geschehen herangetragen wird. Diese Beobachtung trifft vor allem auf Faber zu, der erst im Rückblick, aus der Perspektive der Erinnerung, einen Zusammenhang erkennt [237]. Frisch betrachtet in seiner Darstellungsweise das alltägliche Geschehen nicht vom Endresultat her, sondern es interessiert ihn an den Vorgängen die Veränderbarkeit, die seine Phantasie beflügelt, solange die Ereignisse noch nicht zur Geschichte erstarrt sind. Geschichte im Ablauf der Zeit ist unwiderruflich: »es setzt sich an, es summiert sich etwas auch ohne Peripetie«, erklärt er, »aber das Ergebnis, diese und diese Fabel, bedeutet niemals, daß mit

234 »Schillerpreisrede«, S. 99.
235 »Schillerpreisrede«, S. 97.
236 »Schillerpreisrede«, S. 98.
237 Weidmann, S. 455–456.

den gleichen Figuren nicht auch eine ganz andere Fabel hätte stattfinden können«[238]. Diese Worte erinnern auch an die früher ange-
führte Bemerkung Frischs, daß man auf einem laufenden Band lebe.

Als Nachtrag zur Erörterung des Zufalls in der Dichtung und im
Leben sei hier erwähnt, wie Max Frisch die Aufführung seines Stückes
Biografie in seinem zweiten Tagebuch kommentiert: »Stück aufge-
führt, BIOGRAFIE EIN SPIEL, mit vierfachem Sieg der Bühne
(Zürich, München, Frankfurt, Düsseldorf) über den Autor; er bestrei-
tet die Fatalität, die Bühne bestätigt sie – spielend« (*T 2*, S. 111).
Zur Verteidigung des Autors sei hier eingewandt, daß das Spiel nicht
das dramaturgische Fatum, sondern die Unwandelbarkeit eines fixierten Selbstbildnisses bestätigt, wie sie an Hand der Hauptfigur Kürmann vorgeführt wird. Nicht der Zufall bestimmt, sondern Kürmann
bestimmt sich selbst durch die Bedeutung, die er einzelnen Zufällen
unterstellt, und indem er diese Zufälle durch seine Entscheidungen
erst möglich macht. Hier sei auch eingewandt, daß das Nacheinander
der Szenen im Zuschauer automatisch die Erwartung einer logisch-
kausalen Entwicklung erweckt, denn das Publikum neigt dazu, trotz
gegenteiliger Behauptungen des Stückeschreibers, dem Geschehen einen
Sinn zu unterschieben. Während Max Frisch in diesem Stück das Fatum des Zufalls zu widerlegen versucht, hat er dabei ungewollt den
Glauben an das »Gesteuertsein durch das eigene Selbstbildnis« an
seiner Figur bewiesen. Die Interpretation des Stückes durch das Publikum und die Rezensenten bewies, daß dem Zufall jene Funktion
unterschoben wurde, die gerechterweise dem Selbstbildnis zukäme.

Auf die Frage eines Interviewers, woran es denn liege, daß Kürmann größere Varianten kaum in den Sinn kämen und auch die kleineren mißlängen, antwortete Max Frisch: »Das liegt – kein Zweifel –
an mir. ... Es gelingt nur, was ich nachvollziehen kann, was mir
selbst noch glaubhaft ist. ... In dieser Limitierung entlarvt sich die
Selbsterfahrung«[239]. Da aber – um wieder zum Anfang dieses Abschnitts zurückzukommen, jede Erfahrung nur eine Selbstvorstellung
eines Menschen ist, so stellt sich – was nach allem kaum überraschen
wird – die Geschichte und die Biographie des Verhaltensforschers
Kürmann als eine Version der Selbstvorstellung Max Frischs heraus.

238 »Schillerpreisrede«, S. 98.
239 Dieter E. Zimmer, » ›Noch einmal anfangen können‹, Ein Gespräch mit Max
     Frisch«, *Die Zeit*. 22. Dez. 1967.

D. »Bildnis«

Hierher gehören alle jene Bemerkungen Max Frischs, die auf Vorurteile Bezug nehmen, wie jene Bildnisse, die man sich über andere
macht, über die Zeit, über das Alter, über das Verhältnis zwischen Jugend und Alter sowie Tradition und Geschichte. Es gibt Bildnisse, die
einer gewissen Aktualität unterliegen, wie in *Andorra* bemerkt wird,
und andere, die sich aus einem individuellen Verhältnis zur Vergangenheit ergeben.

Das Stück *Als der Krieg zu Ende war* ist vornehmlich gegen diese
Bildnismacherei geschrieben. Im Nachwort zum Stück erklärt der
Autor, wie er zu diesem Stoff kam:

> In Zeiten, die auf Schablonen verhext sind, schien es mir nicht überflüssig, Zeugnis
> abzulegen für einzelne Menschen, die nicht die Regel machen, aber dennoch wirklich
> sind und lebendig wie die täglichen Regeln, die wir kennen: Der Jude, der Deutsche,
> der Russe und so weiter. Das Gebot, man solle sich kein Bildnis machen von Gott,
> verliert wohl seinen Sinn nicht, wenn wir Gott begreifen als das Lebendige in
> jedem Menschen, das Unfaßbare, das Unnennbare, das wir als solches nur ertragen,
> wo wir lieben; sonst machen wir uns immer ein Bildnis. ... Ein Beispiel letzter
> Konsequenz, ein historisches, ist die Judenschlächterei in Warschau, die im Hinter-
> grund unserer Geschichte steht. Im Vordergrund ... steht eine Liebe, die, auch wenn
> man sie als Ehebruch bezeichnen mag, das Gegenteil jeder Versündigung darstellt
> und insofern heilig ist, als sie das Bildnis überwindet (I, 397–398).

Frisch unterstreicht die Andersartigkeit dieser Frau, die nicht der
Aktualität erliegt, durch den Namen »Anders«. Auch das »Gegenteil jeder Versündigung« versucht er im Namen auszudrücken, indem
er sie mit Vornamen Agnes nennt, denn – so erklärt er – »Agnes
heißt Unschuld, Reinheit« (I, 398).

Historisch ist für Max Frisch das, was er als Beispiel im zweiten
Tagebuch anführt, um zu zeigen, wie kritiklos ein Land Vorurteile
aus dem Nachbarland übernehmen kann. Das Beispiel ist hier vor
allem von Interesse, weil es in direkten Bezug zum Geschehen in
Andorra und *Homo faber* gebracht werden kann. »1936, als ich eine
Studentin aus Berlin, Jüdin, heiraten wollte und im Stadthaus Zürich
die erforderlichen Papiere abholte ... erhielt ich unverlangt einen
amtlichen Arierausweis mit dem Stempel der Vaterstadt. ... Die
Schweiz war nicht von Hitler besetzt; sie war, was sie heute ist: unabhängig, neutral, frei usw.« (T 2, S. 173). Es gibt auch eine geistige
»Besetzung«, auch wenn sie nur darin besteht, daß der Unterlegene
jedem Vorurteil der anderen unterliegt, da er ihm meistens keine

eigene Meinung entgegenzusetzen hat. Der letzte Satz in dem Zitat glossiert jene Art von nur scheinbarer Freiheit, die sich freiwillig der eigenen Denkfreiheit begibt, wie es immer der Fall ist, wenn sich Menschen von ungeprüft übernommenen geschichtlichen und zeitgenössischen Vorstellungen lenken lassen.

Eine weitere Tagebuchstelle wirft Licht auf einen bereits in der Werkanalyse besprochenen Aspekt im dichterischen Werk Max Frischs: das Reisen. »Warum reisen wir? Auch dies, damit wir Menschen begegnen, die nicht meinen, daß sie uns kennen ein für allemal; damit wir noch einmal erfahren, was uns in diesem Leben möglich sei« (*T 1*, S. 32). Reisen wird hier als Flucht vor dem Bildnis und als Suche nach den Ich-Verwirklichungen hingestellt. Die Helden Frischs scheinen dauernd unterwegs, bis sich im Rückblick ihr Leben weniger als eine Pilgerfahrt im Selbstfindungsprozeß, sondern eher als eine ewige Flucht vor sich selbst entpuppt.

1. Alltag

In der Beurteilung des Alltags wird bei Frisch auf ein Bildnis von der Wirklichkeit verwiesen, das nur die äußere Zeit im täglichen Leben gelten lassen will. Dieser Alltagszeit widersetzt sich der Autor, wenn er sich auf dem Weg zur Arbeit am See versäumt. »Schon lange hat es acht geschlagen; man denkt an die Hunderttausend, die jetzt an ihren Pültchen sitzen, und das schlechte Gewissen, ich weiß«, sagt sich der Autor, »es wird mich erfassen, sobald ich das Rad wieder besteige. Am Wasser aber fühle ich mich frei, und alles, was auf dem Land sich tut, liegt hinter mir und nicht auf meinem Weg; ich weiß genau um meine Versäumnisse, die sich mehren mit jedem Glockenschlag« (*T 1*, S. 71–72). In diesem kurzen Absatz findet sich nicht nur die äußere Zeit des Alltags mit der erlebten Zeit kontrastiert; er bringt auch die wichtigsten Zeitsymbole, die diese beiden Begriffe im dichterischen Werk begleiten.

Das Schlagen der Turmuhr zeigt nicht nur die chronologische Zeit an, nach der sich der Alltag gliedert. Glocken haben bei Frisch darüber hinaus auch immer mahnende Funktion und verursachen den Frisch-Figuren viel schlechtes Gewissen über irgendein Versäumnis sich oder den Mitmenschen gegenüber. Die »Hunderttausend« geben einen Begriff von der Masse der »Galeerensklaven«, wie sie in ihren monotonen Tagesablauf eingespannt sind. Während »auf dem Land«

– Symbol der Seßhaftigkeit und Ordnung – dem Säumigen das schlechte Gewissen droht, gewährt ihm die Nähe des Wassers eine kurze Spanne Freiheit von der äußeren Zeit. Das Land ist mit Schritten ausmeßbar (wie Stillers Gefängniszelle), während das Meer sich unermeßlich weit über den Horizont erstreckt, und schon ein kleiner See kann einen Vorgeschmack dieses Freiheitsgefühls geben, von dem die Helden in den Werken so oft träumen. Die Szene am See erinnert an ähnliche Episoden in *Bin,* in den *Schwierigen* und in *Gantenbein,* wo auch Land und Wasser, Glockengeläute und träumerisches Verweilen außerhalb des alltäglichen Zeitablaufes auf verschiedene Zeiterlebnisse anspielen.

2. Alter

Charakteristisch sind die Bildnisse, die sich bei Frisch die Jungen von den Alten, die Alten von den Jungen machen. Hier zeigt sich der Autor vom verklärenden Bildnis der Jugend und den negativen Vorstellungen vom Alter befangen, wie sie für dieses Jahrhundert charakteristisch sind. Im ersten Tagebuch wird das Alter noch mit anderen Personen, nicht mit dem Tagebuch-Autor selbst assoziiert:

In der Straße treffe ich auf Kellermüller, zum erstenmal seit Jahren; ... es fällt mir auf, wie oft er betont, daß er älter werde, immer wieder, als hätte man das Gegenteil vermutet. ... Er ist überzeugt, daß er die Dinge, die er bisher bedacht und beschrieben hat, vollkommen anders sehe. ... Darum ist er glücklich ... obschon er alles, was er bisher geschrieben hat, als Mist betrachtet. ... Ich habe mehr und mehr das Gefühl, daß er sich Unrecht tut, wenn er die spätere Einsicht, nur weil sie auf die früheren zurückschauen kann, für die bessere hält, für die gerechtere (*T 1,* S. 21).

In der Person Kellermüllers begegnet uns die Überlegenheit des Alternden, der in Überschätzung späterer Erkenntnise seine Ansichten aus der Jugendzeit herabwertet. Daneben weist Frisch auf ein weiteres zeitliches Vorurteil des Alters hin, wenn er fortfährt:

Es ist nicht das Alter, was an Kellermüller auffällt, sondern die Anmaßung aller Gegenwart; sie zeigt sich schon darin, daß wir stets, wenn wir eine Sache oder ein Gesicht plötzlich anders erblicken, ohne Zögern sagen:
Ich habe mich getäuscht!
Ich habe ...
Vielleicht täusche ich mich jetzt erst, oder sagen wir: heute noch mehr als damals (*T 1,* S. 21).

Ein ähnlicher Gegensatz zwischen dem Gefühl der Gegenwart und Vergangenheit drückt sich im Selbstbildnis des alternden Vaters aus. So schreibt Max Frisch im zweiten Tagebuch: »Als Vater weiß der

Vorgezeichnete [d. h. der Alternde], daß seine Kinder durchaus
Erwachsene sind, sozusagen Zeitgenossen – er erwartet infolgedessen,
daß sie auch ihn als Zeitgenossen betrachten, ... bis er merkt, daß sie
ihn nicht als Zeitgenossen betrachten, sondern als ihren Vater« (*T 2*,
S. 137). Was Frisch hier ausdrückt, ist, daß der Vater noch in einer
Zeitdimension zu leben meint, aus der ihn die Kinder bereits verdrängt haben. Für die Jugend ist er schon zur Geschichte geworden.
Beide, die Jungen und die Alten, machen sich Bildnisse voneinander
und sehen im anderen nur die Jahre und nicht den ganzen Menschen,
darum kann es immer wieder zu Mißverständnissen zwischen den
Generationen kommen.

3. Tradition

Das Traditionsgefühl stellt sich bei Frisch oft als ein mißverstandenes
Bildnis von der Vergangenheit heraus, das man unter allen Kosten
zu erhalten sucht. Dabei geht man oft so weit, daß der Anspruch der
Gegenwart über dem Traditionsbewußtsein vernachlässigt wird.
Frisch leidet vor allem an dem falschen Traditionsgefühl seiner Mitbürger. Der Architekt Frisch kommt in der folgenden Tagebuchein-
tragung zu Wort:

Architektonischer Wetbewerb für ein neues Kunsthaus ... jedermann erkennt, daß
der Platz, der vorgesehene, eine ganz erfreuliche, freie, restlose Lösung nicht gestattet, doch man getraut sich nicht, ein altes Zürcherhaus mittleren Wertes einfach
abzureißen. Das Neue also, das Unsere, ist im Grunde schon verworfen, bevor wir
unseren Zeichenstift ergreifen. In dieser Luft dürfen wir nun schaffen, von keiner
Erwartung begleitet, bemuttert von historischer Pietät, die alles Maß übersteigt.
... Bildung als Perversion ins Museale (*T I*, S. 192–193).

Aus falschem Traditionsgefühl wird hier das Vergangene von vornherein der Gegenwart vorgezogen. Man weigert sich, die Gegenwart
anders als nach den Vorstellungen von der Vergangenheit zu beurteilen und man vergißt, daß jene Vergangenheit nicht möglich gewesen
wäre, hätten sich die Vorväter ähnlich gegen die Gegenwart gestemmt.

Ähnlich scheint nach Frisch auch der Begriff vom Vaterland einem
erstarrten Bildnis von der Vergangenheit statt der Wirklichkeit zu
entsprechen. So verkündet er in einer vaterländischen Festrede: »Vaterland ist bei mir etwas, das beim Zeughaus beginnt und aufhört
auf einem Soldatenfriedhof. Meinen wir Vergangenheit oder Gegenwart? Meinen wir Wilhelm Tell oder Emil Landolt [240]?«

240 *Öffentlichkeit als Partner*, S. 12.

Der gedankenlosen Vergötterung des Althergebrachten entspricht
auch jenes Verhältnis zu einer zeitentfremdeten Kultur, die das
Ästhetische vom Lebendigen trennt. Frisch bedauert allgemein, daß
im Nachkriegsdeutschland weiterhin allenthalben vor allem »Kultur
gemacht« werde, aber meistens ohne Versuch, den deutschen und
vielleicht abendländischen Begriff von Kultur, der so offenkundig versagt hat, einer Prüfung zu unterziehen. ... eine Kultur, die sich
säuberlich über die Forderungen des Tages erhebt« (*T 1*, S. 20–21).

Kulturelles Pharisäertum wird immer auch in den Dienst des Na-
tionalbewußtseins gestellt. Die Mentalität, die hier von Frisch an den
Schweizern und Deutschen gerügt wird, ist eher symptomatisch für
Völker, die auf eine – wie sie meinen – glorreiche Vergangenheit
zurückgreifen, um ihre untergeordnete Rolle in der Gegenwart zu
übertünchen. Die Vergangenheit muß als Alibi für die versäumte
Gegenwart herhalten, ähnlich wie bei Menschen, die ihre unbefrie-
digenden Altersjahre mit Heldengeschichten aus ihrer Jugendzeit
anfüllen.

Zusammenfassend stellt Frisch über das Traditionsbewußtsein seiner Landsleute fest: »Das erste, was mir dabei auffällt: Die Schweiz
erscheint als etwas Großartig-Gewordenes, das zu verteidigen ist,
nicht als etwas Werdendes. Fast hat man den Eindruck, daß Zukunft
überhaupt als Bedrohung empfunden wird[241].« Frisch begegnet hier
seinem Land mit jener Haßliebe, die es unverzeihlich findet, daß die
Heimat nicht besser als andere Länder ist. Nationale Selbstbildnisse
sind genau so starr und gegenwartsfremd wie jene Bildnisse, die sich
Frischs Figuren von einander machen, um die lebendige Wirklichkeit
umdeuten zu können. Von der Selbsttäuschung ist es auf nationaler
Ebene oft nur ein kleiner Schritt bis zur offiziellen Geschichtslüge.
Jede Bildnismacherei leugnet demnach im individuellen wie im nationalen Bereich jenen Wunsch nach Veränderung, der allein »ein Gefälle herstellt, einen Sog auf die Zukunft hin, eine Hoffnung, die
kreative Kräfte auslöst«[242].

---

241 *Öffentlichkeit als Partner*, S. 110.
242 *Öffentlichkeit als Partner*, S. 111.

E. »Daten«

Daten sind bei Max Frisch nicht nur zeitliche Markierungen im Hand-
lungsabaluf der tagebuchartigen Romane, sondern auch als Objektivierung der erlebten Zeit eingesetzt. So vermerkt Frisch im zweiten
Tagebuch: »Zeitungen gelesen, nachher das Gefühl: Es geschieht
eigentlich nichts ... wenigstens nichts, wovon ich keine Ahnung habe.
... Ich frage mich, seit wann ich eigentlich weiß, was in Kuba geschehen ist. Nicht erst seit heute. ... Ich frage mich, wovon ich an
einem Tag wie heute, keine Ahnung haben kann. War heute ein Datum?« (*T 2*, S. 275–276).

Max Frisch kontrastiert gerne in den Werken das Vordergrund-
geschehen um den Helden strukturell mit dem zeitgeschichtlichen Hintergrund. Darüber befragt, bemerkte er in einem brieflichen Zwie-
gespräch mit Walter Höllerer (mit Bezug auf sein Stück *Biografie*):

Wäre diese Weltchronik nur eingeblendet, um die private Affäre des Herrn Kürmann zu datieren, so wäre dieser bloße Kalender in peinlicher Weise überdimen-
sioniert. Und schlimmer noch wäre es, wenn der kluge Verdacht eines Kritikers
aus der DDR zuträfe: Politik erscheine dadurch als pures Geschick, als Fatum über
uns, ewiglich unserem Eingriff entzogen; also ein Bourgeois-Dispens von gesellschaftlicher Verantwortung schlechthin. ... Was die Nachrichten ... im Bewußtsein
des Zuhörers bewirken, ist zweierlei: einmal apostrophieren sie die Irrelevanz dieser Kürmann-Probleme, ihre politische Irrelevanz, zugleich ironisieren sie auch
diese geläufige oder zumindest geforderte Meinung, daß es nur eine Art von Relevanz geben könne [243].

Diese Auslegung läßt sich auch auf *Homo faber* mit der Ergänzung
übertragen, daß diese Darstellung verbunden mit Fabers Schiffsreise
eine Distanzierung vom äußerlichen Zeitgeschehen und eine Annähe-
rung an sein inneres, natürliches Zeiterlebnis andeutet [244]. Während
bei *Homo faber* aber nur während der Schiffsreisepassagen diese Einschaltung von Zeitungsnachrichten angewendet wird, ist das Auf-
zählen von politischen Nachrichten in *Biografie* ein wiederkehrendes
Moment. Max Frisch erläutert an einem Beispiel, was er unter der
obig genannten »Relevanz« versteht:

Eine kurze Szene ist mir in diesem Zusammenhang wichtig: in den gleichen Tagen,
als Kürmann zu begreifen hat, daß er an Krebs eingehen wird, findet der Israel-

---

[243] Max Frisch, *Dramaturgisches. Ein Briefwechsel mit Walter Höllerer* (Berlin:
Literarisches Colloquium, 1969). Fortan als *Dram.* angeführt.
[244] H. Boeschenstein spricht in diesem Zusammenhang von einem »Umschulungs-
lager«, *Der neue Mensch*, S. 123.

Krieg statt. Was ist hier relevant? Die Todesgewißheit eines Ich und die Gefahr eines Weltkrieges, das ist inkommensurabel – ja – aber eben dieses Bewußtsein, diese unleugbare Erfahrung, daß Relevanz sich nicht nur auf einer Ordinate abspielt, schien mir darstellenswert (*Dram.*, *S.* 30).

Auch hier ist also Frisch bestrebt, verschiedene Handlungsmöglichkeiten als gleichzeitig darzustellen. Wie jeder Mensch in seiner eigenen Zeiterlebnissphäre lebt, so werden ihm auch dementsprechend verschiedene Ereignisse zum Datum.

Die obigen Ausführungen zeigen, daß die Ansichten, die Max Frisch über das Zeiterlebnis in Tagebüchern, Interviews, Reden und Nachworten sowie einem veröffentlichten Briefwechsel auseinandersetzt, durchaus mit der dichterischen Darstellung der Zeitproblematik in den Werken übereinstimmen.

Kapitel VIII

ZUSAMMENFASSUNG

Durch Frischs gesamtes Werk geht das Bestreben, so zu erzählen, wie man wirklich erlebt, wobei vor allem in ihrem »Zeiterlebnis« die individuelle Einstellung der Figuren zur zeitlichen Wirklichkeit zum Ausdruck kommt. Diese Arbeit zeigt, wie Frisch dieses »Zeiterlebnis« aus der Spannung zwischen »objektiver« und »erlebter Zeit« deutlich werden läßt und die Figuren dermaßen in ihrer Position zwischen objektiver und subjektiver Wirklichkeit für den Leser charakterisiert.

Durch einen »Zeitsprung«, ein Ereignis, welches ihr Leben plötzlich so verändert, daß die Vergangenheit nicht mehr zur Gegenwart passen will, wird ihnen die Zeit erstmals zum Erlebnis. So erscheint zum Beispiel Fabers Leben durch die Kette von Schuldverstrickungen zerbrochen, geborsten wie jene archaische Wanduhr in Hannas Athener Wohnung. Die Zeit und ihre eigene Zeitlichkeit wird wieder anderen Figuren angesichts äußerer Manifestationen bewußt, wie fallende Blätter, ziehende Wolken oder der fließende Strom, dem entlang Kilians Traumreise führt. Der Wechsel der Jahreszeiten in der frühlingsähnlichen Jugend, der sommerlichen »Mitte des Lebens«, dem herbstlichen Altern und der Winterstarre des Todes wird ihnen gleichfalls zum Gleichnis für die Vergänglichkeit des Lebens.

An anderen Vorfällen, wie beispielsweise der Erinnerung, manifestiert sich in den Werken das Gefühl der »Wiederholung«. Es stellt sich hierbei heraus, daß der von den Figuren so sehr gefürchtete »Fluch der Wiederholung« die Konsequenz ihres Erinnerungsmodus ist. Da Figuren wie Reinhart, der Rittmeister, der Staatsanwalt, Don Juan, Stiller, Faber, Enderlin und Kürmann nur wahrnehmen und erinnern wollen, was sich in ihre Selbstvorstellungen einfügt, sehen sie in allen Begegnungen immer nur Wiederholungen. Wie ihre Erinnerung manipulieren sie offensichtlich auch ihre Identität. Kürmann wird vom Registrator offen vorgeworfen, daß seine Erinnerung wieder einmal »gedichtet« hätte, um die Vergangenheit seinen gegenwärtigen Ich-Vorstellungen anzupassen. Wo die Erinnerungen umformende Wiederholungen der Vergangenheit darstellen, vergegenwärtigen die Träume bei den Frisch-Figuren oft Jugenderlebnisse. In ihren Träumen kehren Kilian und andere Figuren in ihre Jugendzeit zurück und versäumen darüber die Selbstverwirklichung in der Gegenwart.

Wiederholungen unpersönlicherer Art stellen die geschichtlichen und mythologischen Überlieferungen dar, die bei Frisch (*Chinesische Mauer, Als der Krieg zu Ende war*) den Menschen unserer Zeit als wehrloses Opfer von geschichtlichen und mythologischen Vorurteilen zeigen, die ihn die alten Fehler in der Menschheitsgeschichte immer wiederholen lassen. In dem Ausmaße, in welchem Erinnerungen, Träume, geschichtliche und mythologische Vorstellungen eine Wiederholung der Vergangenheit bringen, verhindern sie die Figuren am erfüllten Erlebnis der Gegenwart und zwingen sie in einen fruchtlosen Kreislauf von repetitiven Verhaltensformen.

Die Ergebnisse der oben genannten ,Zeiterlebnisse« äußern sich an den Figuren in drei spezifischen Reaktionen: in der »Entfremdung von der Zeit«, in der »Spannung zwischen Vergegenwärtigung und Veränderung«, und in ihrer Einstellung zur Zeit »als Gefängnis«. »Die Entfremdung von der Zeit« wird an den Figuren durch ihr Gefühl der »leeren Zeit« gezeigt, wenn ihnen die Gegenwart nicht Erfüllung und Erlebnis, sondern Langeweile bedeutet. An Figuren wie Reinhart und Stiller tritt das nagende Gefühl der »leeren Zeit« und der Langeweile immer dann auf, wenn sie durch Selbstzweifel an ihrer künstlerischen Begabung keiner Arbeit fähig sind. Zur »verdünnten Zeit« werden derartige sinnentleerte und schale Zeitspannen, wenn die innere Leere durch fieberhaft-hektische Tätigkeit ausgefüllt und die lastende Zeit durch Beruf und Reisen verdünnt wird. Auf diese Weise umgehen beispielsweise Faber, der fliegende Techniker und der Rittmeister, der Ordnungsfanatiker das Erlebnis der Gegenwart.

Eine weitere Konsequenz ihres Zeiterlebens ist bei manchen Figuren jene »Spannung zwischen Vergegenwärtigung und Veränderung«, die ebenfalls auf Gegenwartsentfremdung zurückführbar ist. Da die Figuren sich nicht so sehr als homogenes Ich, sondern als eine Vielzahl von Ich-Möglichkeiten erfahren, so bedeutet die Gegenwart für sie immer die Festnagelung auf ein einziges Ich, während Erinnerungen und Erwartungen ihrer Phantasie freien Spielraum zur Ausführung ihrer anderen Ich-Vorstellungen gewähren. In der Gegenwart meinen jene Figuren, wie es besonders bei Stiller und dem Staats-

anwalt betont wird, etwas zu versäumen. Während sie also immer
ihre anderen Ich-Möglichkeiten zu versäumen meinen, verrinnt ihnen
ungeachtet die ungelebte Gegenwart. Ohne die Möglichkeit, ihre Vorstellungen leben zu können und unfähig, sich mit der begrenzten
Gegenwart zufrieden zu geben, leben sie in einer dauernden Span-
nug, die sie immer wieder auf die Suche nach dem »anderen« Leben
in die Ferne treibt. Beim Staatsanwalt winkt dieses Leben in Santorin,
beim Rittmeister auf Hawaii und Kilian verspricht Peking die Verwirklichung aller Wünsche.

Noch einschneidender wirken Zeit und Zeitlichkeit auf die Figuren,
wenn sie von ihnen als »Gefängnis« empfunden werden. So fühlen
sie sich als Gefangene der Zeit im »Alltag«, in der »Veränderlichkeit« und in der »Kontinuität«. Der »Alltag« engt ihr Leben auf
den Zeitbereich der »äußeren Zeit« ein, indem die Tätigkeiten und
Vorkommnisse ihrer Arbeitswoche von der Uhrzeit geregelt werden,
und die Menschen so zu »Sklaven« der Zeit werden. Reinhart und
Kilian beklagen dieses Zeitgefängnis«, das so drastisch ihrem Gefühl der zeitlichen Ungebundenheit widerspricht. Menschen, die ihr
Leben nach der Uhrzeit richten, leben in den Werken Max Frischs in
einer verdinglichten Welt und werden sich selbst und dem Erlebnis
der unmittelbaren Gegenwart fremd.

Daneben ist es die »Veränderlichkeit«, die von jenen Figuren als
Gefährdung ihres Daseins empfunden wird, die es sich ein für allemal in der Zeit bequem machen wollen, ohne die Zukunft fürchten zu
müssen. Sie würden, wie Faber oder die Frisch'schen Machthaber
(Hwang Ti) und die Nutznießer der Macht (Biedermann), am liebsten
die Zeit stillstehen oder rückwärts laufen lassen, damit die veränder-
bare Zukunft ihr Dasein nie bedrohen könnte. In der Beobachtung der
Veränderlichkeit ist auch das »Zeitgefälle zum Tode hin« erkennbar,
weshalb auch die alternden Frisch-Helden in jeder Veränderung ihres
Daseins eine weitere Verfallserscheinung fürchten.

Für jene Figuren aber, die wie Reinhart und Stiller jeden Tag als
neuen Anfang begrüßen möchten und doch niemals von ihrer Vergangenheit und ihren alten Gewohnheiten loskommen, ist die »Kontinuität« eine ständige Bedrohung. Die »Kontinuität« wird Stiller
zur Last und zum Ursprung der »ewigen Wiederholung«, da die
Kontinuität seines Selbst dem Wunsch nach einem neuen Leben als
gewandelter Mensch mit neuer Identität widerspricht. Auch wenn
viele Figuren meinen, durch Vermeidung einer bewußten Selbstent-

scheidung, in ihren Vorstellungen ihren anderen Ich-Möglichkeiten nachhängen zu können, summieren sich ihre Erfahrungen, und mit den Jahren blicken sie auf eine »Biografie« zurück, die ihre Kontinuität bestätigt. Sie sind sich selbst zur Geschichte geworden.

Die vage Bewußtwerdung der Zeit und des Zeitablaufes, sowie die Konflikte, die sich daraus ergeben, drängen die Figuren, diese Konflikte durch Flucht oder forcierte Anpassung zu umgehen, oder sie aktiv zu überwinden und zu lösen. Einem Fluchtversuch entspricht beispielsweise der Versuch, »außerhalb der Zeit« leben zu wollen, indem man sich, wie Faber es vorführt, hinter einem mechanistischen Weltbild verschanzt, das die menschliche Zeitlichkeit nicht miteinkalkuliert. Eine aktivere Reaktion findet sich dagegen im »Leben gegen die Wiederholung« dargestellt, wobei die Figuren ein Erlebnis nur dann wirklich erleben können, wenn sie wissen, daß es ohne Wiederholung ist, sei es, daß sie es zum ersten oder letzten Mal erleben. Kilian und Reinhart erscheinen als Hauptvertreter dieser Zeitflucht, da sie eine Liebe nur in der Erwartung oder im Abschied »erleben« können, weil sie so die erlebnistötende Wirkung der Gewohnheit zu vermeiden glauben. Darum fürchten auch so viele Frisch-Helden die Ehe, weil ihnen keine Liebe stark genug erscheint, den Gewohnheiten und Wiederholungen des Ehealltags standzuhalten.

Eine weitere Form der Flucht von der Zeit bietet sich in jener von anderen Figuren gefürchteten »Wiederholung«. Manche Figuren Frischs verdrängen aus der in ihrem Dasein bewußt erfahrenen monotonen Wiederholung heraus den Gedanken an die Veränderlichkeit und Vergänglichkeit alles Seins. Die »Wiederholung« zeigt ihnen das Leben als bekannt und berechenbar und gibt ihnen jene Sicherheit, die sie in einem veränderbaren Leben vermissen würden. Hinkelmann sucht das berechenbare Dasein in der »Wiederholung«, wenn er pedantisch auf Erhaltung derselben Ordnung besteht oder in seinem Leben mit Yvonne sein Sohn-Mutter Verhältnis aus der Kindheit wiederholt.

»Ein Leben ohne Gegenwart« führen bei Frisch jene Gestalten, die wie Stiller in der Hoffnung auf eine Selbstverwandlung leben, oder wie Enderlin und Kürmann in ihren Gegenwartshandlungen von der Erinnerung an die Vergangenheit gesteuert werden, oder wie der Rittmeister, in ihren Gedanken alten Jugendträumen nachhängen, während der Alltag unter mechanischer Erfüllung von Pflichten verrinnt.

Neben der Zeitflucht und der Auflehnung gegen die Zeitlichkeit sehen wir auch die Einstellung des bewußten »Erlebnisses im Augenblick« vertreten. Während Reinhart das Höchstmaß an Gegenwartsnähe, das einem Frisch-Helden möglich ist, im Herbsterlebnis erreicht, wobei er selbst dann nicht umhin kann, sein Erlebnis des »lichterlohen Augenblicks« als Erinnerung zu verfremden, so verkörpert Bin das unerreichbare Ideal, vollständig in der Gegenwart aufzugehen, ohne von Erinnerungen und vagen Sehnsüchten dem Erlebnis des Augenblicks entfremdet zu sein. Doch Bin ist, wie sein Freund Kilian oft bedauernd feststellt, nur ein Geist, der über den Gesetzen der menschlichen Zeitlichkeit steht. Auch die andere Form des erfüllten Gegenwartserlebnisses, nämlich die Selbstverwirklichung in der Dauer des »wirklichen Lebens«, erscheint bei Frisch mehr als Zielrichtung und weniger als tatsächlich verwirklichte Möglichkeit. So erschöpfen sich denn die »Überwindungsversuche der Zeit« der Helden Frischs in passiver Resistenz, in einem wirklichkeitsfremden Weltbild als Abwehrmechanismus und in der schließlichen Resignation und Einordnung in die Grenzen der menschlichen Zeitlichkeit und des Alterns.

Wie in der Arbeit festgestellt wurde, gleichen sich viele der Frisch-Figuren auffallend in ihrem Verhältnis zur Zeit und zu den Konflikten, denen sie in der Folge der »Zeiterlebnisse« begegnen. Die Hauptfiguren dürfen sogar als wiederkehrende »Zeit-Typen« betrachtet werden. In der Zeichnung dieser wiederkehrenden »Typen« neigt Frisch dazu, gleiche oder ähnliche Charakterisierungsmittel einzusetzen. Er charakterisiert sie durch ihre Träume und durch ihre Einstellungen zur Zeit, zum Beruf, zur Liebe, zur Vaterrolle und Ehe, zur Natur und zum Tod. In unserer Arbeit haben wir diese Figuren in folgende »Zeit-Typen« gruppiert: der »Vergangenheitsmensch«, der »zukunftsorientierte Mensch«, jener, der »außerhalb der Zeit lebt« und der »Gegenwartsverbundene«.

Der »Vergangenheitsmensch« ist vielleicht am besten einerseits durch den Obersten in den *Schwierigen*, andererseits durch Enderlin im Roman *Gantenbein* verkörpert. Der Oberst vertritt das Traditionsbewußtsein und die Überschätzung des Alten verglichen mit dem Gegenwärtigen. Enderlin wird hingegen von der Vergangenheit tyrannisiert, da ihm die Gegenwart ständig als eine Wiederholung von bereits Erlebtem erscheint.

Der »zukunftsorientierte Mensch« ist durch jene Jugendfiguren Frischs vertreten, denen die Erfahrung noch nichts, die Gegenwart sehr wenig, aber die Zukunft eine Erfüllung aller vorgestellten Möglichkeiten bedeutet. Stiller zum Beispiel versucht selbst in späteren Jahren in diesem Gefühl zu verharren, solange ihm mehr an der Selbstverwandlung in der Zukunft als an der Selbstverwirklichung in der Gegenwart liegt.

Der Mensch, der »außerhalb der Zeit« lebt, ist ein besonders interessanter Typ in den Frisch-Werken und er findet sich in verschiedenen Varianten, aber am besten ausgeprägt in der Person Walter Fabers, der sich in seiner Weltanschauung ein eigenes »Gehäuse« der Zeitlosigkeit gebaut hat. Max Frisch erkennt in dieser mechanistisch-mathematischen Weltanschauung die Zeitentfremdung des modernen Wissenschaftlers. Dieser Typ wird auch durch Hinkelmann, Don Juan, und in gewisser Hinsicht durch Kürmann verkörpert.

Der »Gegenwartsverbundene« bleibt dagegen bei Frisch eine Wunschfigur, in Balz nach der Rückkehr von der Bergbesteigung und im Stiller des zweiten Romanteiles nur angedeutet. Hierzu gehören, wenn auch nur klischeehaft ausgeführt, das Kind, der Primitive und die Frau, die in den Werken Frischs alle noch in einer Verbundenheit mit dem Kreislauf der Natur leben und daher mehr im Zustand der Gegenwart als in Gedanken an die Zukunft existieren.

Mit Ausnahme der letzten Kategorie sind die vorgenannten »Typen« von der Zeit und deshalb auch von ihrem Ich entfremdet. Die Gier dieser Figuren nach Abwechslung ist daher Ausdruck einer ungelebten Gegenwart.

Frischs Faszination mit Zeit und Zeitproblemen ist so groß, daß sie nicht nur in seinen Figuren und ihrem Zeiterlebnis, sondern auch in den Motiven und in der Struktur seiner Werke zutage tritt. In der erzählerischen und dramaturgischen Struktur erkennen wir die Rolle der Zeit und des »Zeiterlebnisses«, wie sie unter anderem in Erzählhaltung, Zeitebenen, Zitaten und Wiederholungen offenbar wird.

Mit Hinsicht auf die Erzählhaltung ist im Roman die Rolle des Ich-Erzählers und im Drama die Einführung einer Figur, die über den Zeitbereichen der Handlung steht, wichtig. Im Ich-Roman Frischs wird vor allem in der Auseinandersetzung des Ichs mit seinen eigenen Vorstellungen der Kontrast zwischen »erzählendem« und »erlebendem« Ich offenbar, und der Zwiespalt der Figuren zwischen der »erlebten Zeit« und der chronologisch geregelten Alltagszeit deut-

lich. Es ist hierbei entweder einem Nachwort oder dem Leser überlassen, die Synthese der beiden Ich-Wirklichkeiten zu vollziehen. Im
Drama ist es eine Seherfigur, ein Kommentator, Chor oder Registrator, der zwischen Erinnerung und Gegenwart, oder zwischen objektiver und subjektiver Wirklichkeit vermittelt. Obwohl die Kritik die
Rolle der Zeitebenen in einzelnen Romanen auch mitunter im Hinblick auf die Dramen erwähnt, wird hier besonders auf die zeitüberbrückende Funktion der Träume in den Romanen und Dramen hingewiesen. Träume vergegenwärtigen in den Romanen die Vergangenheit und sie nehmen die Zukunft vorweg. Im Traum sind die Romanfiguren ihrem schöpferischen Ich näher und, wie Reinharts Traum in
den *Schwierigen*, die Träume Stiller-Whites und die verschlüsselten
Träume Fabers beweisen, sie gewinnen deshalb fast visionäre Einsichten in ihr Leben. In den Dramen treffen wir einerseits, wie in *Nun
singen sie wieder* und in *Biografie* auf erzählte Träume, andererseits
werden, wie in *Santa Cruz* und *Graf Öderland,* die Träume zur
Spielhandlung. Alle diese Träume verdeutlichen die wahren Gefühle
der Figuren, während sie ihren erlebnisleeren Alltagsbeschäftigungen
nachgehen oder ein rollenhaftes Dasein führen.

Ein anderes strukturelles Element ist Frischs Gebrauch des literarischen Zitats, wie es besonders in der *Chinesischen Mauer* und im
Biedermann auffällt, obwohl es auch in den anderen Werken verein-
zelt vorkommt. Durch das Zitat erscheint das gegenwärtige Geschehen
auf eine literarische Vergleichsebene gestellt, wie es beispielsweise in
der *Chinesischen Mauer* durch die Anwesenheit der geschichtlich-lite-
rarischen Figuren in der Gerichtsszene der Fall ist. Die Szene wird
hierdurch zum Paradigma der ewig wiederkehrenden Vergewaltigung
des Rechts durch die Gewalt, wie sie unter Philipp II von Spanien
genau so üblich war wie unter Pontius Pilatus.

Die Faszination Frischs mit dem Problem der »Wiederholung«
zeigt sich in der Struktur der Werke auch durch Leitmotive und wiederkehrende Handlungen, die auf das Gefühl der »Wiederholung«
im Bewußtsein der Figuren hinweisen.

Zeit findet auch Ausdruck in verschiedenen Erzählungs- und Dar-
stellungsmitteln. Die »Rolle«, wie sie in *Bin* bildlich erscheint und
daneben in anderen Werken durch Gesten, Sprache oder Namen angedeutet ist, wird als jenes entfremdete Selbstbildnis der Figuren entlarvt, das sie vor der Umwelt als ihr wahres Ich ausgeben. Die
»Rolle« ist Frisch ein Gleichnis für ein sinnentleertes Dasein schlecht-

hin. »Daten« erscheinen daneben hauptsächlich, um die Relevanz der individuellen Probleme der Figuren durch den Vergleich mit einschneidenden gleichzeitigen Weltgeschehnissen in Frage zu ziehen. Da die kalendarischen Aufzählungen wichtiger zeitpolitischer Begebnisse auch Symbol der äußeren Zeit sind, läuft diese Gegenüberstellung wieder auf den Kontrast zwischen »äußerer« und »innerer Zeit« hinaus.

In den Stücken spielt auch die Beleuchtung eine Rolle in der Zeitdarstellung, weil sie auf der Bühne visuell zwei verschiedene zeitliche Handlungsbereiche und Bewußtseinsbereiche erkennbar macht. Dies wird besonders im Stück *Biografie* eindrucksvoll vorgeführt, da Spiellicht, Arbeitslicht und Neonlicht auf der Bühne jeweils verschiedene Phasen in der Rekonstruktion von Kürmanns Vergangenheit markieren.

Einen besonders interessanten Faktor in Frischs Werk bilden die Zeitmotive, die von uns in Unendlichkeits- und Naturmotive, Epochen, Uhren, »Ordnung«, »Wiederholung«, Aufbruch und Reise, Selbstmord und Tod sowie Traum eingeteilt werden. Motive der Unendlichkeit und der Natur erscheinen hauptsächlich im Zusammenhang mit der Beschreibung von Sehnsucht, Fernweh und Freiheitsdrang. Während das Meer Ausdruck der unbegrenzten Sehnsucht ist, entsprechen Schiffe und Inseln eher dem Freiheitsdrang. Sie sind auch oft Symbole der Jugend, da Jugend, Sehnsucht und Freiheit bei Frisch immer miteinander assoziiert werden. Der Kreislauf der Gestirne hingegen wird zum Vergleich von menschlichem und kosmischem Zeitmaß eingesetzt.

Epochen werden bei Frisch meist durch historische Figuren oder auch Kostüme veranschaulicht, um so auch nach außen hin den verschiedenen gedanklichen Hintergrund bei den Angehörigen unterschiedlicher Epochen zu markieren. Mee Lans Überbrückung der Epochen in der *Chinesischen Mauer* ist durch einen Kostümwechsel angezeigt, während der »Heutige« durch die Verleihung des alten chinesischen Narrenordens in Verbindung mit jener Kulturepoche vor zweitausend Jahren gesetzt wird.

Ein äußerst wichtiges Zeitmotiv stellen bei Frisch die Uhren dar, da sie die »äußere Zeit« versinnbildlichen. Wir haben hier früher auf Hannas gesprungene archaische Wanduhr hingewiesen, die in direktem Sinnzusammenhang mit Hannas und Fabers Lebensirrtum steht.

»Ordnung« wird in unserer Arbeit als »Zeitmotiv« betrachtet, weil ihre sinnbildlichen Darstellungen den Kontrast zwischen Freiheit und Eingesperrtsein verdeutlichen. Wenn das Meer auf die Freiheit hinweist, so bedeutet das Land Ordnung und die sonnigen Inseln das freie und erfüllte Leben; dagegen deutet das winterliche Land auf ein unter der Ordnung ersticktes Dasein hin. Blau und weit ist der Ausblick auf das Meer, grau und durch Schneestürme verdeckt ist hingegen der Himmel über dem Land der Ordnung. Wo immer der Kontrast zwischen Ordnung und Freiheit zum Ausdruck gebracht wird, wie in *Santa Cruz* und vor allem im *Graf Öderland*, finden sich diese beiden Motivgruppen einander gegenübergestellt.

»Wiederholung« stellt insofern ein Motiv dar, als die Figuren das Gefühl der »Wiederholung« in ihrem Leben mit bestimmten Dingen assoziieren. Hierzu gehört der Reigen der Spieluhrfigurinen, und, am drastischsten von allen Vergleichsmomenten, der Dorfidiot in den *Blättern*, der in seinen Imitationen der Soldaten sinnfällig die stumpfsinnige Monotonie des Militärdienstes demonstriert.

Besonders prominent in den Werken Frischs sind Motive des Aufbruchs und der Reise. In der Beschreibung von Stillers Atelier wird zum Beispiel betont, wie provisorisch und bereit zum Aufbruch alles im Wohnzimmer erschien. Wie sehr der Aufbruch eher als Idee denn als physisches Abfahren und Ankommen verstanden wird, zeigt sich bei Enderlin und Kürmann, die im Gedanken an einen Aufbruch in den Süden zumindest geistig aus ihrer Krankenbett-Situation entfliehen können. Todesmotive finden sich dagegen vor allem in den späteren Werken wie im *Homo faber*. Typisch sind hier die Aasgeier, die Fabers Aufmerksamkeit im mexikanischen Dschungel erregen. Schließlich betrachten wir auch den Traum als Zeitmotiv, da er im Gegensatz zu den Uhren, die »innere Zeit« und das Erlebnis der Gleichzeitigkeit vorführt.

Zeit und »Zeiterlebnis« sind nicht nur entscheidende Faktoren in den Figuren und in der Problematik der Frisch-Romane und Dramen, sondern auch ausgesprochen wichtiger Bestandteil seiner Tagebücher, Essays und Reden. Die Begriffe »äußere« und »innere Zeit« spiegeln sich zum Beispiel in Frischs Tagebuchkommentaren zum »Erlebnis«, zur »Geschwindigkeit« und zum »Traum«. Während ihm das Erlebnis immer hinter der Gegenwart nachhinkt, und die Geschwindigkeit unsere Erlebnisfähigkeit überdies noch verdünnt, wird ihm der Traum zum Ausdruck des wahren »Zeiterlebnisses«. Seiner Meinung nach »verwandelt« sich der Mensch nicht, sondern er »entfaltet« sich in der Zeit, weil jeder Versuch, ein neuer Mensch werden zu wollen, an der inneren Kontinuität zerbricht.

Den Tagebuchanmerkungen Frischs über die sogenannte »Erfahrung« entspricht in den Romanen und Dramen das Verhalten der Figuren, die sich nachträglich »Erfahrungen« als »Geschichten« zurechtlegen, welche mehr ihren Selbstvorstellungen als der Wirklichkeit entsprechen. Darum können die Menschen bei Frisch auch offensichtlich nichts aus ihren »Erfahrungen« lernen. Auch Frischs oft erörterter Begriff vom »Bildnis« sowie die Auffassung von der Rolle der Daten stimmen mit ihrer Darstellung durch die Figuren in seinen Werken überein.

Doch trotz Frischs graphisch-anschaulicher Darstellung des »Zeiteinbruches« in das menschliche Leben, trotz seiner vielfältigen Beschreibung der Konflikte zwischen »äußerer« und »innerer Zeit«, trotz Frischs Faszination mit Zeit in allen ihren Erscheinungen, trotz seiner meisterhaften Versuche, so zu erzählen, »wie man wirklich erlebt«, trifft doch letzten Endes zu, was er selbst in seinen Bemerkungen »Zur Schriftstellerei« festellt, nämlich daß man unser Anliegen, unser eigentliches Erleben, schließlich nicht festhalten und darlegen, daß man sie bestenfalls nur »umschreiben« kann[245].

---

[245] »Was wichtig ist: Das Unsagbare, das Weiße zwischen den Worten, und auch immer reden diese Worte von den Nebensachen, die wir eigentlich nicht meinen. Unser Anliegen, das eigentliche, läßt sich bestenfalls umschreiben, und das heißt ganz wörtlich: man schreibt darum herum. Man umstellt es. Man gibt Aussagen, die nie unser eigentliches Erlebnis enthalten, das unsagbar bleibt; sie können es nur umgrenzen, möglichst nahe und genau, und das Eigentliche, das Unsagbare, erscheint bestenfalls als Spannung zwischen diesen Aussagen.« *Tagebuch I*, S. 42.

BIBLIOGRAPHIE

I. Primärliteratur

A. Sammelausgaben

Stücke I: Santa Cruz. Nun singen sie wieder. Die Chinesische Mauer. Als der Krieg zu Ende war. Graf Öderland. Frankfurt a. M.: Suhrkamp, 1964.
Stücke II: Don Juan oder Die Liebe zur Geometrie. Biedermann und die Brandstifter. Die große Wut des Philip Hotz. Andorra. Nachspiel zu Biedermann. Frankfurt a. M.: Suhrkamp, 1964.

B. Einzelausgaben

Antwort aus der Stille. Erzählung aus den Bergen. Stuttgart: Deutsche Verlagsanstalt, 1937.
Ausgewählte Prosa. Nachwort von Joachim Kaiser. Frankfurt a. M.: Suhrkamp, 1963.
Bin oder Die Reise nach Peking. Frankfurt a. M.: Suhrkamp, 1965.
Biografie. Ein Spiel. Frankfurt a. M.: Suhrkamp, 1968.
Blätter aus dem Brotsack. Tagebuch eines Kanoniers. Geschrieben im Grenzdienst 1939. Zürich: Atlantis, 1940.
Dienstbüchlein. Frankfurt a. M.: Suhrkamp, 1974.
Die Schwierigen oder J'adore ce qui me brûle. Roman. 4. Aufl. Zürich: Atlantis, 1962.
Dramaturgisches. Ein Briefwechsel mit Walter Höllerer. Berlin: Literarisches Colloquium, 1969.
Homo faber. Ein Bericht. 2. Aufl. Frankfurt a. M.: Suhrkamp, 1965.
Jürg Reinhart. Eine sommerliche Schicksalsfahrt. Roman aus Dalmatien. Stuttgart: Deutsche Verlagsanstalt, 1934.
Mein Name sei Gantenbein. Roman. Frankfurt a. M.: Suhrkamp, 1964.
Öffentlichkeit als Partner. 3. Aufl. Frankfurt a. M.: Suhrkamp, 1970.
Rip van Winkle. Hörspiel. Stuttgart: Deutsche Verlagsanstalt, 1969.
Schinz. Skizze. St. Gallen: Tschudy, 1959.
Stiller. Roman. 1954. Nachdr. Frankfurt a. M.: Suhrkamp, 1965.
Tagebuch 1946–1949. 1950. Nachdr. Frankfurt a. M.: Suhrkamp, 1964.
Tagebuch 1966–1971. Frankfurt a. M.: Suhrkamp, 1972.
Wilhelm Tell für die Schule. Frankfurt a. M.: Suhrkamp, 1971.
Zürich, Transit. Skizze eines Films. Frankfurt a. M.: Suhrkamp, 1966.

C. Beiträge in Zeitschriften und Jahrbüchern

»Vom Arbeiten«. *Neue Schweizer Rundschau*, 11 (1943/44), 342–328.
»Verdammen oder verzeihen?« *Neue Schweizer Rundschau*, 13 (1945/46), 121–123.

»Death is so permanent.« *Neue Schweizer Rundschau,* 14 (1946/47), 88–110.

»Drei Entwürfe zu einem Brief nach Deutschland.« *Die Wandlung,* 6 (1947), 478–483.

»Kultur als Alibi.« *Der Monat,* 1 (1949), 82–85.

»Nachträgliches zu *Don Juan oder Die Liebe zur Geometrie«. Dichten und Trachten,* 1 (1953), 48–51.

»Der Laie und die Architektur«. *Merkur,* 9 (1955), 261–278.

»Zur *Chinesischen Mauer«. Akzente,* 2 (1955), 386–396.

»Max Frisch zu seinem Sketch *Die große Wut des Philip Hotz«. Hortulus,* 8 (1958), 32.

»Das Paar«. *Jahresring,* 1961/62, S. 206–209.

»*Andorra«. Die Weltwoche,* 24. Nov. 1961.

»Ich schreibe für Leser«. *Dichten und Trachten,* 24 (1964), 7–23.

»Autobiographie«. *Querschnitte,* 1 (1965), 3–5.

»Gantenbein beim Kleiderkauf«. *Westermanns Monatshefte,* 107 (1966), 75–77.

»Endlich darf man es wieder sagen. Zur Rede von Emil Staiger anläßlich der Verleihung des Literaturpreises der Stadt Zürich am 12. 12. 1966«. *Weltwoche,* 24. Dez. 1966.

»Besuch im Tessin. Frisch-Interview mit H. R.«. *Theater heute,* 6 (1967), 7.

»Noch einmal anfangen können. Frisch-Interview mit Dieter Zimmer«. *Die Zeit,* 51 (Dez. 1967), 13.

»Rede zum Zürcher Debakel«. *Theater heute,* 11 (1970), 4.

II. Sekundärliteratur

A. Bibliographien

Falkenberg, Hans-Geert. »Max Frisch. Bibliographie«. *Blätter des Deutschen Theaters in Göttingen,* 7 (1956/57), 180–184.

Petersen, Klaus-Dietrich. »Bibliographie (Max Frisch)«. Eduard Stäuble. *Max Frisch. Ein Schweizer Dichter der Gegenwart. Versuch einer Gesamtdarstellung seines Werkes.* Amriswil: Bodensee Verlag, 1967. S. 244–270.

–. »Max Frisch – Bibliographie«. *Über Max Frisch.* Hrsg. v. Thomas Beckermann. Frankfurt a. M.: Suhrkamp. 1972. S. 305–347.

Wilpert-Collins, Elly. *A Bibliography of four contemporary German-Swiss authors: Friedrich Dürrenmatt, Max Frisch, Robert Walser, Albin Zollinger. The authors' publications and the literary criticism relating to their works.* Bern: Francke, 1967.

B. Allgemeindarstellungen

Ahl, Herbert. »Entfaltung an der Zeit«. *Diplomatischer Kurier,* 8 (1959), 172–173.

Bach, Max und Huguette L. Bach. »The moral problem of political responsibility: Brecht, Frisch, Sartre«. *Books abroad,* 37 (1963), 378–384.

Bänzinger, Hans. *Frisch und Dürrenmatt.* 5. Aufl. Bern: Francke, 1967.

Barlow, D. »›Ordnung‹ and ›Das wirkliche Leben‹ in the works of Max Frisch«. *German Life and Letters,* 19 (1965), 52–60.

Bienek, Horst. »Max Frisch«. *Werkstattgespräche mit Schriftstellern*. München: Hanser, 1962. S. 21–32.

Cunliffe, W. Gordon. »Existentialistic elements in Frisch's works«. *Monatshefte*, 61 (1970), 113–122.

Duwe, Wilhelm. *Deutsche Dichtung des 20. Jahrhunderts. Vom Naturalismus zum Surrealismus*. Zürich: Orell Füssli, 1962. I, 23, 29, 32, 485; II, 186–190, 434–452, 464–466.

Fricke, Gerhardt, und Volker Klotz. *Geschichte der deutschen Dichtung*. Hamburg: Matthiesen, 1962. S. 499–501.

Gassmann, Max. »Max Frisch. Leitmotive der Jugend«. Diss. Universität Zürich 1966.

Gerster, Georg. »Der Dichter und die Zeit«. *Neue literarische Welt*, 3 (1952), 9.

Glaettli, E. W. »Max Frisch, a new German playwright«. *German Quarterly*, 25 (1952), 248–254.

Heilmann, Robert B. »Max Frisch's Modern Moralities«. *University of Denver Quarterly*, 1 (1966), 42–60.

Hoefert, Sigfried. »Zur Sprachauffassung Max Frischs«. *Muttersprache*, 73 (1963), 257–259.

Horst, Karl August. »Notizen zu Max Frisch und Friedrich Dürrenmatt«. *Merkur*, 8 (1954), 593–596.

Jacobi, Johannes. »Wie leicht wird das Spiel zur Spielerei. Max Frisch und der Neuling Hermann Moers suchen Wege zur dramatischen Form.« *Die Zeit*. 13 (1958), 6.

Jacobs, Wilhelm. »Max Frisch«. *Moderne deutsche Literatur. Porträts, Profile und Strukturen*. Gütersloh: Signum, o. J., S. 128–140.

Kaiser, Joachim. »Max Frisch und der Roman. Konsequenzen eines Bildsturms«. *Frankfurter Hefte*, 12 (1957), 876–882.

–. »Max Frisch«. *Dichten und Trachten*, 13 (1959), 50–63.

Kesting, Marianne. »Max Frisch. Nachrevolutionäres Lehrtheater«. *Panorama des zeitgenössischen Theaters. 50 literarische Porträts*. München: Piper, 1962. S. 219–223.

Lennartz, Franz. *Deutsche Dichter und Schriftsteller unserer Zeit. Einzeldarstellungen zur schönen Literatur in deutscher Sprache*. Stuttgart: Kröner, 1959. S. 216–219.

Lübbren, Rainer. »Realismus im modernen Drama. Max Frisch, Friedrich Dürrenmatt, Samuel Beckett«. *Theater und Zeit*, 5 (1957 + 58), 7–11.

»Max Frisch«. *Der Schriftsteller und sein Verhältnis zur Sprache. Gespräche und Werkanalysen einer Arbeitsgruppe des Deutschen Seminars der Universität Basel.* Hrsg. v. Peter André Bloch. Bern: Francke, 1971. S. 68–81, 226–233.

Max Frisch – Beiträge zu einer Wirkungsgeschichte. Materialien zur deutschen Literatur, 2. Hrsg. v. Albrecht Schau. Freiburg i. Br.: Universitätsverlag Eduard Becksmann, 1971.

»Max Frisch: Ohne Urlaub von der Zeit«. *Der Spiegel*, 7 (1953), 27–31.

Mayer, Hans. *Dürrenmatt und Frisch. Anmerkungen*. Pfullingen: Neske, 1963.

Merrifield, Doris Fulda. *Das Bild der Frau bei Max Frisch*. Freiburg i. Br.: Universitätsverlag Eduard Becksmann, 1971.

Petersen, Carol. *Max Frisch*. Berlin: Colloquium Verlag, 1966.

Salins, Jautrite Milija. »Zur Wirklichkeitsdarstellung in Max Frischs Werken«. Diss. State University Rutgers 1968.

Satonski, D. »Homo Max Frisch«. *Kunst und Literatur*, 14 (1966), 1042–1058.

Schenker, Walter. *Die Sprache Max Frischs in der Spannung zwischen Mundart und Schriftsprache*. Berlin: Walter de Gruyter, 1969.

Schwarz, Theodor. »Die Kritik der bürgerlichen Gesellschaft bei Dürrenmatt und Frisch«. *Sbornik*, 18 (1966), 83–89.

Stäuble, Eduard. *Max Frisch. Ein Schweizer Dichter der Gegenwart. Versuch einer Gesamtdarstellung seines Werkes.* Amriswil: Bodensee Verlag, 1960.

–. *Max Frisch. Gedankliche Grundzüge in seinen Werken.* Basel: F. Reinhardt, 1967.

–. *Max Frisch. Gesamtdarstellung seines Werkes.* St. Gallen: Erker, 1967.

Steinmetz, Horst. *Max Frisch: Tagebuch, Drama, Roman.* Göttingen: Vandenhoeck und Ruprecht, 1973.

Stromsik, Jiri. »Das Verhältnis von Weltanschauung und Erzählmethode bei Max Frisch«. *Philologica Pragensia*, 13 (1970), 74–94.

Über Max Frisch. 3. Aufl. Hrsg. v. Thomas Beckermann. Frankfurt a. M.: Suhrkamp, 1972.

Voelker-Hezel, B. »Fron und Erfüllung: Zum Problem der Arbeit bei Max Frisch«. *Revue des language vivantes*, 37 (1971), 7–43.

Weber, Werner. »Max Frisch 1958«. *Zeit ohne Zeit.* Zürich: Manesse, 1959. S. 85–101.

Wehrli, Max. »Gegenwartsdichtung der deutschen Schweiz«. *Deutsche Literatur unserer Zeit.* Göttingen: Vandenhoeck und Ruprecht, 1959. S. 105–125.

Weisstein, Ulrich. *Max Frisch.* New York: Twayne, 1967.

Wintsch-Spieß, Monika. *Zum Problem der Identität im Werk Max Frischs.* Zürich: Juris, 1965.

Ziolkowski, Theodore. »Max Frisch: Moralist without a Moral«. *Yale French Studies*, 29 (1962), 132–141.

Ziskoven, Wilhelm. »Max Frisch«. *Zur Interpretation des modernen Dramas – Brecht, Dürrenmatt, Frisch.* 4. Aufl. Hrsg. v. Rolf Geißler. Frankfurt a. M.: Disterweg, 1967. S. 97–144.

Zoller, Henri. »Max Frisch: Jerusalem Preis 1965«. *Die Weltwoche*, 29. April 1965.

C. Untersuchungen

1. *Zur Prosa*

Alexander, Loren R. »Image and Imagery in Frisch's ›Die Schwierigen‹«. Diss. Michigan State University 1969.

Arnold, Heinz Ludwig. »Möglichkeiten nicht möglicher Existenzen: Zu Max Frischs Roman *Mein Name sei Gantenbein*«. *Eckart Jahrbuch*, 1964/65, S. 298–305.

Baden, Hans Jürgen. *Der Mensch ohne Partner. Das Menschenbild in den Romanen von Max Frisch.* Wuppertal: Jugenddienst Verlag, 1966.

Becker, Rolf. »Milde Stärkung«. *Der Spiegel*, 28 (1974), S. 144–145.

Bicknese, Günter. »Zur Rolle Amerikas in Max Frischs *Homo faber*«. *The German Quarterly*, 42 (1969), 52–64.

Birmele, Jutta. »Anmerkungen zu Max Frischs *Mein Name sei Gantenbein*«. *Monatshefte für deutsche Sprache und Literatur*, 60 (1968), 167–173.

Boeschenstein, Hermann. *Der neue Mensch. Die Biographie im deutschen Nachkriegsroman.* Heidelberg: W. Rothe, 1958. S. 104–110, 123–126.

Braun, Karl-Heinz. »Die epische Technik in Max Frischs Roman *Stiller* als Beitrag zur Formfrage des modernen Romans«. Diss. Universität Frankfurt 1959.

Brandt, Thomas. »*Homo faber*«. *Deutsche Rundschau*, 84 (1958), 404–405.

Burger, Hans R. »Studien zur Erzähltechnik und Thematik bei Max Frisch«. Diss. Brown University 1970.

Cock, Mary E. »›Countries of the Mind‹: Max Frisch's Narrative Technique«. *Modern Language Review*, 65 (1970), 820–828.

Dürrenmatt, Friedrich. »*Stiller*, Roman von Max Frisch. Fragment einer Kritik«. *Theaterschriften und Reden*. Zürich: Arche, 1966. S. 261–271.

Eisenschenk, Ute. »Studien zum Menschenbild in den Romanen von Max Frisch«. Diss. Universität Wien 1970.

Farner, Konrad. »homo frisch«. *Die Weltbühne*, 13 (1958), 24–28.

Frank, Claudia. »Will nicht Stiller sein«. *Frankfurter Hefte*, 11 (1956), 750–752.

Franzen, Erich. »*Homo faber*«. *Merkur*, 12 (1958), 980–983.

–. »Über Max Frisch. Stiller oder der gescheiterte Traum vom neuen Ich«. *Aufklärungen. Essays*. Frankfurt a. M.: Suhrkamp, 1964. S. 168–170.

Fritsching, Hubert. »Das Weltverständnis des Gegenwartsromans in seiner Erzählhaltung«. Diss. Würzburg 1966. S. 140–155.

Geißler, Rolf. »*Homo faber*«. *Möglichkeiten des modernen deutschen Romans*. Frankfurt a. M.: Diesterweg, 1962. S. 191–210.

Geulen, Hans. *Max Frischs »Homo faber«. Studien und Interpretationen*. Berlin: Walter de Gruyter, 1965.

Hamm, Peter. »Entwürfe zu einem späten Ich. Zu Max Frisch: *Mein Name sei Gantenbein*«. *Die Weltwoche*, 1614 (Okt. 1964), 25.

Harris, Kathleen. »Stiller (Max Frisch): Ich oder Nicht-ich?« *German Quarterly*, 41 (1968), 689–697.

–. »Die Sprache der menschlichen Beziehungen bei Frisch«. *Dichtungen, Sprache, Gesellschaft: Akten des IV. Internationalen Germanistenkongresses 1970 in Princeton*. Hrsg. v. Victor Lange und Hans-Gert Roloff. Frankfurt a. M.: Athenäum, 1971. S. 465–471.

Hartung, Rudolf. »Eine moderne Tragödie«. *Neue deutsche Hefte*, 4 (1957/58), 937–939.

–. »Max Frisch, *Mein Name sei Gantenbein*, 1964«. *Neue Rundschau*, 75 (1964), 682–686.

–. »Versuch, ein Meisterwerk zu beschreiben«. *Die Zeit*, 18 (5. Mai 1972).

Heitner, Robert R. »The Search for Self, Inner Freedom, and Relatedness in the Novels of Max Frisch«. *The Contemporary Novel in German. A Symposium*. Hrsg. v. Charles W. Hoffmann. Austin: University of Texas Press, 1967. S. 91 bis 114.

Henningsen, Jürgen. »Jeder Mensch erfindet sich eine Geschichte: Max Frisch und die Autobiographie.« *Literatur in Wissenschaft und Unterricht*, 4 (1971), 167–176.

Henze, Walter. »Die Erzählhaltung in Max Frischs *Homo faber*«. *Wirkendes Wort*, 11 (1961), 276–289.

Hillen, Gerd. »Reisemotive in den Romanen von Max Frisch«. *Wirkendes Wort*, 19 (1969), 126–133.

»I am not Stiller«. *Time*, 71 (1968), 64–65.

Jens, Walter. »Max Frisch und der *Homo faber*«. *Die Zeit*, 13 (1958), 56.

Jurgensen, Manfred. *Max Frisch. Die Romane. Interpretationen*. Bern: Francke, 1972.

Kaehler, Hermann. »Max Frischs Gantenbein-Roman«. *Sinn und Form*, 17 (1965), 299–303.

Kaiser, Joachim, »*Homo faber*«. *Schweizer Monatshefte*, 38 (1958/59), 841–852.

Kayer, Wolfgang. »Wer erzählt den Roman?« *Neue Rundschau*, 68 (1957), 446.

Kohlschmidt, Werner. »Selbstrechenschaft und Schuldbewußtsein im Menschenbild der Gegenwartsdichtung. Eine Interpretation des *Stiller* von Max Frisch und der *Panne* von Friedrich Dürrenmatt«. *Das Menschenbild in der Dichtung*. Hrsg. v. Albert Schaefer. München: Francke, 1965. S. 174–293.

Kohlschütter, Andreas. »›Helvetische Malaise‹: Max Frischs *Dienstbüchlein*«. *Die Zeit*, 16 (1974), 28.

Kraettli, Anton. »Max Frisch: *Mein Name sei Gantenbein*«. *Schweizer Monatshefte*, 44 (1964), 975–979.

–. »Über literarische Gegenwart. Mit Randnotizen zum *Tagebuch 1966–1971* von Max Frisch«. *Schweizer Monatshefte*, 52 (1972), 262–270.

Kraft, Martin. *Studien zur Thematik von Max Frischs Roman »Mein Name sei Gantenbein«*. Bern: Herbert Lang & Cie AG., 1969.

Krolow, Karl. »Max Frischs Tagebuch«. *Dichten und Trachten*, 13 (1959), 64–65.

Kurz, Paul Konrad. »*Mein Name sei Gantenbein*«. *Stimme der Zeit*, 90 (1964/65), 57–61.

–. »Max Frisch: aus Berzona nichts Neues oder Tagebuch als ›kombatante Resignation‹«. *Stimme der Zeit*, 189 (1972), 419–421.

Liersch, Werner. »Wandlung einer Problematik. Rezension über Max Frischs *Homo faber*«. *Neue deutsche Literatur*, 7 (1958), 142–146.

Manger, Philip. »Kierkegaard in Max Frisch's Novel *Stiller*«. *German Life and Letters*, 20 (1966), 119–131.

Manther, Jürgen. »Prosa des Bedenkens«. *Frankfurter Hefte*, 20 (1965), 279–282.

Marchand, Wolf R. »Max Frisch, *Mein Name sei Gantenbein*«. *Zeitschrift für deutsche Philologie*, 87 (1968), 510–535.

Mayer, Hans. »Mögliche Ansichten über Herrn Gantenbein. Anmerkungen zu Max Frischs neuem Roman«. *Die Zeit*, 18. September 1964.

–. »Max Frischs Romane«. *Zur deutschen Literatur der Zeit*. Hamburg: Rowohlt, 1967. S. 189–213.

Mühll, Thomas von der. »Schweizerische Prosaerzähler: Frisch, Moser, Welti, Hohl, Inglin«. *Neue Schweizer Rundschau*, 11 (1943), 492–501.

Müller, Joachim. »Das Prosawerk Max Frischs – Dichtung in unserer Zeit«. *Universitas*, 22 (1967), 37–48.

Pfanner, Helmut F. »*Stiller* und das ›Faustische‹ bei Max Frisch«. *Orbis Litterarum*, 24 (1969), 201–215.

Reich-Ranicki, Marcel. »Über den Romancier Max Frisch«. *Die Neue Rundschau*, 74 (1963), 272–284.

–. »Der Romancier Max Frisch«. *Deutsche Literatur in West und Ost. Prosa seit 1945*. München: Piper, 1963. S. 81–100.

–. »Plädoyer für Max Frisch. Zu dem Roman *Mein Name sei Gantenbein* und Hans Mayers Kritik«. *Die Zeit*, 40 (2. Okt. 1964), 25–26.

–. »Über Frischs Tagebuch«. *Die Zeit*, 18 (5. Mai 1972).

Roisch, Ursula. »Max Frischs Auffassung vom Einfluß der Technik auf den Menschen – nachgewiesen am Roman *Homo faber*«. *Weimarer Beiträge*, 13 (1967), 950–967.

Schneider, Peter. »Mängel der gegenwärtigen Literaturkritik«. *Neue deutsche Hefte*, 107 (1966), 98–123.

Schonauer, Franz. »Rückkehr in die Vergangenheit«. *Eckart*, 24 (1954/55), 252–254

Schumacher, Hans. »Zu Max Frischs *Bin oder Die Reise nach Peking*«. *Neue Schweizer Rundschau*, 13 (1945/46), 317–320.

Schürer, Ernst. »Zur Interpretation von Max Frischs *Homo faber*«. *Monatshefte*, 59 (1966), 330–343.

Steffens-Albata, Renée. »Darstellung und Tendenz im deutschen Kunstmärchen des 20. Jahrhunderts«. Diss. Universität Tübingen 1964. S. 162–169.

Stiles, Victoria. »Dasein heißt keine Rolle spielen: Die Romane von Max Frisch«. Diss. Cornell University 1970.

Vin, Daniel de. »*Mein Name sei Gantenbein*. Eine Interpretation«. *Studia Germanica Gandensia*, 12 (1970), 243–263.

Vormweg, Heinrich. »Othello als Mannequin. Zum vierten Roman von Max Frisch«. *Der Monat*, 17 (1964), 76–83.

Weber, Werner. »Max Frisch. *Blätter aus dem Brotsack*«. *Tagebuch eines Lesers*. Olten: Walter, 1965. S. 209–212.

Weidmann, Brigitte. »Wirklichkeit und Erinnerung in Max Frischs *Homo faber*«. *Schweizer Monatshefte für Politik, Wirtschaft, Kultur*, 44 (1964), 445–456.

White, Andrew. »Labyrinths of Modern Fiction. Max Frisch *Stiller* as a Novel of Alienation, and the ›Nouveau roman‹«. *Arcadia*, 2 (1967), 288–304.

2. Zur Dramatik

Allemann, Beda. »Die Struktur der Komödie bei Frisch und Dürrenmatt«. *Das Deutsche Lustspiel*. II. Hrsg. v. Hans Steffen. Göttingen: Vandenhoeck und Ruprecht, 1969. 200–217.

Bondy, Francois. »Gericht über die Schuldlosen. Oder: ›Die Szene wird zum Tribunal‹«. Zu Siegfried Lenz' *Die Zeit der Schuldlosen* und Max Frischs *Andorra*«. *Der Monat*, 14 (1961/62), 53–57.

Brewer, John. »Max Frisch's *Biedermann und die Brandstifter* as the Documentation of an Author's Frustration«. *Germanic Review*, 46 (1971), 119–128.

Brock-Sulzer, Elisabeth. »*Nun singen sie wieder*«. *Schweizer Monatshefte*, 4 (1945), 68–70.

–. »Überlegungen zur schweizerischen Dramatik von heute.« *Akzente, Zeitschrift für Dichtung*, 3 (1956), 43–38.

–. »Das deutsch-schweizerische Theater der Gegenwart«. *German Life and Letters*, 12 (1958/59), 12–23.

Dürrenmatt, Friedrich. »Eine Vision und ihr dramatisches Schicksal. Zur Uraufführung von Max Frischs *Graf Öderland* im Schauspielhaus Zürich«. *Die Weltwoche*, 19 (1951), 5.

Durzak, Manfred. *Dürrenmatt, Frisch, Weiss. Deutsches Drama der Gegenwart zwischen Kritik und Utopie*. Stuttgart: Reclam, 1972. 1965.

Eckart, Rolf. *Max Frisch: »Andorra«. Interpretationen*. München: Oldenburg, 1965.

Geisser, Heinrich. *Die Entstehung von Max Frischs Dramaturgie der Permutation*. Bonn: Paul Haupt, 1973.

Geißler, Rolf. *Zur Interpretation des modernen Dramas. Brecht – Dürrenmatt – Frisch*. Frankfurt a. M.: Diesterweg, 1961.

Gontrum, Peter. »Max Frisch's Don Juan: a new look at a traditional hero«. *Comparative Literature Studies*, 2 (1968), 117–123.

Gramling, Lea. »A critical analysis of selected dramatic works of Max Frisch, and an examination of their place in contemporary German-language drama«. Diss. Catholic University Washington D. C. 1968.

Hammer, J. C. »The Humanism of Max Frisch: An Examination of the Plays«. *German Quarterly*, 42 (1969), 718–726.

Hegele, Wolfgang. »Max Frisch: *Andorra*«. *Der Deutschunterricht*, 20 (1968), 35–50.

Holley, John Frank. »The Problem of the Intellectual's Ethical Dilemma as Presented in Four Plays by Max Frisch«. Diss. Tulane University 1965.

Horst, Karl August. »*Andorra* mit anderen Augen«. *Merkur*, 16 (1962), 396–399.

Jacobi, Walter. »Max Frischs *Die Chinesische Mauer*. Die Beziehung zwischen Sinngehalt und Form«. *Der Deutschunterricht*, 13 (1961), 4, 93–108.

Jurgensen, Manfred. »Symbols as Leitmotifs in the Dramas of Max Frisch«. *Journal of the Australian Universities Language and Literature Association,* 27 (1967), 559–570.

–. »Leitmotivischer Sprachsymbolismus in den Dramen Max Frischs«. *Wirkendes Wort,* 18 (1968), 37–45.

–. *Max Frisch. Die Dramen.* Bern: Lukianos, 1968.

Kaiser, Joachim. »Öderland Meditationen. Porträt eines Stückes und einer Aufführung«. *Frankfurter Hefte,* 11 (1956), 388–396.

Karasek, Hellmuth. »Max Frisch«. *Friedrichs Dramatiker des Welttheaters.* Velber: Friedrich, 1965.

–. »Vergleichende Verhaltensforschung. Aufführung der *Biografie* in Zürich, München, Frankfurt und Düsseldorf«. *Theater heute,* 9 (1968), 10–13.

Lohmann, Christa. »Das Judenproblem im Literaturunterricht«. *Der Deutschunterricht,* 18 (1966), 78–92.

Meinert, Dietrich. »Objektivität und Subjektivität des Existenzbewußtseins in Max Frischs *Andorra*«. *Acta Germanica,* 2 (1969), 217–221.

Melchinger, Siegfried. »Kein Bewußtseinstheater, aber eine Komödie. Zu Max Frischs *Biografie*«. *Theater heute,* 9 (1968), 6–9.

Müller, Joachim. »Max Frisch und Dürrenmatt als Dramatiker der Gegenwart«. *Universitas,* 17 (1962), 725–738.

Pickar, Gertrud B. »*Biedermann und die Brandstifter:* The Dilemma of Language«. *Modern Languages,* 50 (1969), 99–105.

Plard, Henri. »Der Dramatiker Max Frisch und sein Werk für das Theater der Gegenwart«. *Universitas,* 19 (1964), 905–1014.

Radimersky, George M. »Das Konzept der Geschichte in den Dramen Dürrenmatts und Frischs«. *Keystone Folklore Quarterly,* 13 (1966), 200–208.

Riegel, Paul. »*Biedermann und die Brandstifter.* Max Frischs ›Jedermann 1958‹«. *Blätter für den Deutschlehrer,* 5 (1961), 5–16.

Rischbieter, Henning. »*Andorra* von Max Frisch in Zürich«. *Theater heute,* 2 (1961), 5–10.

Schäfer, Heide-Lore. »Max Frisch: *Santa Cruz.* Eine Interpretation«. *GRM,* 20 (1970), 75–90.

Schmid, Karl. »Max Frisch: *Andorra* und die Entscheidung«. *Unbehagen im Kleinstaat. Untersuchungen über Conrad Ferdinand Meyer, Henri-Frederic Amiel, Jakob Schaffner, Max Frisch, Jacob Burckhardt.* Zürich: Artemis, 1963. S. 169 bis 200.

Schröder, J. und G. Neumann. »Das Drama Max Frischs«. *Dürrenmatt, Frisch, Weiss.* München: W. Fink, 1969. S. 61–114.

Schumacher, Ernst. »Dramatik aus der Schweiz. Zu Max Frischs *Andorra* und Friedrich Dürrenmatts *Die Physiker*«. *Theater der Zeit,* 17 (1962), 63–71.

»Theater. Frisch: *Andorra* zum Beispiel«. *Der Spiegel,* 15 (1961), 86–90.

Thiessing, Frank C. »*Die Chinesische Mauer.* Zur Aufführung von Max Frischs Farce«. *Neue Schweizer Rundschau,* 14 (1946/47), 439–442.

Waldmann, Günter. »Das Verhängnis der Geschichtlichkeit: Max Frisch: *Die Chinesische Mauer*«. *Wirkendes Wort,* 17 (1967) 264–271.

Weber, Werner. »Zu Frischs *Biedermann und die Brandstifter*«. *Dichten und Trachten,* 12 (1958), 59–65.

Weise, Adelheid. *Untersuchungen zur Thematik und Struktur der Dramen Max Frischs.* Göppingen: Alfred Kümmerle, 1969.

III. Theoretische Schriften

Arntzen, Helmut. *Der moderne deutsche Roman. Voraussetzungen, Strukturen, Gehalte.* Heidelberg: Wolfgang Rothe, 1962.

Bergson, Henri. *Time and Free Will. An Essay on the Immediate Data of Consciousness.* Übs. v. P. L. Pogson. New York: The Macmillan Comp., 1959.

–. *Duration and Simultaneity.* Übs. v. Leon Jacobson. New York: Bobbs Merrill, 1965.

Boeschenstein, Hermann. *The German Novel, 1939–1944.* Toronto: University of Toronto Press, 1949.

Bollnow, Otto Friedrich. *Neue Geborgenheit. Das Problem einer Überwindung des Existentialismus.* Stuttgart: W. Kohlhammer, 1952.

–. *Existenzphilosophie.* 2. Aufl. Stuttgart: W. Kohlhammer, 1964.

Brunner, August. *Geschichtlichkeit.* Bern: Francke, 1961.

Church, Margaret. *Time and Reality. Studies in Contemporary Fiction.* Chapel Hill: University of North Carolina Press, 1963.

Episches Theater. Hrsg. v. Reinhold Grimm. Köln: Neue Wissenschaftliche Bibliothek, 1966.

Frank, Manfred. *Das Problem »Zeit« in der deutschen Romantik. Zeitbewußtsein und Bewußtsein von Zeitlichkeit in der frühromantischen Philosophie und in Tiecks Dichtung.* München: Winkler, 1972.

Fraser, J. T. *The Voices of Time. A Cooperative Survey of Man's View of Time as Expressed by the Sciences and Humanities.* New York: George Braziller, 1966.

Friedemann, Käte. *Die Rolle des Erzählers in der Epik.* Darmstadt: Wissenschaftliche Buchgemeinschaft, 1956.

Gadamer, Hans-Georg. *Wahrheit und Methode.* Tübingen: J. C. B. Mohr, 1965.

Hamburger, Käte. *Die Logik der Dichtung.* 8. Aufl. Stuttgart: Ernst Klett, 1968.

–. *Probleme des Erzählens in der Weltliteratur.* Stuttgart: Ernst Klett, 1971.

Heidegger, Martin. *Identität und Differenz.* Pfullingen: Neske, 1957.

–. *Sein und Zeit.* 10. Aufl. Tübingen: Max Niemeyer, 1963.

Holl, Oskar. *Der Roman als Funktion und Überwindung der Zeit. Gleichzeitigkeit im deutschen Roman des 20. Jahrhunderts.* Bonn: H. Bouvier, 1968.

Horst, Karl August. *Das Spektrum des modernen Romans.* München: C. H. Beck, 1964.

Husserl, Edmund. *The Phenomenology of Internal Time-Consciousness.* Übs. v. James S. Churchill. Bloomington: Indiana University Press, 1969.

Ingarden, Roman. *Das literarische Kunstwerk.* 3. Aufl. Tübingen: Max Niemeyer, 1965.

Jaeger, Hans. »Heidegger's existential philosophy and modern German Literature«. *PMLA,* 67 (1952), 655–683.

Jaspers, Karl. *Psychologie der Weltanschauungen.* 5. Aufl. Berlin: Springer, 1960.

Jauß, Hans Robert. *Zeit und Erinnerung in Marcel Prousts »A la recherche du temps perdu«.* Heidelberg: C. Winter, 1955.

Kierkegaard, Sören. *Either/Or: A Fragment of Life.* I, Übs. v. Davis F. Swenson and Lillian Marvin Swenson. II, Übs. v. Walter Lowrie. Garden City, N.Y.: Doubleday, 1959.

–. *Fear and Trembling.* Übs. v. Walter Lowrie. Princeton: Princeton University Press, 1968.

–. *Repetition.* Übs. v. Walter Lowrie. Princeton: Princeton University Press, 1941.

Küpper, Peter. *Die Zeit als Erlebnis des Novalis.* Köln: Böhlau, 1959.

Lämmert, E. *Bauformen des Erzählens.* Stuttgart: Metzlersche Verlangsanstalt, 1955.

Lewis, Wyndham. *Time and Western Man*. Boston: Beacon Paperback, 1957.
Mann, Thomas. *Essays of three Decades*. New York: A. A. Knopf, 1941.
–. *Zauberberg*. Stockholm: Bermann, 1950.
Mein, Margaret. *Proust's Challenge to Time*. Manchester: Manchester Press, 1962.
Mendilow, A. A. *Time and the Novel*. New York: Humanities Press, 1965.
Müller, Günther. *Die Bedeutung der Zeit in der Erzählkunst*. Bonn: H. Bouvier, 1947.
–. »Erzählzeit und erzählte Zeit«. *Festschrift Paul Kluckhohn und Hermann Schneider gewidmet zum 60. Geburtstag*. Tübingen: Max Niemeyer, 1948.
–. »Über das Zeitgerüst des Erzählens«. *Deutsche Vierteljahresschrift für Literaturwissenschaft und Geistesgeschichte*, 24 (1950), 1–31.
–. »Zeiterlebnis und Zeitgerüst in der Dichtung«. *Studium Generale*, 8 (1955), 594–601.
Pascal, Roy. *The German Novel*. Toronto: University of Toronto Press, 1968.
Philosophie. Fischerlexikon. Hrsg. v. Alwin Diemer und Ivo Frenzel. Frankfurt a. M.: Fischer, 1962.
Poulet, Georges. *Studies in Human Time*. Übs. v. Elliott Colemann. Baltimore: The Johns Hopkins Press, 1956.
Pütz, Peter. *Die Zeit im Drama*. Göttingen: Vandenhoeck und Ruprecht, 1970.
Raleigh, John Henry. *Time, Place, and Idea. Essays on the Novel*. Carbondale: Southern Illinois University Press, 1968.
Romilly, Jaqueline de. *Time in Greek Tragedy*. Ithaca: Cornell University Press, 1968.
Russel, Bertrand, *History of Western Philosophy*. London: George Allen & Unwin Ltd., 1967.
Sherover, Charles M. *Heidegger, Kant and Time*. Bloomington: Indiana University Press, 1971.
Smith, Paul Christopher. »Das Sein des Du. Bubers Philosophie im Lichte des Heidegger'schen Denkens an das Sein«. Diss. Universität Heidelberg 1966.
Staiger, Emil. *Die Zeit als Einbildungskraft des Dichters. Untersuchungen zu Gedichten von Brentano, Goethe und Keller*. Zürich: Atlantis, 1953.
–. *Die Kunst der Interpretation*. 4. Aufl. Zürich: Atlantis, 1963.
–. *Grundformen der Poetik*. 5. Aufl. Zürich: Atlantis, 1961.
Stanzel, Franz K. *Typische Formen des Romans*. Göttingen: Vandenhoeck und Ruprecht, 1965.
–. »Die typischen Erzählsituationen im Roman, dargestellt an *Tom Jones, Moby Dick, The Ambassadors, Ulysses* u. a.« *Wiener Beiträge zur englischen Philologie*, 63 (1955).
Stifter, Adalbert. *Der Nachsommer. Eine Erzählung*. München: Paul List, 1950.
Szondi, Peter. *Theorie des modernen Dramas*. Frankfurt a. M.: Suhrkamp, 1963.
The Study of Time. Hrsg. v. T. Fraser et al. New York: Springer, 1972.
Thomas, R. Hinton und Wilfried van der Will. *Der deutsche Roman und die Wohlstandsgesellschaft*. Stuttgart: W. Kohlhammer, 1969.
Time in Science and Philosophy. An International Study of some current problems. Hrsg. v. Jiri Zeman. New York: Elsevier, 1971.
Vogt, Jochen. *Struktur und Kontinuum. Über Zeit, Erinnerung und Identität in Hans Henny Jahnns Romantrilogie »Fluß ohne Ufer«*. München: Wilhelm Früh, 1970.
Wildbolz, Andreas. »Analyse und Interpretation der Zeitstruktur im modernen Theaterstück«. Diss. Universität Wien, 1956.
Das Zeitproblem im 20. Jahrhundert. Hrsg. v. R. W. Meyer. Bern: Francke, 1964.

SACHREGISTER

NAMENREGISTER

Walter de Gruyter
Berlin · New York

Quellen und Forschungen
zur Sprach- und Kulturgeschichte
der germanischen Völker

Neue Folge. Groß-Oktav. Ganzleinen

zuletzt erschienen:

R. Hildebrandt
(Herausgeber)

Summarium Heinrici

Band 1: Textkritische Ausgabe der ersten Fassung
Buch I—X
XLIV, 404 Seiten. Mit 16 Seiten Faksimile. 1974.
DM 196,— ISBN 3 11 003750 5
(N. F. 61/185)

W. Pape

Joachim Ringelnatz

Parodie und Selbstparodie in Leben und Werk
Mit einer Joachim-Ringelnatz-Bibliographie
und einem Verzeichnis seiner Briefe
XIV, 457 Seiten. 1974. DM 86,— ISBN 3 11 004483 8
(N. F. 62/186)

E. Götti

Die gotischen Bewegungsverben

Ein Beitrag zur Erforschung des gotischen Wortschatzes
mit einem Ausblick auf Wulfilas Übersetzungstechnik
XII, 155 Seiten. 1974. DM 86,— ISBN 3 11 004331 9
(N. F. 63/187)

F. Trapp

»Kunst« als Gesellschaftsanalyse und Gesellschaftskritik bei Heinrich Mann

VI, 328 Seiten. 1975. DM 82,— ISBN 3 11 005968 1
(N. F. 64/188)

M. Schrader

Mimesis und Poiesis

Poetologische Studien zum Bildungsroman
XII, 367 Seiten. 1975. DM 72,— ISBN 3 11 005904 5
(N. F. 65/189)

F. Spicker

Deutsche Wanderer-, Vagabunden- und Vagantenlyrik in den Jahren 1910—1933

Wege zum Heil — Straßen der Flucht
XII, 346 Seiten. 1976. DM 98,— ISBN 3 11 004936 8
(N. F. 66/190)

Preisänderungen vorbehalten